KB052689

고향의 가족, 북의 가족-재일제주인의 생활사 2

초판 1쇄 발행 2015년 12월 30일

엮은이_재일제주인의 생활사를 기록하는 모임 / 옮긴이_김경자 / 영업_이주하
펴낸곳_도서출판 선인 / 인쇄_대덕인쇄 / 제본_과성제책
등록_제5-77호(1998. 11. 4) / 주 소_서울시 마포구 마포동 324-1 곳마루B/D 1층
전화_02)718-6252/6257 / 팩스_02)718-6253 / E-mail_sunin72@chol.com
정가_26,000원
ISBN 978-89-5933-954-9 93900
　　　978-89-5933-504-6 (세트)

재일제주인의 생활사

고향의 가족, 북의 가족 2

재일제주인의 생활사를 기록하는 모임 엮은이

김경자 옮긴이

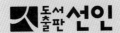

도서출판 선인

CONTENTS

이 책은 '재일제주인의 생활사를 기록하는 모임'에서 펴낸 《안주의 땅을 찾아서-재일제주인의 생활사1》(2012)의 후속편이다.

'재일제주인의 생활사를 기록하는 모임'은 1999년에 결성되어 현재까지 약 40명의 구술조사를 진행해 왔는데, 그 중에서 5명의 구술조사를 한국어로 번역해 《고향의 가족, 북의 가족-재일제주인의 생활사2》를 간행하게 되었다. 조사에 응해주신 분들은 고령에 건강이 안 좋으신 상태에서도 지금까지 마음 한 구석에 봉인했던 기억들을 꺼내 지나온 인생의 한 소절, 한 소절을 풀어 내셨다.

본서에는 4·3사건 당시 남로당 당원으로 활동하다 남편을 잃고 간신히 일본으로 건너가 정착한 고 이성호 님("사회혁명에서 가정혁명 으로"), 4·3사건 때 형을 잃고 한국전쟁 때 군에 입대해 제대한 후 지명수배 직전에 일본으로 밀항한 부희석 님("중학생 때 4·3 삐라를 살포해"), 4·3사건 때 오빠와 언니를 잃고 일본으로 건너간 뒤 북송사업 때 어머니 등이 북으로 가는 바람에 가족이 남과 북과 일본으로 뿔뿔이 흩어진 강경자 님("고향의 가족, 북의 가족"), 일본에서 태어나 민족교육에 헌신하다 역사 연구자로 4·24한신(阪神) 교육투쟁에 관한 연구 등을 남긴 고 김경해 님("역사 교사에서 역사 연구자로"), 4·3사건을 겪고 3번이나 일본으로 밀항을 시도한 김옥환 님("3번의 밀항 끝에 일본으로") 등의 이야기를 실었다. 이 같은 내용은 개인사임과 동시에 식민지시대에서 해방 이후의 혼란한 시기를 구비구비 넘어온 현대사와 맥을 같이한다. 살 곳을 찾아 제주에서 일본으로, 다시 일본에서 북으로 가지 않을 수 없었던 당시의 상황들은 '조선인' 디아스포라의 신산한 삶을 보여 준다고 하겠다.

구술조사를 진행하면서 느낀 점은 재일동포들의 대부분이 지금까지 살아온 이야기를 가까이에 있는 자식들에게도 전할 기회가 별로 없었다는 점이다. 우리가 《안주의 땅을 찾아서》를 펴냈을 때, 그 책에 구술조사 기록이 실린 고 김호진 님의 따님은 일부러 책을 추가로 몇 권 사면서 "아버지의 삶의 기록을 가족들이 나눠 가지려고 한다"고 했다. 한국에서 일본으로 건너와 험난한 시절을 헤쳐온 1세들의 삶을 기록해 후세에 전하는 일은 앞으로 하고 싶어도 시간이 허락하지 않을지도 모른다는 위기감을 떨쳐낼 수 없다.

이하 본서를 읽는 데 유의해 주었으면 하는 점을 정리하면 다음과 같다.

(1) 면담조사는 이성호 님을 제외하고 주로 일본어로 진행되었기 때문에 본서의 대부분은 번역이다. 그러나 증언자가 중간 중간에 한국어, 특히 제주 사투리를 사용한 경우에는 발화를 그대로 수록했다. 따라서 본서에서는 원래 한국어로 말한 부분과 일본어를 한국어로 번역한 부분이 혼재되어 있어서 문체가 통일되어 있지 않다. 그렇지만 양자를 구별해 표기하는 일이 너무 번잡스럽고 오히려 읽기 어렵다고 생각해서 굳이 그러한 표기상의 구별은 하지 않았다.

(2) 본문 중에 앞뒤 문맥으로 이해하기 어렵거나 오해가 생길 수 있는 경우, 또는 보조적인 해설이 필요한 경우에는 [ ]에 설명을 보충했다.

(3) 이해하기 어려운 용어는 *을 붙여 권말에 용어해설을 붙였다.

(4) 사진의 출전은 권말에 게재했다. 단, 〈사진 30〉에 관해서는 원래 촬영자가 분명하지 않아 게재 허가를 받을 수 없었다. 이에 대한 정보를 갖고 계시는 분은 연락주시기를 부탁드린다.

본서에서는 가능한 한 객관성을 유지하도록 배려하면서 증언자의 면담조사 중에서 특히 중요하다고 생각되는 부분을 발췌하려고 노력했지만, 우리가 편집한 이상 기술에 편자의 주관이 반영되었을 가능성을 완전히 배제할 수는 없다. 본서의 내용에 관한 책임은 전적으로 편자에 있음을 밝혀둔다.

이 한 권의 책이 한국에서 출간되기까지 많은 분들의 도움이 있었다. 무엇보다 어렵게 시간을 내서 구술조사에 응해 주신 분들께 다시 한번 감사의 말씀을 드린다. 특히 이 자리를 빌어 이 책의 출간을 보지 못하고 돌아가신 이성호 님, 김경해 님의 명복을 진심으로 빈다. 또한 번역을 맡아 주신 김경자 님, 내용 확인과 사진 등의 자료 수집에 협력해 주신 김경오 님(김경해 님의 다섯째 형), 서근식 님, 이만련 님, 김신용 님, 김태환 님, 김치아키 님, 히다 유이치(飛田雄一)님, 몬나가 슈지(門永秀次)님, 제주도에서의 조사에 협력해 주신 제주 4·3 연구소의 여러분들, 교정을 도와주신 김윤경 님, 그리고 제1권에 이어 단정한 책으로 만들어 주신 윤관백 대표

님, 박애리 님을 비롯한 선인출판사의 여러분들에게도 감사의 뜻을 전하고 싶다.

본서가 해방 후의 재일제주인의 생활상을 한국의 독자들에게 전하는 데 작은 디딤돌이 되기 바란다.

2015년 9월

재일제주인의 생활사를 기록하는 모임

대표 고정자

사회혁명에서 가정혁명으로

가정

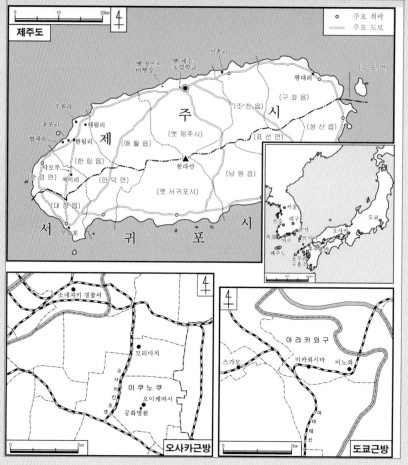

■ 이성호

사회혁명에서 가정혁명으로

1920년 제주도 구우면 대림리(현 제주특별자치도 제주시 한림읍 대림리) 출생.
1935년 16세에 돈을 벌기 위해 일본으로 건너가 방직공장에서 일하다가 병을 얻어
1938년에 귀향. 20세가 되던 1939년 9월 당시 학생이던 신찬호와 결혼한 뒤
1942년에 혼자서 다시 일본으로 건너갔다가 1944년 봄에 고향으로 돌아옴. 1946년
10월 남편과 함께 남로당에 들어가 활동하면서 4·3을 체험함. 1948년 7월 물자를
구하러 밀항으로 일본에 다녀오다 경찰에 잡혀 고문을 당함. 1949년 10월 남편이
고문으로 사망한 뒤 같은해 12월 두번째로 일본에 밀항했으나 1950년 8월에 잡혀
오무라(大村)수용소를 거쳐 그해 12월에 한국으로 강제송환됨. 1951년 1월에
세번째로 일본으로 밀항한 후 현재에 이름. 일본에서 조련(재일본조선인연맹)과
총련(재일본조선인총연합)에 참가해 활동하다가 1965년에 탈퇴함. 그 후 48세에
재혼해 남편의 아이들을 키우며 생활함. 2014년 1월 22일, 만 93세로 타계.
면담조사는 2008년 9월 13일 오사카시 이쿠노구(生野区)의 한 고령자 전용맨션에서
진행됐다. 이성호 씨에 대해서는 『어머니의 해협 (オモニの海峡)』(성률자 저, 1994,
계류사)과 「한평생 현역, 제주4·3사건에서 살아남은 이성호 씨」(『조선신보』2008년
7월 11일·14일자, 후에 『언제나 햇님이 지켜 주었다─재일 할머니 할아버지의
이야기 (いつもお天道さまが守ってくれた─在日ハルモニ・ハラボジの物語)』〈박일분
저, 2011, 梨の木舎〉에 재수록)에서도 소개된 바 있다.

대림리의 고향 사람들

이 사진(사진 2)은 어떻게 해서 가지고 나오셨어요?

우리 남동생(이병돈)이 내가 일본에 오게 됐으니까 내게 주라고 보내 줬어. [사진 2를 가리키며] 이건 13살 때, 제주도에서 내가 노래를 잘한다고 해서 어른들하고 같이 부인친목회[1]에서 [찍은 거야].

어디 계신가요?

[사진 속의 자신을 가리키며] 내가 어렸을 적엔 키가 컸어. [뒷줄 오른쪽에서 다섯번째를 가리키며] 이분이 계몽운동을 지도해 주시고 청년들에게도 잘해 주셨던 신찬희 큰아주버님이야. 신찬익 작은

〈사진 1〉 이성호

아주버님 사진도 어딘가에 있을 텐데.[2] 잘난 사람들이지. 옛날에 다들 사회주의운동을 했어.

〈사진 2〉 대림리 부인친목회

신찬익 씨의 사진은 많이 가지고 계셔요?

많이 있지.

[첫남편인 신찬호는] 한림면 호적 책임자였는데 [경찰에 체포되어] 참 많이도 두들겨 맞았어.

다 군복을 입고 있네요.

그래. [남편 신찬호는] 육지의 중학교[서울 경기중학교]를 나와서 제주도에 돌아와 면(面)에서 일할 때니까 결혼하고 나서지. 28살에 죽었지만.

그러니까 그게 해방되기 전이지. [불타버릴 것을 염려해 남편이] 호적을 가지고 나왔는데, 우리집이 폭격을 당해서 전부 폭삭 주저앉았어. 그래서 둘이서 도망을 가서 닥모루(오름)*라고, 닥모루를 아시나? 한림면 폭낭(팽나무)밭 동네가 폭격을 당했어[미군에 의한 한림면 공습 참조].* [1945년] 3월이 되어 미제가 폭격을 해서 도망을 나와 비양도 앞에 숨어 있었거든. 거기도 미제가 폭격을 해서 50명이 죽었어. 그 유해가 우리집 앞바다에 둥둥 떠올랐었어. 암튼 우리들이 도망 나올 때는 이불 하나만 가지고 [나왔지]. 한림면만 폭격을 당했어, 화약창고가 있었으니까.

죽은 사람 가운데 조선 사람도 있었어요?

조선 사람이 많이 죽었어. 거기 매립한 데가 바다 바로 앞이거든. 거기에 화약창고가 있었는데 거길 폭파해 버린 거야. 한 50명은 죽었을 거야. 보통 사람, 죄 없는 사람들이지. 그게 1945년 3월이었는데 그리고 나서 8월 15일에 해방이 되고 [피난 가 있던] 산[닥모루]에서 호적을 가지고 내려 왔지. 그리고는 젊은이들이 나라를 재건하자고 싸웠는데, [제주 사람] 30만 중에 죄 없는 7만여 명을 죄다 죽였잖아.

[사진 3을 가리키며] 이게 우리 형부. 일제시대 때부터 투쟁했던 사람은 이 사람밖에 없어. [사진 4, 5를 가리키며] 이 사람들은 전부 옛날 [오사카] 오이케바시(大池橋)에 살았을 적 친구들이고.[3]

[사진 6을 가리키며] 이게 우리 남편, 초등학교

〈사진 3〉 이성호 씨의 형부

〈사진 4〉 이성호 씨(뒷줄 가운데)와 친구들

〈사진 5〉 이성호 씨(앞줄 맨 오른쪽)와 친구들

6학년 때 어릴 적 사진이야. 나보다 한 살 아래였는데 나랑 늘 같이 다니면서 놀았어. 내가 남자애같이 놀았거든. 항상 같이 다니면서 이 아이가 제일 좋았거든. 재미있는 놀이를 할 때는 우리 둘이서만 놀곤 했어. 그러다 보니 결혼하게 된 거지.[4] 내가 결혼하자고 한 건 아니고 부모님들이 [정해 준 거지].

〈사진 6〉 첫 남편 신찬호씨(앞줄 맨 오른쪽. 당시 소학교 6학년 생)와 신찬희 씨(뒷줄 맨 왼쪽). 1937년 3월 촬영

우리 시아버님(신재근)은 일제시대 전에 한림면의 회계 일을 했어. [해방 전에 야학을 했던] 시아버님의 형님도 [해방 후에] 제주시 세무서의 회계원으로 있었어. 제주시 직원들을 전부 배에 태워 가지고 [바다에] 던져 버린 일(수장)*이 있잖아? 그때 큰아버님이 [제11연대에 아는 사람이 하 나 있어서] 겨우 목숨만 건져 가지고 북으로 가기 위해 인천항으로 가려다가 못 가고 감기에 걸려서 죽었어. 큰시아주버님

〈사진 7〉 첫 남편 신찬호씨씨의 둘째형 신찬익 씨(왼쪽)

하고 작은시아주버님은 만주로 도망을 갔다가 해방 후에 돌아왔어. [사진 7을 가리키며] 이 사람이 둘째 시아주버님[신찬익]이야.

[사진 8을 가리키며] 이쪽이 시아버님이지. 대림면에서는 그 시대에 노래를 들을 수 있던 곳은 우리 시댁밖에 없었어. 대림에서 우리가 경주이씨니까 [사는 게] 그래도 중간보다는 위였지. 돈도 좀 있고 좀 알려진 집이었거든. 우리 남편 집도 부자고 양반집 이었어. 우리 아버지는 3대독자니까 대왕마마라서 일도 할 줄 모르는 사람이었는데, 남의 보증을 섰다가 재산을……

〈사진 8〉 첫 남편 신찬호씨의 아버지 신재근 씨

재산을 다 잃으셨어요?

대림에는 학자가 많았어. 왜냐면, 수원(洙源)과 대림이 위아래 동네인데 중간에 커다란 바위가 있었어. 그 커다란 바위의 위로 가느냐 아래로 가느냐에 따라 수원하고 대림으로 갈리거든.

옛날에 이재수의 난* 때에도 그런 일이 있었다지. 큰 바위를 아래로 밀어 내리는 건 다 하는데 위로 밀어 올리는 건 어렵잖아. 근데 대림 사람들이 힘이 좋으니까 그 어려운 걸 위로 밀어 올린 거야. 그래서 대림 [사람]을 좋게 봤지. 그리고 학자들도 많았어. 양공팔, 양치삼, 김두석, 신찬익, 박진우 등 수원리보다 대림리에 지식인이 더 많았고 사회주의운동을 한 사람도 많았지.

그런데 [제주공립농업학교*] 일본인 교장이 차별을 하니까 양공팔, 양치삼, 신찬익, 이 사람들이 주먹질을 하며 교장하고 싸웠어(제주공립농업학교의 난투 사건).* [그런 일은] 처음 있는 일이니까 퇴학을 당했어. 퇴학을 당해 가지고 산에 숨느니 마느니 하다가 숨을 데가 없으니까 [둘째 시아주버님인 신찬익이] 만주로 도망을 간 거야.

퇴학을 당했다면 제주공립농업학교에서 퇴학 처분을 받았다는 건가요?

그렇지. 그 당시는 우리나라가 침략을 당해서 다들 어떻게 살아갈지 모를 때거든. 그저 밥먹고 사는 거밖엔 모르던 때지. 해방 전에 [작은아주버님인 신찬익이] 일본에 왔었어. 그때는 우리나라 사람들이 많이 만주에 도망가서 살다가 해방되고 돌아온 사람들이 많았잖아? 그때 작은아주버님이 일본에 왔어.

그때 내가 이 사람들[오이케바시의 친구들 사진 4. 5]하고 하숙을 할 때니까 식

사는 내가 만들고 반찬을 만들 때는 여관을 빌려서 했어. 그때 어떤 이야기를 했느냐면, 이제 일본 측이 곧 질 거니까, 일본이 지기 전에 다 전장으로 끌려가기 전에, 다들 빨리 [고향으로] 돌아가자고 했어. [그래서] 내가 빨리 제주도로 돌아온 거야. 노무자로 안 끌려가려고.

그게 몇 년이에요? 1944년?
그게 44년인가? 내가 1943년에는 [오사카] 오이케바시에 살았었거든. 지금은 오이케바시가 어디쯤인지도 모르지만, 다들 뿔뿔이 흩어졌어.

물자를 구하러 일본으로 밀항

1946년 10월에 남로당(남조선로동당)*이 결성됐는데, 남로당에 다들 들어가라고 해서 나도 [남편도] 남로당 당원이야.

1946년 2월에 [1947년 2월 제주도 민주주의민족전선(민전)*의 결성대회인가?] 내가 제주 대표로 선출되었어. 전라남도 광주에서 전국결성대회가 있을 때지.[5] 그때 박헌영이 책임자고 여성은 서울의 유영준*여사였지.

몇 명이 참가했나요?

그때 제주도에선 대의원 자격으로 9명이 참가했지. 그때 한림에선 나하고, 민청(조선민주청년동맹)* 인민위원회*를 할 적에 민청이 주로 [활동을] 했기 때문에 한림면 조직위원장 임원전*이라고 나랑 동갑이고 외가 쪽으로 친척되는 사람인데, 그 사람도 제농[제주공립농업학교] 출신이야. 그 사람도 귀한 아들인데 다 죽어버렸어. [그 후에 나는] 4·3사건이 나서 1948년 7월에 [일본으로] 가게 됐어.[6]

[그때는 남편과] 산에 들어가 살았거든. 빨치산이지. 산 속에서 연습했어. 그때가 막 4·3사건이 났을 때니까 담을 뛰어넘는 연습이지. 그때 서북청년단*이 들어와 제주도는 쑥밭이 됐거든. 여순사건* 이후에 서북청년단이 들어왔어. 그래서 우리는 1948년, 2·7투쟁* 후에는 산에 들어가 숨어

살았어. 부락에 내려갈 때는 부락민처럼 해가지고 가서 쌀도 받아오고 그 랬지. 생활에 필요한 건 전부 여성들이 조달했거든. [산에서는] 여성조직하고 남성조직의 아지트가 달랐어.

2·7투쟁이 첫 무장투쟁이었어. 1948년 2월 7일 봉화불을 올리고 무장투쟁을 시작했는데, 총사령관이 김달삼*이었어. 이분이 한 달간 이리갔다 저리갔다 [분주히] 움직였어. 해방이 되고 나라를 어떻게 재건할까 해서 면의 세포를 조직했는데, 그 30명이 몽땅 체포되었어. 일제에 빌붙어 먹던 사람, 미제에 빌붙어 먹던 사람은 다 한독당(한국독립당)*이야. 반동이지.

1948년에 몽땅 체포돼서 앉아 있을 새가 없었어. [한림면 인민위원회 세포였던] 우리 남편은 무릎을 꿇고서 겨우 살아났어. 석방 때. 지금 5천 원은 아무 것도 아니지만, 그때 5천 원이면 아주 큰 돈이야. 벌금을 바치고 나오니까 직장에서 파면되었더라고. 그래서 나랑 둘이서 삐라를 만들어 가지고, 밤 12시쯤에 내가 준비하면 우리 남편이 삐라를 다닥다닥 다 붙이곤 했어. 마을을 돌아다니면서 말이지.

1948년 7월에 미소 양군이 다 철수하게끔 한다는 삼상회의(모스크바 삼국 외상회의)*의 결정에도 불구하고 소련군만 북에서 전부 철수했잖아. [우리나라가 이제] 자기 발로 걸을 수 있다는 거지. 근데 남조선에선 미군이 철군하지 않고 그대로 눌러 앉아 정권을 잡고 이승만을 시켜서 닥치는 대로 [무장대를] 총살하라고 하는 그런 형국이었으니까, 자기 집에서도 살 방도가 없지. 그러니까 1947년부터 시작해 1948년 7월까지 소련[군]이 떠나고, 미군은 장기 주둔할 태세였으니까 우리의 생활을 지키기 위해서는 누가 일본에 갔다와야 되겠다는 이야기가 된 거야. 내가 일본에 산 적이 있으니까,[7]

나보고 [일본에 가서] 아는 사람을 찾아가 필요한 물품을 구해 오라고 했어. 필요한 물품이란 신발, 운동화, 우비 같은 거지.

누가 지시했나요?

인민위원회 책임자가 산의 아지트에서 살면서 거기서 토론을 거쳐 미제가 장기전을 할 우려가 있으니까 우리도 장기전에 대비하려면 생활필수품을 준비해야 한다며 나를 시킨 거야. 지시가 내려왔어. 그때 내가 26살이었어, 27살인가? 일본어 글자를 쓸 줄은 몰라도 말은 할 줄 알고 또 어디를 가도 아는 사람들이 있으니까 뽑힌 거지. 그래서 [일본에] 가려니까 밀항선이 아니면 안 되잖아. 조그만 배야. 한림면 옹포에서 밀항선을 옹포구장[이장]을 통해서 구했지. 도와주는 사람들이 부락에 다 있었어. 어떻게든 우리나라를 재건하려는 데 도와주는 사람들이지. 비밀리에 내가 일본에 갈 수 있도록 배를 구해줄 수 있느냐고 부탁했지.

그래서 내가 1948년 7월에 일본에 와서 후쿠오카(福岡)에 내렸는데, 어디가 어딘지 통 모르지. 그때 [일본]말을 못하는 중학생 아이를 하나 데리고 갔어. 옷을 곱게 잘 차려입혀서 오사카에 데려가니까, 우리 오빠가 어렵게 살면서도 여기저기 알아봐서 [그 아이를] 데려다 줬어. 인민위원회에서 한림면 위원장을 하던 김행돈*이라는 사람이 있었어.

김행돈이요?

위원장을 하던 사람인데, 잡히면 총살이니까 당시 일본에 도망가 있었어. 그 당시에 우리집에서도 [일본으로] 도망 가려고 생각하고 있었어. 내 생각에 [남편을 먼저 보내면] 남편한테 좋은 여자가 생겨 재혼해 버리면 안 되잖아. 그래서 [남편한테] 일본에 갈 거면 같이 가자고 했더니, 못 간다고 하더라고. 산에서 총무 역할을 했었거든. 총무라면 생활하는 모든 걸 먹을 걸 다 책임져야 돼.

[해방 후에] 밀항해 일본으로 가셨을 때는 어디서 오셨어요?

처음에 밀항할 때는 한림면 옹포에서지. 윤 아무개라는 사람의 밀항선인데 일본을 자주 왕래하는 배가 있었어. 그 '야미(闇)' 시장을 하는 사람들, 일본에서 물건을 사다가 제주에서 팔거나 하는 장사치들을 태우고 왔다갔다 하는 배가 있었어. 그 배의 선장이 옹포구장이었어.

옹포구장이 선장이었군요.

당시 호열자병(콜레라)이 제주도 전역에 퍼져서 여기서 저기 나무 있는 데까지[약 5미터]도 움직이지 못하던 때가 있었어. 당시 '야미' 시장을 하던 사람들이 한림에서 옹포로 넘어가려고 해도 못 넘어갈 때야. 그런 시국에 내가 사람을 통해서 일본에 가게 된 건, 아까 말했듯이 미제가 주둔해 장기전이 될 거라는 방침이어서 어떻게든 우리가 앞으로의 길을 연구해야 한다고 해서 일본으로 가게 된 거지.

1948년 9월 제주도로 귀환, 경찰에 연행되어 고문을 받다

[일본에서] 여러 가지를 준비하고 있는데, 9월이 되니까 조선에서 통지가

왔어. 들어오지 말라고. 지금 애국자들을 다 총살하고 있으니까 걸리면 죽는다고 들어오지 말라는 거야. 그런데 돌아가지 않고 나 혼자 일본에 남아서 뭐하겠어? 그래서 '야미' 배를 타고 [제주에] 돌아왔는데, 배가 고장 나서 바람부는 대로 밀려간 게 대정면에 도착했어. 대정면 어느 마을에 내렸나? [일본에서] 내가 비밀리에 김승림이나 [김]행돈, 이병호, 이 사람들을 통해서 우리 고향에 필요한 걸 물었더니 무기라고 해서, [그 사람들이] 무기를 구해 줬어. 잡히면 죽임을 당하지. [대정면에 도착한 후] 잡혔을 때 '야미' 배를 함께 타고 온 사람이 30명 가량 되는데, 일본에서 뭐하다 왔느냐고 묻더라고. 제주도에 돌아와 보니, 반동들이 매일 우리집 앞에서 보초를 서 있었던 거야. 돌아오는 사람이 없나 해서 말이지. 암호를 모르는 사람은 죽는 거야. 암호라는 건 산에서는 우리 말로 이러이러한 게 있는데 본 적 있느냐 하는 것이 암호야. 암호를 모르는 사람은 산에 못 다니지. 걸리면 빨갱이로 간주해서 죽이니까. 이런 생활을 했는데, 가서 걸렸어. 민보단* 이라고 일제를 대신해서 이승만의 부름씨꾼이야.

[민보단에] 걸렸거든. 걸려서 이쪽은 총살되고 나만 살아났지. [야미 배를 타고 온] 30 몇 명한테 죄다 물었어. 일본에서 뭐하다 왔느냐고 말이지. 다들 일본에 가서 먹고 살려고 연명할 수 있도록 준비하러 갔다왔다고, 다 그럴 듯한 말을 하지. [안 그러면] 다 잡혀 가니까. 나한테는 뭘 물었느냐면, 당신은 어째서 일본에 갔느냐고 해. 그래서 내가 "난 여기서 7살 때 일본에 가서 해방 전에 돌아왔는데, 어머니가 우리 짐짝, 살림살이를 서울로 옮기라고 해서 일본에 갔다왔다"고 둘러댔지. 그런데 같은 마을에 민보단 사람[안면이 있는 양 아무개씨]이 하나 있었어. [내가 그 사람한테] "아 형석이 아니

야?"하고 말을 걸었지. 그리고 "난 7살 때 일본으로 떠나서 아무것도 모릅니다"하고 둘러댔지. 그래서 내가 살아났어.

그런데 [민보단에 잡혀간 사람들은] 제주농업학교로 [끌려]가기 전에 콘크리트로 된 방에서 열흘 정도 있다가 제주시로 끌고 갔다고. 거기 제주농업학교로 데려가서는 아침을 먹을 때쯤 "누구누구 나오라"고 호명을 해서 데리고 가면 돌아오지 않았다고 해. 내가 아는 사람도 있었는데 안 돌아왔다고. 왜 안 돌아왔느냐고 물으니, 호명을 당해 나갔다가 안 돌아오면 죽은 거라고 하더라고. 머리채를 잡아서 끌고 가는 사람도 있고 굉장했대. 그냥 끌고 가면 그대로 죽였거든.

그게 버스가 아니고 트럭 같은 건데, 그 차를 타고 돌아왔는데, 중산(간)촌*은 전부 불살라 버렸더라고. 전부 불사르고, 내려오지 않은 사람들한테는 내려오면 살려준다, 산에 있는 사람들한테 내려오면 살려준다고 하니까 내려오

〈사진 9〉 1948년 5월 당시 제주농업학교

지. 거기 정뜨르 비행장*에 큰 굴을 파 놓았어. 주변 사람들은 왜 저리 굴을 파 놓았는가, 또 전쟁이 일어나는가 생각했겠지. 27대 트럭을 타고 그 산에서 내려오라고 해서 내려온 사람들을 밥 한 술 물 한 모금 안 주고 일주일을 굶겼어. 떠들지 못하게. 굶으면 힘이 없으니까 떠들지 못하잖아. 그래 가지고 27대 트럭을 [타고 온 사람들을] 동굴에 몰아넣고 화약을 터뜨려서 죽인 날이 바로 음력 8월 11일[8]이야. 그 날짜를 내가 못 잊어. 다들 죽었으니까. 그때부터 절간이고 뭐고 안 믿어. 귀신이 있으면 와서 나쁜 놈들을 죄다 죽였겠지. 그렇지 않으니까 일체 종교고 뭐고 안 믿어. 죽으면 그만이야. 나는 살아남아 고향에 가게 됐지만.

[나는 혐의가 풀려서 제주농업학교로 끌려가는] 차에서 내렸어. 내가 한림에 살았으니까, 한림으로 가겠다니까 한림에는 절대로 가면 안 된다는 거야. 그러면 어디로 가느냐 말이지. 비는 막 오는데, 중산(간)촌 마을은 전부 불살라 버렸지. 거기 임 씨라고 아는 동무인데 민보단 책임자라. 그이가 나한테 절대로 집에 돌아가면 안 된다고 하는 거야.

우리 시고모님이 아주 잘 살았거든. 재산을 절반 나눠 받아서 재산이 많았어. 수원의 큰 기와집에 살았어. 대림엔 기와집이 없고 다 초가집이라. 그 시고모님이 사는 기와집으로 가서 나를 살려 달라고 부탁했지.

나를 살리려면 어떻게 해야 하느냐고 말이지. 그 시고모님이 나를 아주 귀하게 대해 주셨거든. [내가 조카며느리인데] 자기 조카보다 더 잘했어. 기와집이니까 집이 크잖아. 마루 밑에 들어가 숨어 있었어. 또 민보단에서 나와서 마루 밑을 조사할 수도 있으니까 그걸 피해 아궁이에 들어가 숨기도 했어.

그렇게 3개월쯤 지내니 1949년이 되었어. 1949년이 되니까 이승만의 지시로 무조건 총살은 중지하라는 명령이 내려왔어. 그리고 나서 박 아무개가 나를 우리집에 데려다 주었어. 우리 부모님은 내가 죽은 줄로만 알고 있었지. 어머니가 [나를] 아무도 모르게 밤중에 데려다 어딘가에 숨겨 줘서 세월이 좀 지날 때까지 숨어 살았지.

우리집에 큰 항아리가 굉장히 많았거든. 곡식을 보관하는 큰 항아리 속에 들어앉아서 거기 숨어서 살았어. 거기서 사람들이 다 일을 나가면 문을 다 닫고, 우리 아버지가 상당히 술을 좋아하시던 분인데 날 지키려고 술도 안 마셨어. 우리집으로 들어오는 골목이 아주 길어. 집터가 넓으니까. 들어오는 골목의 나무 아래에 가만히 앉아서 담배를 피우다가 조금이라도 이상한 사람이 오면 바로 알려 줬어.

우리집 뒤로 가면 대나무밭에 양애(양하)고 미나리고 굉장히 많았거든. 그때 시절이 수상한지 쥐들이 막 나와서 양애를 뜯어먹고 또 새들도 몰려와서 자작자작 했어. 그걸 보면서 생각했지. "아, 저 짐승들도 말을 못할 뿐이지, 우리 사람과 마찬가지로 다 욕심이 있구나" 하고 말이지.

두번째 연행

이래저래 있노라니, 우리 외가쪽 작은할아버지가 임창현이라고 한림면 면장이었거든. 장남이 임상국이고 차남은 우리 남편과 마찬가지로 면사무소에서 회계를 봤었는데, 전부 들고 일어나 폭동이 나서 무장투쟁을 할 때, 산에서 내려와서 면장을 하던 작은할아버지하고 아들, 그리고 임상국

의 아들 3부자를 총살시켜 버렸어.[9]

그래 나를 잡아가려고, 우리 어머니의 셋아버지(외할아버지의 바로 아랫동생) 아들이 아주 반동도 큰 반동이었어.[10] 나를 찾으려고 굉장했었거든. 혹시 내가 어디 숨어있는 게 아닌가 해서 말이지. 내가 [집] 뒤에 숨어 있을 때, 담 위에 올라가서 봤어. 보니까 서북청년하고 김형사하고 5명이 우리집으로 오는 올레(골목길)에 큰 감나무가 있는데 그 아래로 쑥 들어가서 몸을 숨기더라고. 그리고 우리 어머니가 어디를 갔다와서는 "야, 이상한 사람 왔으니까 뒤로 뛰라!"고 해. 내가 뒤로 뛰어도 잡히니까 소용없다고, 문을 열고 "무슨 일 있습니까?"하고 물었지. 그러니까 "이성호란 사람 있소?"하는 거야. "저가 이성홉니다"했지. 그랬더니 "일이 있으니까 [같이] 가자"하는 거야.

그래서 잡혀갔는데, 강석주라고 우리 남편 밑에서 일하던 사람이 지서에 들어와 거기 내부 사정을 잘 살펴서 해결해 줘 가지고 같이 나왔어. 그래 나와서 [내게] 어떤 얘기를 하느냐면, 임무길이라는 사람한테서 투서가 들어갔는데, 이성호가 일본에서 돌아와서 산에다 돈을 30만 원 올렸다고 투서가 들어갔다는 거라. 투서가 들어갔으니까 죽을 판이지. 그 강석주가 [경찰이] 나를 죽일 걸 살린 거야. 서북청년들이 [나를] 끌고 갈 때 [강석주가] 사찰 책임자니까, "이 사람은 내가 책임지겠다"면서 데려간 거야. 가는 길에 큰 옴팍한 밭을 걸어가면서 "이런 투서가 들어왔고 이러이러한 일이 있으니까 그걸 잘 알아서 맡길 테니까 잘 알아서 쓰시오"라고 말이지. 그렇게 바른 말을 해 주었어. 잡혀가서는 긴, 이런 책상이 있는데 거기서 잠을 재우고 감방에는 넣지 않더라고. 강석주가 사찰 책임자니까 자기가 책임을 진다고 말이지.

근데 이번에는 이틀 만에 모슬포로 간 거야. 본청이 모슬포에 있으니까 본청으로 압송하게 되거든. 7명이 압송됐어. 본청에 압송할 때는 어떻게 압송했느냐면, 나는 일본에서 와서 피부도 안 타고 또 젊을 때니까 아마 그 육지사람들이 나를 어디 귀부인으로 본 모양이지. 옷도 잘 차려 입고 있었으니까. 옛날에 우리는 남을 만날 때 맨발로는 안 만나거든. 옷을 잘 차려입고 만나지. 내가 그 식으로 곱게 차려입고 갔어.

그때 서북[청년단]에서 온 사람이 모슬포의 책임자, 과장이라고 했어. 이름이 뭐더라? 아주 젊잖은 사람이었는데. [압송된 7명에게] 내가 물었어. "당신들 [모슬포 본청에] 왜 갑니까." 그랬더니 "귀순하라고 해서 귀순했는데 인사 안 했다고 잡아 간다"고, "귀순해서 와도 지서에 인사 안 드렸다고 그래서 잡혀 왔다"고 해. 그게 크게 참고가 됐어. 근데 그 과장이 [잡혀온 사람한테] "당신은 뭐했소?"라고 물어도 대답을 못해. 다 촌사람들니까. 대답을 못하는 거야. 그래서 내가 귀순하라고 해서 귀순했는데 지서에 인사 안 드렸다고 잡아온 모양이라고 말했지. "그래? 정말이여?" "예, 그렇습니다." [그럼]다 돌아가." 이렇게 돼서 그대로 다 석방시켰어. 그리고 [나한테] "당신은 뭐 때문에 왔소?"라고 물어서, "저는 폭도들의 활동을 반대했기 때문에 [고향을 떠났다가 이제] 폭도들이 다 붙잡혀서 고향에 들어 왔습니다. 완전히 살려고 고향에 들어왔습니다"라고 하니까, "아, 그래요?"라고 해.

근데 김형사라는 자가 그 과장을 따라왔어. 그리고는 나에게 "이성호 한림면 위원장이 당신이지?"라고 취조를 하는 거야. 그래서 내가 "나는 위원장에 '위'자도 모르는 사람이고 나는 폭도가 싫어 가지고 일본에 갔다가

도망 댕겼다가 돌아온 사람인데 어떤 자가 그런 말을 하느냐"고 그랬더니
아무 말도 안 하고 돌아가 버렸어. 그 다음에는 어떤 김녕 사람이 와서 그
과장한테 귓속말로 남로당 어쩌고 저쩌고 하더니, [과장이 나를 보고] "미안허
지만은 당신은 좀 더 있어 주소."[하더라고].

고문과 저항

이제는 감옥에 들여 놓으려고 하지. 들여 놓을 때 옷을 다 벗기려고 하지.
지금은 이 빤스도 이런 빤스지만, 옛날에는 소중기(소중의)*라고 해서 한 쪽이
터져 있는 걸 입었었어. 우리 어머니가 더운 데서 고생한다고 아주 좋은 걸로
그 속옷을 만들어 줬는데, 고무줄을 다 끊어 버렸어. 다섯 취조관들이.

[그래서 내가]"당신들은 우리 조선의 예절을 모르는가 보오. 우리나라를 지
키려고 싸우는 사람들이 어떻게 싸우는지 모르지만, 나는 폭도가 싫어서
일본에 갔다왔지만은, 우리 사람들이 옷을 다 벗겨놓고 소중기까지 다 끊
는다는 거는…. 당신은 조선 사람 아니오?"[하고 따졌지.] 그렇게 빤스만 입고
거기서 일주일을 살았어.

그때 어떤 일이 있었느냐 하면, 우리 마을에 육지서 온 똑딱 할머니*(당
시 69세 정도)라고 있었어. 그게 진짜 이름은 아니겠지만, 수원에서는 똑딱
할머니라고 했어. 점도 보고 춤도 이렇게 추는 사람이야. 내가 감옥에 있
을 때 그 사람에게 부탁해서 우리 시고모가 책을 하나 갖다줬어. '고왕경'
* 이라고 불교에서 쓰는 책이지. 그 책을 하나 갖다줘서 한 두어 번 읽으
니까 다 외워버렸어. 다 외우고 거기서 공부하고 그렇게 지냈지.

[일본에서 돌아온 뒤 1949년] 3월에 그렇게 집에 돌아가서 잡혔잖아? 그런데 어느 날 자다 보니까 꿈 속에서 우리 시아버지 목청으로 똑딱 할머니가 말을 하고 있었어. 퍼뜩 깨니까 꿈이라.

그 후로 일주일 만에 "한 번 취조가 있으니까" 하더라고. 그리고 "당신은 그저 양민이 되어서 앞으로는 그 폭도들한테 속지 말고 양민으로 잘 살아주시오." 그래서 풀려났어.

그러고 [한림] 지서로 갔어. 저녁 5시쯤 되니까 버스가 없지. 모슬포에서 한림까지 군인차로 실어다 줬어. 지서에 들어가니 거기 책임자들이 [내게] "당신 어째서 나왔소?"라고 물어서 "내 무슨 죄가 있간디? 나는 폭도 싫어가지고 일본 갔다가 돌아온 사람, 왜 내가 못 나올 리가 있습니까? 나는 당신들한테 나 무사히 나왔다고 고맙다고 인사할려고 들어왔습니다"라고 했지. [그랬더니 그들이] 말을 못하지. 자기네들이 할 말을 내가 다 해버리니까. 참 별난 여성이 다 있다고 생각했겠지.

나를 취조할 때는 굉장했어. 처음에 다섯 명이 들어와 취조할 때는 "내 남편도 너희 놈들보다 낫고 내 동생도 너희 놈들보다 나은 놈들이라고. 우리나라를 지키자고 싸움헌 사람이 뭣이 나쁘냐"고 내가 막 혼을 냈어. 큰소리 치며 내가 이걸(의자를 가리키며) 탁 던져버렸거든. 아이고 다리를 다쳐가지고, 아이고 죽는다고 막 야단법석이야. "당신네도 맞아봐라 나도 아프니까 니놈들도 맞아보라"고 하며 대항하니까 "제주도에 당신 같은 여성이 셋 있으면 우리는 다 죽고 돌아간다"고. 서북청년들이 취조할 때는 [내가] 옷 벗겨진 채로 뱅뱅 돌아다니면서 어떤 놈이라도 다 물어버렸거든. 날 이겨낼 수 없어. 내가 그때는 젊을 때니까 힘이 있었지. 닥치는 대로 발로 [차고] 땅기는 대로 계속 물어 버리니까 계속 취조 못하는 거야.

그래서 석방되어 [한림] 지서에 갔는데, 집에 돌아가려고 하니 양민증*이 없는 거라. 그때는 민보단[이 발행한] 양민증 없으면 집에 못 돌아가거든. 거리마다 다 보초가 서 있을 때였으니까. 할 수 없이 양민증을 만들어 줬어.

양민증을 만들어 줘서 집에 갔는데, 또 지서에 투서가 들어간 거야. 우리가 처음에 조직할 때는 여맹[여성동맹]이 아니라 [대림리]부인회로 조직했거든[제주도의 여성운동단체 참조].* 그 회장이 임인옥 씨라고 우리 어머니하고 친척이라. 그분이 이북에서 넘어온 사람도 양심이 있는 사람이 있다며 [누구를] 소개시켜 주었어. 이북 영감인데 이름은 모르겠고 체격도 좋고 정정한 사람이야. 그 사람한테 "촌에서 아무것도 모르는 아이가 잡혀갔는데 어떻게 좀 조사해서 잘해 줄 수 없는가"하고 부탁한 일이 있어. 그래서 두번째로 체포당했을 때는 나를 취조하려고 할 때 그 영감이 들어왔어. 들어와서는 "서북청년단, 너희들은 뭐하러 들어왔나?"고 하니까, [서북청년들이] "예. 그저 저는 명령을 받고 들어왔습니다"고 말하곤 다들 도망갔어.

빈사 상태에 처한 남편과 재회하다

그냥 그대로 있으면 [위험하니까] 계속 [거기에] 있을 수가 없으니까 어디로든 몸을 피해야 한다고 할 때, 우리 남편이 [대구에서] 3일간 취조를 당해 마른 소나무처럼 눈도 다 빠지고 팔목에도 살도 하나도 없다는 [소식이 온] 거야.

그때 시아주버님이 부산에 있었어. 시아주버님이 어머니에게 오도록 부탁하겠다고 하니까 [남편이] "어머니 부르지 말고 성호 부르라"고. 나를 불러달라고 한 거야. 그때는 [제주시로 나가는 것도] 버스를 못 타잖아. 중산(간)촌에 아는 사람을 통해서 그 [이북] 영감한테 고맙다는 인사로 2만 원을 주고 이동할 수 있도록 편의를 좀 봐달라고 했어. 제주시에 나와서도 출항을 하려면 양민증 없이는 출항을 못했잖아. 목포 배로 갔는데, 그 영감한테 2만 원을 주고 양민증과 교통비, 교통증명을 받아 가지고 거기서 하룻밤 자고 목포에서 부산으로 갔지. 거기서 하룻밤 자는데, 밤에 잠을 자다가 변소에 갔는데 시계가 탁 떨어지는 거야. 꿈을 꾼 거야. 이제 내일이면 다 만나겠다 했지.

그래 [부산에] 가 보니까 뭐 형편없지. 그 대구형무소에서 [남편이] 다 죽어가니까 시신을 찾아가라는 통지가 왔을 때 내가 간 거야. 죽지는 않았는데, [형무소에서] 자기들이 어떻게 못 하니까 가족이 있으면 데려가라고 한 거지. [남편을] 데려와서, 어떤 곳을 빌렸느냐면 우리 작은시아주버님의 부인, 작은형님이 예배당 같은 데를 빌려서 거기서 살았어.

거기서 남편을 돌보는데, 우리 남편이 나를 보고 자기 형편은 모르고 자기랑 일본에 같이 가자고 그러는 거야. 작은형수한테도 여기 있으면 우리는 어디를 가도 죽으니까, 일본에 좀 데려다 달라고 했어. 죽으려고 그랬는지 그냥 머리도 이상해져서 지붕 위에 혼자 올라가고 그랬어. 그러다가 내가 가서 일주일 만에 죽었어. 일주일 만에 죽었는데, 지금은 전부 전기로 [화장을] 하니까 많이 볼 수가 없잖아. 들어갈 때만 보고. 근데 그때까지는 철판에다 그냥 올려 놓고 그냥 태웠어.

화장할 때 말인가요?

그래. 눈으로 콧구멍으로 불길이 과랑과랑 올라오는데, 보통 같으면 못 견디고 쓰러져 버리지. 우리말에 "덜 설루와야 눈물이 난다"는 말이 있어. 눈물이 날 여지도 없어. 이런 세상이구나 하는 생각뿐이지.

그때 화장장에 온 사람이 오사카에 사는 홍건일이라고, 마침 부산에 와 있었거든. 그 사람이 도착했을 때는 다 죽었지[다 타고 뼈만 남았지]. 그 사람하고 우리 시아주버님하고 형님만 온 거야. 그리고는 중요한 뼈만 몇 개 주워서 목에 걸고 가게에 가서 맡겨놓고 그 뒤로 내가 이상해졌어.

남편 분이 돌아가신 날이 언제인가요?

그게 1949년 10월 25일이야. 내가 27년간 내 손으로 제사를 지냈어. 27년간 제사상을 차려 주었는데, 그날은 시루떡을 만들어서 내 손으로 제사를 지냈지.

양력인가요?

아니, 음력이지.

두번째 밀항 - 1949년 12월

우리 외사촌(김정구)이 신문기자로 있다가 여순사건* 때 군대에서 조금 혁신적인 군대에 있었으니까, 위험하다고 해서 [몸을] 피해 부산에 와서 부두에서 일을 좀 했었어. 내가 사촌누나인 거지. 자기 친누나처럼 잘 따랐어. 일본에서 송환되었을 때도 차입도 넣어주곤 했지.

내가 [부산으로 강제송환되었다가 석방된] 그 뒤에 여수에 좀 있었거든. 여수 동포라면 [어머니의 둘째 동생 임혜성이라고] 그 남편이 좀 유명한 분이셨어. 그분이 "아야 니가 좀 살려면 뭘 하나 믿어야 한다"고 하셨어. 내가 "뭘 믿습니까? 믿을 것이 하나도 없지 않습니까?" 하니, '암소가미(牝牛神)'를 믿으라고 하는 거야. 내가 암소가미가 뭐냐고 물어봤더니, 소에도 신이 있다고.

[임혜성의] 아들이 인민위원회 위원장 김경환이라고 전주에서 학살당했고. 아까 사진에서 보여 준 게 셋째아들이야. 신문기자를 하다가 군에 갔다온 뒤 부산에 와서 부두에서 일하면서 살았어. 또 그 넷째아들은 일본 제국시대에 '천황을 위해' 출정했는데 [전장에서] 죽고 사흘 만에 해방이 됐다고. 혁명가 집안이야. 이분이 나한테 살려면 뭘 하나 믿어야 한다는 게 암소가미야. 내가 암소가미를 믿으면 죽었던 사람도 살아나오는 귀신이냐고 물으니까 모르겠다는 거야. 죽은 사람이 살아온다는 건지는 모르겠다고. 그렇다면 내가 믿어서 뭐하냐고 했지.

거기 [부산에] 이병호라고 우리나라가 해방되고 나서 [재일본조선인]연맹* 시절에 국기[인공기]를 내걸었다고 해서[국기 게양 사건 참조]* 한국으로 송환된 [사촌]동생이 있었거든. 그 동생을 석방시키려고 우리 고향의 우리 아버지 쪽 사촌누나 친척[이관식]이 [부산에] 가 있었거든. 이관식이 이병호의 셋아버지니까. 그분이 나를 보고 저대로 두면 정신병자 된다고 나를 데려가겠다고 한 거야. 자기가 일본에 데려 가겠다고. 그래서 [1949년 12월에] 이병호가 나를 일본에 데려다 줬어.

강제송환 1950년 12월

[일본에 갔다가 잡혀서 1950년 12월에 강제] 송환되었잖아. 처음에는 소네자키(曽根崎)경찰서에서 3개월 [있다가], 오무라(大村)수용소*에 2개월 있었지.

그때 [김정순이라는 사촌 이름으로 1950년] 8월에 거기 [오사카시 스미요시(住吉)의 오빠 집에] 갔어. 지금이야 이런 옷을 입지만, 그땐 얇은 짧은 치마 하나만 달랑 입은 채로 8월에 잡혔잖아.[11] 솔직히 말하면 그대로 석방이고, 그렇지 않으면 [한국으로] 송환되는 거지. 나는 정말 아는 것도 없고, 쌀 한 되 사려다가 걸렸을 뿐이라고 아무 죄도 없다고 했지.

그런데 거기서 빵빵(パンパン)하던 거 아니냐고 하는 거야. 몸 파는 사람보고 빵빵, 빵빵 이런 말을 썼거든. 사람 감정이라는 게 참 무서워. [그 말을 들으니까 그때까지는] 내가 일본말을 못한다고, 일본말을 모른다고 버티다가 그만 내가 팔딱 일어서서 "우리 조선서 온 동방예의지국이라는 말을 모르냐"

고, 너희들이 내 목에 망탱이를 걸어도 우린 그런 짓은 안 한다고, 우리 조선여성은 먹을 게 없어서 거지질을 하는 한이 있더라도 그런 짓은 안 한다고 했지. 그리고는 나를 [오무라]수용소로 보내 버린 거야.

[오무라]수용소에서 우리 남편이 죽은 날이 [음력]10월 25일잖아. 그날 돈 십 원을 빌려서 그걸로 내가 만두 하나 사다가 담요 하나 깔고 담요 하나 덮고 천막 속에서 제사를 지냈어. [오무라]수용소에서 말이지. 아는 사람이 그게 뭐냐고 해서, "아 오늘 우리 찬호 제삿날이니까 내 오늘 잊어불지 않으려면 표시를 해 줘야지 않냐"고 했지. 거기서 내가 몇 사람 울렸거든.

그러다가 [1950년] 12월이 되어 [한국으로] 송환을 당해서 부산에서 조사를 받았어. [무장대 용의자로] 잡힌 거지. 12월에 부산에 도착했는데 남자로 보이는 사람하고 나하고 둘을 총살하려고 해안가에 이렇게 앉혔어. 그런데 사령관이 이승만이 총살하지 말라고 했다고 중지시켰어.

송환된 사람들 중에 죄가 없는 사람은 50일 이상은 머물지 않았어. 나는 여형[여자형무소]으로 가고, 남성들은 또 다른 장소로 보내졌어. 독방에서 여름 옷을 입고 있으니 12월이니까 완전히 산속이지[산속처럼 춥지]. 거의 걸어서 [취조실에] 불려다녔는데, 걸어가면서 나는 늘 고왕경을 외우곤 했어. 거기서 혼자서 말이지. 거기서 어떤 사람이 내게 "당신은 살아남을 거야. 고왕경만 외우고 있으면 목에 칼이 들어와도 살아"라고 했어.

취조할 때는 옷 다 벗기잖아. 빤스 하나만 입혀 가지고 여기[뒷무릎을 가리키며] 장작을 끼워 가지고 이렇게 뒷결박을 짓고는 바른말을 하라는 거야. 나는 바른말 따위 하나 할 것도 없고, 바른말을 들으려면 일본에 날 데려가라고. 먹을 게 없어서 '야미'쌀을 구하러 갔다가 걸린 것이 이 지경이라고 말했지. 근데 내 말을 안 믿어. 그리고는 그 두꺼운 지레(키)를 입에 물리고 취조를 하는데, 수사관이 물을 막 쏟아붓잖아. 숨도 못 쉬어. 코도 막고 입도 막고 세번까지 그러는데, 네번째는 힘이 없어서 이렇게 [널브러진 자세를 취하며] 나자빠졌어. 일부러 내가 나자빠져 버린 거야.

내가 이렇게 옆으로 쓰러진 걸 보고 거기 사찰과장이라는 자가 취조가 좀 지나치다고 했어. 이승만이 총살을 하지 말라는 명령을 내렸는데, 죽이면 그자들이 살인자가 되는 거니까, 그걸 보고 내가 자신감이 붙었어. 자신이 붙어서 나를 조사하려면 너희들은 권력자니까 비행기 타고 [일본에] 얼마든지 갈 수 있지 않느냐고, 비행기 타고 가면 되지 않느냐고 했지. 그랬더니 "제주의 빨갱이는 다 골로 보내야지[죽어야 돼]" 그러더라고. 그게 일상적으로 쓰는 말이었어.

경찰에서 CIC*에서 나와 취조할 때도, 말하라고 겁박할 때 일주일간 밥을 안 먹고 단식을 해 버렸거든. 죽으면 죽지 뭐. 이자들한테 내가 죽는 것이 무섭나, 내가 살아봤자 가족이 있는 것도 아니고 말이지. 일주일을 단식하니까 이자들이 막 겁이 난 거야.

CIC에서 나와도 아무 말도 안 하고 내가 계속 모르쇠를 하고 말을 못하는 사람처럼 있었더니, "이거 빵빵하던 거 아니야?"라고 하는 거야. 아이고, 빵빵하던 거래. [송환당해] 잡혀서 그런 지경이 되니까 빵빵이라는 거야. 빵빵이란 몸 파는 사람을 빵빵이라고 하잖아.

그 지경을 당할 때 내가 나 죽었다고 해서 울 사람도 없고, 죽는다고 해도 [슬퍼할 사람은] 우리 어머니밖에 없으니까 나를 죽이려면 죽이라고 내가 뭐가 무서워서 이러고 사냐고 했지. 그러나 죽는 사람들은 다 내 나라를 지키려고 힘을 다한 거라고, 나는 나쁜 짓 했다고 굴하지 않는다고, 내 나라를 찾으려고 하는 사람들이 뭐가 나쁘냐고, 막 그러니까, "아이 이 제주도…"라고 하더라고.

그때 남의 이름으로 갔었거든. 내 이름으로는 못 가지. 내 이름으로 가면 발각되니까. [거기에] 시숙님(작은아주버니)하고 아는 사람이 하나 있었어. 제주도 센 여성이 하나 있다는 말을 듣고 시숙님이 우리 제수씨라고 하니까, 그걸 미리 알았더라면 우리가 살리는 건데 그랬다고 하더라고. 그래서 석방이 돼서 다시 [일본으로] 온 거야.

세번째 밀항 1951년 1월

할머니, 1950년 12월에 부산으로 송환돼 가셨지요?
그렇지.

그리고 또 일본에 밀항해 오신 건가요?
그렇지, 밀항.

언제 오셨어요?
밀항으로 온 건 그게 1951년이네.

부산에는 얼마나 계셨어요?
부산에는 한 3개월쯤 있었나? [1951년 1월에 다시 일본으로 왔으므로 실제로는 2개월 정도임.] 얼마 안 있었어.

그럼, 그때는 부산에서 밀항해 어디로 오셨어요? 오사카?

[세번째] 밀항으로 왔을 때는 송환된 뒤니까 거기가 쓰시마(対馬)지. 거기로 가서 이번에는 고창호라는 사람한테 부탁해서 어디 [외국인]등록*을 하나 마련해 달라고 했지. 그랬더니 우리나라 사람으로 산에서 숯 굽는 사람인데 손정순이라는 사람이 있다고, 그 이름으로 [외국인등록증을 만들어 줘서] 어렵게 오사카로 넘어왔지. 내 이름은 못 쓰거든. 걸리면 어디 가도 죽으니까.

그리고 일본의 어디로 가셨나요?

그때가 어디였나? 그때도 역시 오사카였겠지. [재일본조선인]연맹 시절이니까.[12]

오사카로 직접 가셨나요?

거기서 오사카로 오는 기차를 갈아타고 왔지. 거기가 후쿠오카라고 생각하는데, [재일본조선인]연맹 때니까 연맹 사람들이 알고는 더운데 왔다며, 아이스크림을 사다 주고 또 데려다 주고 그랬지.

오사카에 가서는 여기 모리마치[森町. 현 오사카시 히가시나리(東成)구 나카미치(中道)]라든가. 동포들이 많이 사는 곳은 이쿠노(生野)구였지. 지금은 여기저기 흩어져 살고 있지만, [당시 조선인이 사는 곳이라면] 이쿠노구였지.

오빠들을 도우며

[오사카에] 가니까 사람들이 나보고 묻는 말이 "앞으로 돈을 벌어서 살겠는가? 어떤 길을 택할 건가?"하고 묻는 분이 있었어. 김봉유라고 그분은 장사꾼이야. 내가 "나는 돈을 벌어서 쓸 데도 없습니다. 가족이 없는데 돈은 벌어서 뭐합니까? 나는 이 길에서 살겠습니다"라고 대답했지. 통일되기 전에는 결혼도 안 하고 평생 살겠다는 게 내 본심이었거든.

그래서 이제 할 수 없이 뭘 하고 살았느냐면, 저고리 있지? 조선 저고리를 만들었어. 손미싱을 하던 때의 사진이 여기 있어(사진 10). 나하고 67년간 같이 산 분.[13] 이분도 내가 결혼시킨 사람이야. [해방 전에 일본에 있을 때] 내가 노래도 잘하고 유희도 잘한다고 [방직공장 기숙사] 책임자한테 막 자기방에서 같이 살게 해 달라고 부탁해서 나를 자기방에 데려다 딸같이 데리고 살았거든. 내가 어릴 적이지.

그분 집에 있으면서 손미싱으로

〈사진 10〉 이성호 씨와 박신철 씨(1996년 9월)

저고리를 만들었어. 그 당시는 모리마치(森町)에 나가면 우리 할머니들이 전부 우리 저고리를 입고 있었거든. 마토메* 양복 마토메지. 할머니들은 그게 본업이었어. 그런 생활을 하면서 이제 앞으로 무슨 일을 할까 생각했어. 한 사람 한 사람 알아가면서 [재일본조선인]연맹 사업을 할 수 있는 게 아닌가 해서 말이지.

그런데 우리 오빠들이 아주 빈곤하게 살았어. 그때는 해방이 되고 얼마 안 됐을 때니까 넝마나 고물을 주워서 생활하던 때야. 오빠들을 살리자, 어떻게 하면 우리 오빠들을 살릴 수 있을까 생각했어. 당시 다다미 2장짜리 방과 4장 반짜리 방에서 다섯 식구가 살 때야.

가서 보니까 우리 동포들은 전부 담배 마는 일을 해서 생활하고 있었어. 그래서 내가 가서는 저고리를 만들어 팔면서 오빠들의 생활을 도왔어. 아까 왔던 그 아이[조사자들을 증언자의 맨션으로 안내해준 이]가 세영이라고 쌍둥이야. 나는 애를 낳아 본 일도 없고 가정생활을 못해 봤잖아. 2년 동안 산에서만 살았으니까 사람답게 못 살았지.

그 세영이가 태어날 때 먼저 세훈이가 나왔어. 우리 새언니가 그 아이를 낳을 때도 내가 방에서 미싱으로 저고리 만들고 있었지. [새언니는] 배가 이만해서 움직이질 못해. 원래 느려. 아무 일도 안 해 본 사람이거든. 그래도 이제 살아가야 하니까 이제 산달이 다 됐으니까 내가 거들려고 두 달 전부터 [오빠 집에] 가서 거기서 저고리를 만들면서 있었거든. 아이를 낳을 때 산파가 와서 하나가 나왔는데, 또 하나가 있다고 하더라고. 난 모르지. 새언니는 기진맥진해서 본인의 힘으로 애기를 낳을 수가 없었어. 그래서 산파하고 내가 새언니의 배를 눌러서 낳은 것이 바로 세영이야.

총련에 참가, 그리고 탈퇴

[도쿄] 스가모(巢鴨)라는 곳에서 동포들이 잡힌 적이 있어. 8월 예비검속
이라고 하나? 그 사람도 조국[북한]에 한덕수* 의장과 함께 갔다온 사람이
야. 지금은 북에 가서 없지만.

이름이 어떻게 되나요?
이름은 고달민. 신촌 사람이지. 이좌구[4·3사건 당시 무장대사령관 이덕구의 형].

이좌구, 유명한 사람이네요.
다 내 친구들이야. 그 당시 네 명의 천사(조카)들을 돌보면서 살았지.
1953년이 돼서 그 당시 일본공산당에서 [재일본조선인]연맹에서 옮겨와 민전
(재일조선통일민주전선)*을 하던 때니까, 옛날 활동가들은 일본공산당 당원이
됐지. 내가 그때 [민전의] 히가시나리(東成)지부 총무부에 있었는데, 이 자리
에서 말해도 좋을지 모르겠지만 믿고 말하지. 1953년에 스가모(巢鴨)사건
14)이라고 있었어.

스가모요?
스가모사건, 그건 잘 알고 있어. 나한테 자료를 갖다 줬어. 그 예비검속
인가 뭔가로 우리 조선 사람들을 막 탄압할 때 있었어.
북조선에 최고인민위원회가 만들어지고 [조선민주주의인민]공화국이 창건될
때에, 그 시기에 일본에서 36명이 갔다왔어. 그 36명을 중심으로 [민족파가
형성되었는데] 내가 거기에 들어가 있었어.

그런 관계로 우리 총련에서 제일 앞장 섰던 사람 중에 지금 살아있는 사람은 다 죽어버리고 나 하나밖에 없어. 한덕수 의장이 조국[북한]에 가서 최고인민위원회의 칭호를 받아와서는[15] 총련을 결성하려고 3년간 비합법 운동을 했어. 그러니까 한덕수 의장 등이 나를 선각자라고 [치켜세우곤] 해서, [내가] 항상 대우를 받았지. 나는 그때 [총련] 중앙학원* 23기야.

김석범*을 아시나? 그 양반이 우리 반에 있었어. 그 양반은 제주말밖에 안 했어. 실속있는 양반이거든. 우리 반에 있으면서 일도 잘하고 부지런했어. 그 양반이 말할 때는 제주말이 꼭 나와. "우리 제주사람이 제주말을 하지, 어디 말 합니까?" 하는 식이야. 그때 총련 도쿄본부 부위원장이 김주영이라고 경상도 [출신인데]. 내가 중앙학원에 갈 때 김주영이 책임자고 내가 부책임자였어. 그 김석범 씨가 우리 반에 다섯 사람이 있었는데 반장을 했었지. 근데 청소할 때 이만저만이 아니야. 내가 나서서 항상 앞장 서서 했지. 그래서 [내가] 거기서 유명해졌어.

허종만*이라고 아시나? 중앙본부[중앙위원회] 부의장, 국제부의장[국제부 부국장]을 했지. 남성들은 사람마다 다 성격이 있잖아. 남성들이 돼지를 잡는데 옷을 잘 더럽히거든. 우리 여성들은 다른 일은 할 수 없으니까 남성들의 옷을 빨아주는 역할을 해야 한다고, 그걸 내가 지적했거든. 깨끗하게 빨아서 다림질을 해서 곱게 개서 주었지. 이 지시를 누가 했느냐고 책임자가 물었겠지. 그래 이 지시는 도쿄본부 이성호가 지적해서 해준 거라고 하니까, 그게 평가를 받았어.

내 한평생 88년을 살았지만 어디서도 남한테 못 살게 군 일이 없어. [총련] 그만두기 전에 '은수원'이라는 고깃집에서 [회식을]했어. 15년간 활동했지. [총련 결성] 8주년 기념[식] 때 메달이 8개밖에 없었는데, 일본 전국에서 메달을 받은 여성은 나 하나뿐이었어. [어떤 사람이] 그 메달을 자기는 안 주고 나를 줬다고 해서 군소리, 잔소리가 하도 심했어. 그래서 내가 [총련을] 그만둔 것이 정확히 1965년이야.

재혼

1965년에 [총련을] 그만두고 1년간 살아보니까 사람이 참말로 자기 사업을 떠나니까 참 쓸쓸하더라고. 돈도 그다지 필요없어. [도쿄 아라카와의] 미쓰와(三ノ輪) 병원이라고 아시나? 미쓰와병원이라면 유명해. 거기 양박사가 우리 오빠하고 동창이야. 동창이니까 나를 친동생같이 생각하는 분인데, 참 고생하면서 우리 [재일조선인] 교육에 협력해 준 분이야. 그 부인은 간장암으로 3년간 고생하다가 그 병원에서 죽었어. [그때] 내가 [총련을] 그만두고 한 1년 정도 그 근처에 살았었어. 내가 그 [총련] 일을 그만두고 있을 때 양박사가 "혼자 일생을 살려는가? 아니면 어떻게 재혼이라도 할 생각이 있는가?"하고 내게 물었어.

나는 통일이 될 때까지 혼자 살 예정으로 지금까지 살아왔는데 내가 이렇게 된 것은 다 이런저런 사정이 있다고 말했지. [내가 그때까지] 해 온 일을 [그분이] 다 알거든. 잘 아니까 사람답게 살려면 고생한 김에 더 고생해서 좀 더 사람답게 살라며, 재혼해서 자기 입장도 좀 살려 달라고 그러더라고.

그 양박사의 이름이 양승호라고 한림면 협재 사람이야. 저기 어디 아무

개 집에 식구가 많아서 아주 딱하다고, 그 집 아이들 오남매를 어떻게 누가 키울까, 누가 밥을 해먹여서 아이들을 장래에 사람으로 만들겠는가 상당히 걱정했는데, 성호라면 어떻게 할 수 있지 않을까 해서 묻는다고 말이지. 그러길래 "아, 그렇습니까. 그러면 생각해 보죠" 그랬지.

사회혁명은 못하게 됐으니 가정혁명이라도…(일동 웃음), 가정혁명이라도 해야지. 그렇잖아? 돈을 벌면 써야 가치가 있지. 돈을 쓸 사람이 없으면 그 돈을 어디에 쓰겠어? 양박사가 항상 나한테 상의를 했었거든. 자기가 병원을 꾸리면서 아라카와(荒川) [소]학교와 회관을 정말 힘 닿는대로 도와줬어.

내가 세상은 참 허망한 거라고 혼자 생각하면서, 혁명사업을 하지 못하는 대신에 가정혁명이라도 한번 해보자고 한 것이 오남매 있는 사람[과의 재혼]이야. [그 사람한테] 그때 돈으로 한 1300만 엔 빚이 있다고 했어. 고무공장을 하면서 돈은 받을 줄 모르고 물 것은 이자가 붙어도 꼬박꼬박 다 물어내는 그런 사람이야. 너무 고지식한 사람이지. 그 사람이 심정이 고운 사람이라서 살리려면 이런 사람을 살려야겠다고 생각했지.

그 아이들을 내 손으로 키워서 그 아이들이 다 잘 살아. 조대(조선 대학교)*에 갔어. 우리 아이들, 내가 키운 아이들이 참 머리가 좋아. 우리 고등학교[조선고급학교] 선생도 있고 그 남편[사위]이 지금 조대의 진권수 교수야. 그리고 아이들(손주), 창기와 성기는 조선대학을 마쳤고, 또 도쿄대에도 갔고, 지금은 봉급생활을 하고 있어. 그 애기들이 [내가] 여기 와서 사니까 매년 용돈을 보내줘.

그리고 성기가 이번에 고베에 가는 길에 여길 들렀어. 김만유 씨가 공화국[북]에 병원도 세우고 우에노(上野)에도 병원(西新井病院)[김만유와 니시아라이병원 참조]*을 차렸는데, 우리 성기한테도 장학금을 줬어. 여기 사진, 나하고 찍은 사진도 있어. [성기개] 요번에 신정 때 돈 2만 엔을 또 보내왔어. 왜 이런 걸 보냈느냐고 하니까, 할머니 오래오래 사시라고 보낸다네. 내가 고생한 보람을 이제야 찾는구나, 나대로 살 수 있구나 하는 생각이 들어. 사람은 고생을 하지 않으면 남의 고생도 몰라. 자기가 고생을 해봐야만 [남의] 고생을 알지.

53년 만에 제주도에

제주에는 언제 갔다오셨어요?

1984년 7월인가, 아주 더울 때야. [손으로 가리키며] 이게 내가 53년 만에 제주도에 갔을 때 사진(사진 11)이야.

53년 만이에요?

53년 만이지. [제주도의 자택 사진을 가리키며] 내가 태어난 집이 아주 넓어. 한림면 대림리.

그 집에선 지금 누가 사나요?

우리 남동생이 살았지. [지금은] 죽었지만. 아들이 없어서 아들 하나 얻으려고 [몇 번이나] 부인을 얻었는데 죽어버렸어. 여기에 4·3사건의 책임자, 부책임자가 한 분 있어.

〈사진 11〉 이성호 씨가 대림리 생가를 방문했을 때 촬영한 사진(1990년 6월)

〈사진 12〉 대림리 재일애향회 기념비(앞면)

〈사진 13〉 대림리 재일애향회 기념비(뒷면). 이성호 씨의 이름이 확인된다.

누구예요?

[손으로 가리키며] 이 사람이 한림면의 부위원장, 한림면의 부면장이자 남로 당 한림면 책임자지. 그런데 [그 바로 아랫동생인 김한석은] 조국[북]에 갔는데, 10 년 전에 죽었어. 그 작은아들은 일본에서 잘살고 있고.

그분의 성함이 어떻게 되세요?

한림면의 양성익. 제주농업학교 1기 출신이야. 이 사람이 한림면 부면 장. 나하고는 몇 촌인가 되는 친척인데 나를 삼촌이라고 불렀어. 우리 어 머니가 임씨니까 [대림리]친목회 회장을 했잖아. 아주 얌전했어. 나한테 "오 바상, 왜 남자로 안 태어났어?" 그랬는데, 다 죽어버렸어.

노후 생활을 위해 오사카로

오사카에는 언제 오셨어요?

여기 친척 아이들이 자기 부모한테보다 나한테 더 잘해. 혼자 있다가 죽 으면 안 되니까. 오사카에 우리 친척들이 많은데 왜 혼자서 고단하게 사시 느냐고 해서 여기로 왔어.

2006년에 오신 거예요?

2006년 9월 26일에 여기로 왔어. 와서 보니까 말할 만한 사람도 하나 없고, 말벗이 하나도 없어. 정치에 대한 것은 생각도 안 하고, 세월이 어떻 게 흘러가는 것도 영 생각도 안 하고 살아. 텔레비전만 봐도 환경이 아주 다르다는 걸 알 수 있어. 그런데 말을 할 수가 없어. 말을 해도 통하질 않아. 말을 할 수 있는 사람이 한 명이라도 있었으면 하는 게 염원인데 그게 안 되네. 있어도 혼자야.

그래서 혼자 신문을 보면서 세월이 어떻게 가는지 알아보고 [지내지]. 신문을 통해 폭넓은 시각으로 세상을 볼 수 있잖아. 내가 사는 일본뿐만 아니라 세상이 변하는 것도 알 수 있으니까. 아, 그래. 오래 산 덕분에 이것저것 알 수 있구나, 그런 생각을 하지. 생활하는 건 제일 편한 입장이지. 지금까지 고생만 했어, 내가 고생을 많이 했어.

나한테 조선대학에 가서 학생들에게 4·3사건에 대한 이갸기를 강의해 달라고 했어. 그때는 심근경색으로 말을 많이 못할 때였어. 그리고 이력저럭하다 보니까 여기까지 오게 됐네. [내가] 살아온 걸 앨범으로 만든 게 있는데, 전부 조선대학에 가져가 버렸어.

그 자료가 조선대학으로 갔어요?

조선대학에 있어. 20년간 도쿄 아라카와에 살면서 생활했던 거하고 어릴 때 자료가 [다 거기로 갔어]. 여기도 많이 있고.

1. 부인친목회는 문맹퇴치를 위해 만들어졌으며, 이성호는 최연소 학생으로 낮에는 집안일과 밭일을 하고 밤에는 야학에서 공부를 했다고 한다. 『조선신보』 2008년 7월 11일자 참조.

2. 남편 신찬호의 형제는 3남1녀로 장남이 신찬희, 둘째가 신찬익, 셋째가 신찬호, 막내 여동생이 신영희이다.

3. 면담조사에서는 얘기가 나오지 않았지만 이성호는 와카야마(和歌山), 아마가사키(尼崎)의 방직공장에서 여공으로 일한 적이 있는데 오이케바시 (大池橋)는 그때 살았던 곳이다.

4. 1935년부터 일본의 방직공작에서 여공으로 일하다 1938년 늑막염을 앓아 고향으로 돌아간 이성호는 20살 때인 1939년 9월 신찬호와 결혼식을 올렸다. 신혼생활은 한달반으로 끝나 남편 신찬호는 학업을 계속하러 서울로 가고, 이성호는 집안일과 밭일을 거들다가 1942년 10월에 다시 일본으로 건너가 돈을 벌어 남편에게 송금했다. 남편과 함께 생활하기 위해 1944년 봄에 고향으로 돌아갔다. 『조선신보』 2008년 7월 11일자 참조.

5. 『제주신보』 1947년 2월 26일자 기사 "각종 사회단체가 참가해 '민전' 성황리에 결성"에 따르면, 같은 해 2월 23일 제주도민주주의민족전선 (민전)의 결성대회에서 '광주시 남로당대회'에 메시지를 보내자는 안건이 제안되어 가결되었다. 이성호는 이 메시지를 전하는 대표단의 한 사람으로 선출된 것으로 보인다.

6. 이 부분에서 이성호 씨는 '일본으로 도망갔다'고 말하지만, 후술되는 증언에서도 알 수 있듯이 실제로는 인민위원회의 대미·대정부 투쟁이 장기화될 것을 대비해 물자조달 지시를 받고 일본으로 건너간 것이었다.

7. 이성호 씨는 16세(1936년)부터 19세(1939년)까지, 또 20세에 결혼한 후 혼자서 돈을 벌기 위해 일본으로 건너가 1942년 10월부터 1944년 봄까지 일본에서 살았다. 『조선신보』 2008년 7월 11일자 참조.

8. 음력 8월 11일은 1948년이라면 9월 13일인데 이 시기에 비행장에서 일어난 대규모 학살은 확인할 수 없었다. 1949년이라면 음력 8월 11일은 양력으로 10월 2일로, 학살사건이 일어난 날짜와 일치한다. 따라서 이성호가 들은 말은 1949년 군법회의에 따른 학살 사건으로 추측된다.

9. 일제시대 면장을 지냈던 임창현은 당시 국민회 간부로 활약하면서 5·10 선거 때는 국회의원에 입후보했다가 가족들의 만류로 후보를 사퇴했던 '우익 인사'였다. 그 무렵 임 면장 가족은 주변의 심상치 않은 분위기 때문에 지서가 있는 한림으로 피신해 있었는데 집에는 작은부인 박씨(57)가 혼자 기거하고 있었다. 무장대는 그 새벽에 박씨를 살해하고 집을 불질렀다. 날이 밝아 자기 집이 피습됐다는 소식을 들은 임창현은 둘째아들 임보국(35)과 손자 임순준(19) 등과 함께 집으로 되돌아와 장례 준비를 하고 낮 12시께 하관을 서두르고 있었는데 그 주변을 무장대가 포위, 3명을 납치해 갔다. (제민일보 4·3취재반 편, 『4·3은 말한다』 3, 전예원, 1995년, 39쪽.)

10. '셋'은 형제 중에 둘째를 가리킬 때 쓰는 접두사. 이성호 씨의 외가쪽 할아버지가 장남이고, '어머니의 셋아버지'는 둘째, '어머니의 작은 아버지'인 임창현이 셋째이다.

11. 이성호 씨는 8월 15일 광복절 집회를 재일조선인이 개최해서 경찰이 조선인의 신원조사를 한 게 아닐까 하고 추측했다.

12. 재일본조선인연맹은 1948년 9월 8일 GHQ에 의해 해산되었으므로 이성호 씨가 세번째로 일본에 밀항해 왔던 1951년 1월 시점에서는 존재하지

않았다. 여기서 말하는 '연맹'은 1951년 1월에 결성된 '연맹'의 후속 단체인 재일조선통일민주전선(민전)을 가리키는 것으로 보인다.

13. 해방 전 오이케바시에서 함께 살던 박신철 씨를 가리킴. 박신철 씨는 해방 후에도 일본에 계속 머물렀으며, 이성호 씨가 세번째 밀항 후에도 함께 살았다. 그 후 도쿄, 사이타마(埼玉)에서도 이성호 씨의 집 근처에서 살았기 때문에 "67년간 함께 살았다"고 말한 듯하다.

14. 이성호 씨의 말에 의하면, 한덕수 총련의장 쪽 사람들이 총련을 결성하려고 비합법 활동을 하는 가운데 민전 주류파와 선각파(민족파)와의 대립이 있었는데, 그 와중에 일어난 공안당국의 탄압사건을 '스가모(巢鴨)사건'이라고 불렀다고 한다.

15. 한덕수가 최고인민회의 대의원으로 선출된 것은 1967년이고, '노동영웅'의 칭호를 받은 것은 1972년의 일로, 둘 다 총련이 결성되고(1955년) 한참 뒤의 일이다.

중학생 때 4·3 삐라를 살포해

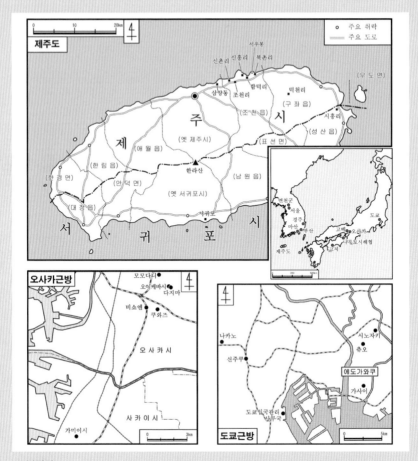

■ 부희석

중학생 때 4·3 삐라를 살포해

1935년 제주도 조천면 함덕리 출생. 1939년 5살 때 어머니와 함께 아버지가 있는 일본으로 건너감. 1945년 미군의 공습을 피해 다시 제주도로 돌아가 해방 후의 혼란과 4·3사건을 체험함. 1961년, 27세 때 선배가 제주에 있으면 위험하다고 해서 일본으로 밀항함. 일본에서는 일본말과 재류자격 문제로 고생하다가 일본에서 태어난 (제주가 고향인) 아내를 만나 어렵게 재류자격을 얻음. 이후 프라스틱 공장, 프레스공을 거쳐 20년간 택시기사로 일함. 퇴직 후에는 동포들의 데이서비스 시설인 '우리마당'의 운영에 참가함.

면담조사는 2009년 7월 19일 도쿄도 에도가와구의 〈에도가와 동포생활종합센터〉에서 진행됐다.

제주도에 태어나

부선생님, 몇 년생이세요?

그게 좀 쑥스럽지만 [젊게 보이려고] 쇼와 20 [1945]년생이라면
다들 웃어. 실은 쇼와 10[1935]년생이야.

네. 1935년생이시군요. 어디서 태어나셨어요?

옛날에는 산파라든가 지금 같은 의료기관이 없었
던 시절이니까. 아버지와 어머니 사이에 내가 생겼을
때 오사카부 사카이(堺)시 가미이시(神石)에
서 살았는데, 거기서 해산을 할 형편이
못 됐어. 식민지 시대였잖아. 그래서
할 수 없이 어머니가 제주도로 돌아
간 거야. 그땐 전라남도 제주도였어.
제주도 조천면으로.

〈사진 14〉 부희석

조천면이요?

조천면 함덕리 1484번지에서 태어났어.

그러면 거기가 선생님의 아버님 집인가요?
아버지 집은 구좌면 덕천리의 산간부락이야. [4·3사건 때]전부 불타 없어졌어.

그럼. 어머님 쪽은요?
어머니가 함덕이야. 여러 사정이 있어서 외가에서 살게 됐어. 내가 5살 때[1939년] 기억 나는 건, 식민지시대에 어머니가 나를 데리고 연락선을 타고 일본으로 온 거야.

일본에서의 생활

연락선이라면 기미가요마루*인가요?
기미가요마루. 그걸 타고 아버지를 찾아간 거야.

아버님은 오사카에 계셨어요?
오사카에 계셨어. 그때 상황은 잘 기억나지 않는데, 아버지를 만나러 사카이로 가는 전철을 탔는데 이래 흔들렸던 게 기억에 좀 남아 있어. 5살 때지.

그럼 어머님 혼자 제주로 돌아가서 해산을 하신 거군요.
그렇지. 어머니만 제주도로 돌아가 나를 낳고 그 뒤에 [오사카로] 돌아온 거지. 그래서 5살 때까지 아버지의 존재를 몰랐어. 정이 전혀 없어. 부자 지간인데도 의붓 자식마냥 대했어.

아버님은 사카이에서 무슨 일을 하셨어요?

그건 잘 모르겠는데 어딘가 일을 다니셨던 것 같아. 나가야(長屋)에 [살았는데], 지금처럼 전기밥솥이 있는 게 아니니까 아궁이에 때는 땔나무를 근처 산에서 주워 오고, 수도도 없을 때니까 우물물을 길어 먹던 기억이 남아 있어.

그 주변에 산이 많았어요?

그랬지. 산이 있었고. 거기서 [오토리(鳳)까지] 얼마를 가야 하나? 지금도 오토리라는 데가 있지? 사카이시의 가미이시는 동쪽에 있었어. 나는 생일이 빨라서 쇼와9[1934]년생들하고 같이 소학교에 들어갔는데, '죠센징'이라고 심하게 이지메를 당했어. 뭔가 나쁜 짓을 한 사람은 다 '죠센징'이야. 다들 잘 알겠지만 조센징은 역겹다, 나쁜 사람은 다 [조센징]이다, 그랬지. 여기 『일본의 진로』('자주, 평화, 민주를 위한 광범위한 국민연합' 기관지)라는 월간지에도 그런 경험을 좀 썼는데, 차별이 아주 심했어. 그때 군인들이 산에서 훈련하는 걸 본 기억이 있어. 내가 3학년 때였지. 그러다가 생활에 여유가 생겼는지 오사카로 이사를 했어.

오사카 시내로요?

그래. 오사카시 스미요시(住吉)구 구와즈(桑津)쵸(현 東住吉区)야. 그때 그 옆 동네를 구다라(百済)*라고 불렀어. 그런 이름이 있었어.

이사를 해서 3학년 때 구와즈국민학교로 옮겼는데 거기서도 이지메와 차별이 있었어. 그건 교육상의 문제이고 그런 시대니까 [이지메와 차별이 있었다는 걸] 이해는 하지만. 그때 말이지. 일본이 싱가폴을 함락[1942년 2월]했을 때, 밤에 제등 행렬을 했었어. 매일 밤마다 동원됐어. 남쪽[싱가폴]에서 일본군이 "이겼다, 이겼다"고 해서 아이들에게 고무공을 나눠준 적도 있어.

누가 주었나요?
나라에서 기념품으로 주는 거지(일동 감탄). 싱가폴 함락 때 아이들한테 다들 하나 씩 주었어. 그게 기억나. 소학교 4학년때니까 꽤 기억이 남아 있어.

그런데 학교에서 종이로 만든 일장기를 가지고 "만세! 만세!" 하면서 "일본이 이겼다! 이겼다"고 일장기를 흔들고 나서, 그 일장기를 책상 밑에 놓았었어. 그런데 내가 그냥 이래 잡아당겼더니 종이로 만든 거니까 일장기가 찢어졌어. 그랬더니 옆에 앉아 있던 아이가 조센징이 일장기를 찢었다고 선생님께 일러바쳤어. 지금도 그 담임 선생님의 이름을 안 잊어버리고 있는데, 고니시(小西)라는 선생이 "너, 죠센징, 나와!" 하더니, 코피가 날 정도로 날 때렸어(일동 탄식). 맞아서 옷이 시뻘겋게 됐어. 그래도 집에 가서 [어머니가] 무슨 일이 있었느냐고 물어도 아무 말도 안 했어. 학교에서 선생님한테 얻어맞았다는 걸 말하지 않았어. 그런 일도 있었어. 그러고는 일본이 [미군의] 공습으로 아주 위험해졌잖아. 내가 살던 데 옆에 비쇼엔(美章園, 현JR阪和線)이라는 역이 있었어.

〈사진 15〉 비쇼엔역 조난공양비(遭難供養之碑)

제주도로 돌아와

제주도로 소개

비쇼엔, 지금도 있어요.

그 비쇼엔 역이 정곡으로 폭탄을 맞아서 파괴됐어.[1] 우리들은 그때 방공
호에 숨어 있었지. 목욕도 못하고, 허연 이가 우굴우굴 기어나오고, 밤에
도 옷 입은 채로 잤다니까. 공습이 매일 매일 밤 있었어. 아무래도 위험하
니까 제주에 돌아가 있으라고 해서, 그게 기미가요마루가 마지막으로 뜰
때였어. 위험하니까 먼저 제주에 가 있으라고 해서 제주에 갔더니 아무 것
도 없는 거야. 조천을 아나?

네.

조천 항에 도착했어. 기미가요마루가 제주의 각 항을 빙 둘러가며 일주
를 해. 각 항에서 짐을 내리고 사람을 실어서 다시 오사카항으로 돌아가
는 거야. 아무튼 어머니하고 [여동생, 나 셋이서] 아무 것도 안 가지고 옷 입은
채로 제주로 간 거야.

아버님은요?

자기 재산이 있으니까(일동 납득), 여기에 집도 있으니까 나중에 보내 주
겠다고, 다음 배로 보내줄 테니까 아무튼 몸만이라도 빨리 피하라고 해서

<사진 16> 함덕국민학교 옛터

간 거야. 그렇게 돼서 갔는데 갈 데가 없어. 그래서 외가 쪽 신세를 지게 됐어. 암튼 외할머니가 그래 잘 왔다며 조밥을 내오셨어. 일본에서는 조밥 따위는 본 적도 없었거든. 새 모이로만 생각했던 조가 섞인 밥이야. 바다에서 잡은 생선 반찬하고. 그게 진수성찬이야. 그런데 먹을 수가 없는 거라. 10살 안팎의 어린애가 엄청 배가 고픈데도 안 넘어가는 거야. 살기 위해서는 뭐든 먹어야 하는데.

그리고 함덕국민학교에 편입했어. 4학년으로 기억하는데. 그랬더니 여러분들도 다 알다시피, 오키나와전이 있었잖아. 일본이 내지(일본 본토)를 방위하기 위해 오키나와가 함락되면 제주도를 제2의 방어선[일본군의 제주 주둔 참조]*으로 삼으려고 했잖아. 그래서 관동군, 만주에서 소련과 대치하던

111사단과 112사단을 제주도로 보낸 거야. 그리고 일본에 있던 92단, 혼성사단까지 약 8만 명 이상의 군인이 제주도로 흘러들어오게 된 거야. 중국 본토를 공격하기 위해, 서귀포라고 아나?

네. 압니다.

서귀포 근처에 중국을 공격하려고 [알뜨르]비행장*을 비밀리에 만들었어. 그래서 제주 도민이 그때 20만이 채 안 될 때인데, 10만 가까이 일본군이 늘어난 거야. 살 곳이 없으니까 주민이 사는 집을 점령하기도 했어. 학교는 다 일본군이 점령해서 공부할 데가 없었어. 그리고 그 고사리.

고사리요?

봄이 되면 그 목장, 옛날(고려시대) 몽골의 지배를 받던 시대에 몽골 말을 많이 제주에 보내서 키웠거든. 그 말들이 아주 작아. 제주에 가 봤으니 잘 알겠지만, 아주 온순하고 일도 잘해.

그 목장에서 고사리을 땄는데, 각 가정에 있는 제기를 전부 내놓으라는 거야. 제주도가 화산지대니까 쌀농사를 못 짓잖아. 산에서 짓는 산도(山稻)라는 쌀이 있는데, 찰기가 없고 색깔이 검붉었어. 오늘날 일본에서는 니이가타(新潟) 산이니 사사니시키(쌀의 브렌드 명)니 맛있는 쌀 종류가 아주 많잖아. 근데 그때 그 제주 쌀은 정미를 해도 깔깔해서 못 먹을 정도였어. 제주에서는 흰밥을 '곤밥'이라고 해. 고운 밥이 곤밥이 되거야. 그 하얀 곤밥은 제삿날에만 올렸어. 제사를 지내고 흰밥을 먹은 적이 있어. 또 집집마다 흑돼지가 있었어. 집집마다 변소에 똥돼지가 있어서 사람이 싼 배설물을 먹고 크는 거야. 음, 돼지고기는 맛있지만.

그렇게 살았는데, [학교에서는] 군국 교육만 했어. 일본은 [전쟁에서] 절대로 안 진다고 말이지. 그러고는 매일 신사참배야. 집집마다 '가미다나(神棚)'라는 걸 만들도록 하고, 일본이 전쟁에서 이기도록 빌었지. 또 제주도에는 추울 때 온돌방이 있잖아. 거기서 시집 가기 전의 13살, 14살, 15살, 16살쯤 되는 마을 처녀들이 모여서 돈벌이로 머리에 쓰는 '당건'을 말 꼬리털로 만들었어.

네.

그 말 꼬리털을 바늘에 꿰어 이렇게 형태에 맞춰서 짜는 거지. 그러던 차에 '위안부'라는 이름이 아니고, '정신대'로 일본군이 5,6명 씩 모아서 데려갔어. 그 '갓'을 만들던 처녀들을 전부 잡아 갔어. 마을 청년들이 그걸 방해하면 너희들은 반국민이다, 일본에 충성을 서약하지 않은 놈들이라고 윽박지르며, 정신대에 데려갔어. 그게 기록에 그다지 남아 있지 않아. 함덕에서 내가 두 눈으로 똑똑히 봤어.(일동 탄식)

일본에 데려갔나요?

일본에 다 데려갔다니까. 나는 [제주도에서] 크면서 일본이 졌다고 하면 "안 졌어!"라며 막 우겼어. 교육상의 문제가 있었던 거지. 그리고 집집마다 공출을 했어. 공출을 아나?

네. 공출, 압니다.

밭에서 보리나 조 같은 여러 잡곡을 수확하면 거의 다 일본군이 압수해 갔어. 그러니 다들 숨기지. 그리고 총알이 모자라니까 제사에 쓰는 제기, 그게 유기로 만든 건가? 뭘로 만든 건지는 잘 모르겠는데 아무튼 총알을 만든다고 제기까지 일본군이 다 압수해 갔어.

일본군이 직접 집집마다 찾아와 가져갔어요?

그렇지. 그게 일본인도 있었고 [한국인] 순사도 있었어. 마을 사람도 거기에 협력했지. 먹고사는 게 고생이었으니까. 그리고 나이 든 노인들을 동원해서 '토치카'를 만들었어. 함덕에 서모봉(犀牛峰)이라고 있는데, 거기서 동쪽으로 가면 북촌리야(북촌사건).* 4·3 사건 때 전멸한 부락 쪽으로 가면 지금도 그 토치카가 남아 있어. 콘크리트로 만들었으니까 수십 년은 가잖아. 미군이 오면 대포로 공격하려고 만든 토치카니까 견고하게 만들었어. 다른 산에도 많이 [토치카가] 있었어.

나도 거기에 몇 번 따라갔었어. 토치카를 만든다고 마을 사람들을 동원해 산의 나무를 베다 그 나무를 등에 짊어지고 가야 했어. [당시는] 트럭이 있는 것도 아니고, 정말 비참한 환경이었어. 원시적인 생활2)속에서 살았지. 전기도 안 들어오고, 수도도 없었어. 제주도 출신이면 잘 알겠지만, 여성들이 허벅(물 긷는 항아리)를 지고 샘물이 있는 해안가까지 가서 길어와야 했어. 물을 길어다 부엌의 항아리에다 붓는 거지.

〈사진 17〉 북촌리 너븐숭이 학살터

〈사진 18〉 4·3희생자 북촌리 원혼위령비

네. 항아리에 물을 길어다 부었군요.

허벅은 바구니 같은 것이 붙어 있고 거기에 물을 담아 두는 거지. 그런데 그 물이 돌고 도는 거잖아. 지금처럼 위생 처리를 한 것도 아니니까 물속에 벌레 같은 게 많이 들어 있었어. 다들 그 물을 먹고 결국 호열자(콜레라)에 걸려서 그 당시 [제주도 전체로] 6천 명 가까운 사람들이 죽었어.

그건 해방 후의 일이지요?

아, 해방 되고 난 뒤야. 좀 혼동해서 미안하구만.

토치카를 만들고 산에 나무를 베러 가는 일에 소학생도 동원했나요?

그렇지. 우리들은 다 거들었어. 어리지만 힘을 합해서 했지. 그리고 들판에 고사리가 나기 시작하면 바구니를 들고 가서 다 따오곤 했어. 고사리가 많이 나면 누가 많이 따 왔나 성적을 메기기도 했어(일동 놀람). 많이 따오라고.

너는 이만큼, 나는 이만큼 그런 식으로요?

그러면 구덕(대나무로 만든 큰 바구니)이라고 아나? 대나무로 만든 건데 거기에 고사리를 넣으면 먼저 딴 것들이 점점 시들잖아(일동 웃음). 밑의 것이 시들어서 밑으로 가라앉아 아무리 따도 가득 차지를 않았어(일동 웃음). 그래도 어린 애들이니까 따라고 하면 따는 거지. 어른들은 아무리 열심히 따도 가득 채우지를 못해. 그러다 보면 배가 고파. 또 군인들이 감시했어.

함덕국민학교에 일본군이 주둔했었잖아요. 해방 후 일본군에 대해 제주도 함덕 사람들은 어떻게 대했나요?

그러니까 해코지를 하지는 않았어. [일본군이] 철수하는 게 보였어. 그냥 가만히 보는 거지. 근데 그때 일본군이 무슨 부대인지는 잘 모르겠는데, 일본인과 지역 주민들의 친선을 도모한다고 운동회를 연 적이 있었어(일동 감탄).

그게 해방 후의 일인가요?

해방 후지. 일본이 패전한 뒤야. 미군은 그 뒤에 [일본군의] 무장을 해제한다고 들어왔어. 그런 상황이니까 치안이 혼란스럽잖아. 그리고 마을에 청년단이 있었어. 외국에서 망명생활을 하던 사람들이 다들 돌아와서 청년단을 지도했었어. 우리나라, 우리 민족이 외국[일본]의 지배 아래서 고생하고 사는 것도 어려웠지만 이제 우리들의 힘으로 해 보자고, 외국에서 돌아온 사람들이 그렇게 지도했어. 그래서 나도 그때까지는 일본군, 천황폐하, 가미가제특공대가 우리 민족을 구한다는 식의 교육만 받다가, 이제 자연스럽게 우리나라가 역사도 있고 문화도 있고 말도 있고 글자도 있고 뭐든 다 있다고 생각하게 됐지. 우리들이 힘을 하나로 합치면 잘살 수 있다는 교육을 받으면서 나 자신도 자연스럽게 그쪽으로 휩쓸리게 됐지.

해방 후 제주도에서의 생활

일본에 협력한 부락에 그 마을 사람들도 꽤 있었어. 해방되고 나서 함덕에서 김동명인가, 아 한동명이라는 청년이야, 친일파지, 그 청년을 함덕 청년들이 끌고 가서 죽여 버렸어(일동 놀람).

구체적으로 그 사람은 식민지시기에 무슨 일을 했나요?

그러니까 경찰에 협력하고 공출이나 징병 등의 명목으로 일본에 사람을 보내는 데 협력한 거지. 아까 말한 것처럼 젊은 처녀들이 모여서 열심히 당건 같은 것을 만들고 있으면 어디어디에 젊은 처녀들이 모여 있다고 밀고하기도 하고(일동 탄식), 그런 식으로 마을 주민들을 못 살게 한 게 분명했지. 그러니까 마을 청년들이 그 사람을 불러 내서 국민학교로 끌고 간 거야. 다들 무기가 있는 것도 아니지. 몽둥이를 들고 "이 새끼, 우리한테 그럴 수 있어?"(일동 탄식) 하면서 일본에 협력한 그 사람을 때려 죽인 거야. 그 사건을 내가 분명히 기억해.

그리고 나서는 1947년부터 문제가 꿈틀거리기 시작했어. 일본에 협력한 친일파하고 외국에서 독립[운동]을 했던 사람들 젊은이들 사이에 말이지. 일본에 갔던 사람들도 해방됐으니 일제히 귀국한 거야[소개과 인양 참조].* 그래서 인구가 20만에서 30만 이상으로 급격히 늘어났지. 거기에 일본군이 자기들이 비축해 둔 식량을 좀 분배해 주면 좋았을 걸, 그걸 그냥 태워버린 거야.

함덕에서 비축 식량을 태어 버리는 걸 보셨어요?

선배가 내게 말했어. 조선 사람끼리 하는 운동회[운동 단체]나 친목회 모임 같은 건 절대로 허락해 주지 않았어. 그래 반란을 일으키겠다고. 제주에는 오랜 역사가 있는데 반란도 많았어. 삼별초난*도 그렇고 여러 일이 있었지. 사소한 일이라도 다들 애국심이 있는 거지. 다들 그런 환경 속에서 살았으니까 마을 사람들 중에는 무지한 사람도 많았어. 문맹이 많았어. 나는 [글자를] 조금이라도 알았으니까 사촌 뻘되는 그 선배들이 나를 아주 철저하게 가르쳤어. 그때 생각이 어떻게든 우리나라를 독립시켜야 한다, 외국의 지배 아래 계속 있으면 완전히 바보가 된다, 그런 생각이 조금씩 싹텄어. 거기서 지도해 주셨던 선생님들은 [지금 다 돌아가시고] 안 계시지만, 그 교육이 아주 좋았어. 지도를 잘 해 주셨어. 나도 내 이름으로 쓴 삐라를 붙이기도 했고 여러 일들이 있었지(일동 감탄).

어떤 내용을 삐라에 쓰셨어요?
강제 공출반대[미군정 아래서의 미곡 공출 참조]!* 자주 독립 쟁취! 그런 거지.

그게 1947년 경인가요?
그러니까 그게 48년, 아니 해방 되고 나서니까 47년이야. [소학교] 윗학년이었는데 우리가 그런 활동을 했었어.

중학교와 소년단

조천중학교에서는 무슨 단체에 소속되거나 활동하거나 하셨어요?
아니 그게 말이지. 나는 중학교 때 이런 말을 하면 좀 정치적인 이야기가 되지만, 해안가 부락이 5개

〈사진 19〉 조천중학교(현재)

있었어. 북촌, 함덕, 신흥, 조천, 그리고 신촌이지. 신촌에 중학교가 있었어. 그래 내가 함덕에서 신촌의 중학교까지 약 4킬로 이상 거리를 아침 7시에 일어나 9시까지 2시간씩 걸어서 다녔어. 그 전의 일인데, 4·3사건 때 일제히 산에 봉화가 올랐어. 그리고 친일파들을 끌어내 칼로 찢어 죽였다고 해.

찢어 죽였다고요?

그만큼 원한이 깊었던 거지. 죽인 것만으로 그걸로 끝나지 않았어. 같은 민족, 같은 동포, 같은 제주 사람인데 그 친일파 이승만에 대해서는 아주 철저하게 저항했어. 그래서 5월 10일에 선거를 못한 거야(남조선 단독선거).* 그날 비가 오는데 나도 산에 올라갔어. 5월 10일, 그날 정글같이 수풀이 우거진 곳에서 하루 숨어 지낸 게 생각나. 지금은 [북의] 노동당이 하나지만 그때는 남로당(남조선노동당)*과 북노당이 있었어. 박찬우[박헌영을 잘못 말함]가 그때 남로당 당수였어. 남로당은 우리들에게 하느님과 같은 거야. 일본으로 치면 천황의 말이 절대적인 것과 마찬가지야.

나는 학교 때문에 함덕에 있었는데 그때 온갖 일이 있었어. 경찰[서] 습격하는 것도 봤고, 산에 끌고가서 죽이는 장면, 그 밖의 여러 장면들도 봤어. 4·3사건 당일 일은 못 봤지만. 우리 소학교 학생들도 단체가 하나 있었어. 무슨 소년단인가.

소년단이라고요?

소년단으로서 우리들이 그 혁명적인 일을 했어. 혁명이라는 글자도 모르고 그 의미도 몰랐지만. 우리들을 가르쳤던 선생님의 집도 습격했어. 가서 책상이고 뭐고 다 들어내서 부수고 그랬어.

왜 선생님의 집을?

그건 이승만의 하수인이니까. 교육할 때 노동자 농민의 입장을 중심으로 가르치지 않고 자본가의 입장만 가르친다고, 우리들이 저항한 거지.

아이들끼리 다 상의해서요?

다 같이 상의해서 한 거지. 우리 그룹이 특히 [거칠었어]. 마음 약한 아이들은 그런 일은 못하지. 그때 우리 반이 66명이 있었어. 두 반으로 갈려 60여 명이었어. 콩나물 교실이지. 지금은 한 반에 30명이라고 하잖아. 그때는 정말 교실에 꽉 들어차게 해서 수업을 했어. 제대로 된 칠판도 없고, 책상이 있는 것도 아니야. 공부하고 싶은 아이들이 자기 동생을 데리고 와서 같이 공부했지. 그런 학교였어. 단지 공부만 하는 곳이었지.

우리들은 그때 그런 것에 눈이 뜨였다고 할까, 사회주의니 공산주의니 마르크스니 레닌이니 하는 게 뭔지도 몰랐어. 다만 조선을 통일된 나라로 만들어야 한다, 식민지가 돼서 지금까지 36년간 고생한 것은 우리들이 다 무지하기 때문이다, 그렇게 생각했지. 그래서 [그와 반대되는] 가르침에는 저항감이 들었던 거고, [그 연장선상에서] 담임 선생님 집을 습격한 거지.

그러셨군요.

그랬어. 그 사람은 이승만의 하수인으로 토벌대라든가 경비대 [일을 했어]. 그때는 대한민국이라는 나라가 없었던 때야. 국가가 없었던 때야. 근데 다들 착각해서 조선이 해방된 시점부터 대한민국이라는 나라가 생긴 것처럼 알고 있는 사람들이 많아. 그러니까 그때 이승만이 미국의 힘을 빌려 가지고.

군정이었으니까요.

그래. 그 선배들은 벌써 그걸 알고 있었으니까 절대로 우리나라는 하나로 통일되어야 한다고 했어. 자주통일이라는 말을 그때 배웠어.

그러면 그 선배 분들은 그 후에 어떻게 됐나요?

그대로 산으로 들어가서 게릴라 활동을 펴다가 결국은 다들 죽임을 당했지. 그리고 운 좋게 일본 등으로 피신한 사람들은 살아 남았지만 실제로는 나이도 나이니까 다 죽고 이제 없어.

일본으로 피신한 분도 아시는 분이 있으세요?

그럼 피신한 사람도 있지. 현장에서 직접 여러 경험을 한 내가, 지금 여러분들에게 말하고 싶은 것은 자주가 제일 중요하다는 거야. 또 하나는 반드시 자기 나라의 역사를 지켜야 한다는 거야. 우리말도 있도 문화도 있고 없는 게 없잖아. 풍습도 있고 지금까지 지켜온 선조의 묘가 잠들어 있는 토지도 있는데, 국토도 있는데, 왜 외국인에게 짓밟혀야 하느냐, 왜 외국인의 지배를 받아야 하느냐는 거지. 그런 애국심 같은 게 싹텄어.

그 소년단 조직이 만들어 진 게 언제 쯤인지요? 1947년경부터인가요?

1947년 연말쯤부터지. [나는] 윗학년이었어. 왜 이런 말을 하느냐면, 내가 일본에 살다가 와서 우리말을 잘 못해서 한 학년 아래로 들어갔어. 한 학년 강등된 거지(웃음). 그건 어쩔 수 없었어. 혀가 안 돌아갔으니까.

인민위원회 아래서

소학교 때는 군국소년이라 해방됐을 때 일본이 질 리가 없다고 우겼다고 하셨 잖아요. 그랬는데 어떻게 해서 그런 애국심을 가지게 되셨어요?

그때 일본 식민지가 싫어서 다들 일본이나 중국, 만주 같은 곳에 나가 있다가 해방되고 나서 좀 지식 있는 선배들이 일제히 제주도로 돌아왔어. 그때까지 20만 명쯤이던 제주 인구가 30만 가까이 된 거야. 그런데 제대로 된 산업도 없지, 식량도 없지, 먹고사는 게 아주 곤궁한 시절였어. 그때 어린애들도 먹을 게 없었어. 해안가에 가서 해산물을 뜯어다 [먹곤 했지].

그러던 차에 일본 등에서 돌아온 사람들이 교육에 관여하게 됐다는 거지요?

그래. 교육에 관여하게 되고, 치안이 좋을 때 인민위원회*도 생겼어. [학교와는 별도로] 거기서 소년단이 조직된 거야.

그랬군요. 소년단은 몇 명 정도였나요?

그게 우리들은 각 분단, 분단이 있었어. 우리 분단은 우리가 다니던 학교의 담임 선생이 맡았어. 그 담임이 미군과 가까웠어. 이승만과 가까웠으니까 친일파지. 일본의 정책에 가까운 인간이었으니까 그런 교육을 받은 거야.

지도를 해 주신 분의 성함은 기억하고 계셔요?

다들 세상 떴어. 그 성씨만은 외우고 있어. 양선생님, 김선생님, 한선생님. 그게 일본에 와서 꽤(웃음) 시간이 흐른 뒤에…. 좀 기억이 나. 성씨만은 다 외우고 있지.

나이로 보면 20대, 30대 정도였나요?

그렇지. 거의가 20대지. 원래가 함덕 사람들이고.

소학교 선생님 중에 그런 분도 계셨나요?

있었지.

함덕 마을에도 인민위원회가 있었어요?

있었지. 그 방위단, 각 지역의 치안을 담당하는 청년단이 있었어. 그때 일본군 부대가 학교에 주둔하고 있었으니까 나쁜 일을 방지하자는 차원이지. 아주 엉망진창이었어. 그때는 법도 없고 사회적 혼란이 상상할 수 없을 정도였어. 권력이 있으면 누구든 [뭐든 할 수 있는 거지]. 그런 상태에서 치안 확보를 목적으로 마을 청년들이 나서서 조직을 지키기 위해 마을을 순회하고 무슨 일이 있으면 가서 응원하기도 하고 그랬어.

야학* 같은 것도 있었어요?

야학이 있었어. 나는 가지 않았지만.

그때 운동에서 미국에 대한 반대 같은 걸 말했었나요?

미국이 설마 이승만의 뒤에 있으리라고는 생각도 못했지(일동 탄식).

마을에 미군이 들어오거나 하지는 않았어요?

왔어. 초기에는 군인이 아니라 일반 선교사지. 제주는 다들 가난했잖아. 입을 옷도 먹을 것도 없었으니까. 미국의 큰직한 옷, 몸에 맞지도 않는 번쩍

번쩍하는 옷을 교회에 오는 아이들한테 나눠 줬어. 기반을 다지는 거지.

양과자는요?
양과자[반대운동]*도 있었어. "양과자 절대 반대!" (일동 폭소).

그럼 전혀 먹지도 않으셨어요?
그럼, 먹지도 않았고(일동 웃음), 그게 먹을 거라고도 생각치 않았어.

그래도 마을에 먹는 애들도 있었지요?
응, 먹는 인간도 있었어.

소년단으로서 어땠나요?
우리들은 절대 [반대]지. 조직적으로 그렇고 교육상 그런 건 안 된다고.
그걸 아무렇지도 않게 생각하면 [양놈이] 정신까지 빼 간다고 했지.

4·3사건의 시작

[봉기가] 4월 3일이라는 걸 사전에 들으셨어요?

아니야, 그건 몰랐지. 절대 말하지 않아. 아침에 일어나 보니 길거리 분위기가 달랐어.

무슨 단체가 있었어요?

단체가 있었지. 연락해 주는 단체가 있었어. [지금처럼] 휴대전화로 이러니저러니 하는 식이 아니고, 이렇게 검은 옷[교복]을 입고 모퉁이에 서서 경찰이 움직이면, 이렇게 아래로 쥐처럼 [인파를] 뚫고 가서 지금 경찰이 어디쯤 있다고 알려주는 거지. 이렇게 말하면 좀 뭐하지만 당시는 경찰을 '검은 개', 군대는 '노란 개'라고 했어. 암호가 다 있었어. 가서 '빨갛다'고 하면 그쪽에서 '검다'거나 '희다'고 대답하는 식이지. 암호가 일치하지 않으면 절대로 그건 적이니까. 암호는 미리 연락하지. 색깔도 있고 봄, 겨울 같은 것도 있고. 그런 암호는 당일에 정해져. 산의 게릴라 지도부가 오늘의 암호는 이거라고 정하는 거지.

당시 거의 불빛이 없잖아. 등잔 하나로 생활했으니까, 나도 공부할 때 등잔 밑에서 공부했어. 학생들도 열심히 했어. 어둠 속에서도 조금이라도 공부하자고 말이지. 어머니들은 [옛날에] 공부를 하고 싶어도 못했으니까 지금까지 속고만 살았다고 자식들에게 교육을 시키려고 온갖 정성을 쏟아부었지. 학교에 대한 정열이 대단했어.

그리고 해방되고 나서 4·3사건이 일어났어. 1948년 4월 3일이야. 무기는 일본군이 버리고 간, 이렇게 긴 99식 총*이야. 그리고 수류탄이 없었으니까 일본군이 묻어두고 간 화약을 깡통에 담아서 불을 당겨 폭팔시키는 걸 지도부가 다 만들었지. 4월 3일 나는 함덕에 있었는데 확실히 알았어. 그날 일제히 산에 봉화가 올라갔어.

신호죠.

팡 하고 일제히 봉화가 올라갔어. 그러고는 파출소를 습격했어. 그때는 지서지. 몇 군데 목표를 정해 일제히 공격을 했어. 그때 제주 사람들은 이승만이 5.10선거를 하는 것은 바로 조선을 분단시키는 하나의 수단이요, 미국의 괴뢰정권을 만드는 거라며, 모두 들고 일어난 거야. 근본은 그거야. 미군이 이승만 뒤에 붙어 뒤에서 온갖 공작을 했던 것은 사실이고.

그때 나는 함덕의 외가에서 기거하고 있었는데 그 사건이 일어난 거야. 어머니는 함덕에 살지 않고 아버지 집이 있는 구좌면 덕천리에 가 있었어. 나는 학교 때문에 외가 쪽에 있었던 거고. 그리고 해방 당시에는 일본에도 법률이 잘 정비되지 않은 상태였고 한일간의 강화조약도 맺기 전이니까 몰래 일본에 밀항들을 많이 했어. 내가 조천중학교 2기생이야. 그 조천중학교 건물이 목조건물인데 일본에서 다 재료를 가져다가 지은 거라고.

목재를요?

그 [일본에서 가져온] 목재 속에 무기를 숨겨 들여왔다고 들었어. 내가 직접 본 적은 없고. 그렇게 [무기를] 숨겨서 가져 왔다는 말을 나중에 들었어. 그 래서 조천중학교가 그 변방에 지어진 거야.

그게 언제쯤 이야기인가요?

그러니까 1947년 함덕국민학교를 증축했지[3] 그 함덕국민학교는 일제시대 에 만든 아주 작은 목조 건물이었어. 그런 상황이었으니까 학생들을 더 공부 시키려고 그 옆에 새로 건물을 지었는데, 일손이 부족하니까 학생들에게 기 와를 나르게 한 거야. 무거운 기왓장을 5장씩 나르게 해서 지었는데, 기왓장 이 무거우니까(웃음) 지붕이 무너져 내렸어. 폭싹 주저 앉은 거야. 붕괴지. 그 밑에 학생들이 몇 명인가 희생됐어(일동 놀람).

함덕지서에서도 나왔어요?

그렇게 돼서 어린 마음에도 아아, 무슨 일이 있었구나 했지. 그리고 이 번엔 경찰이 트럭을 타고 와서는 미제 총을 가지고 경계하러 온 거지. 당 시 농촌 마을에는 짚을 쌓아 놓고, 밥 지을 때 쓰는 땔감을 잘라 놓고, 짚 을 잘 말려 소똥 같은 것 하고 같이 겨울용 연료를 확보해 놓곤 했어. 그 안에 숨는 거야. 나도 몇 번 거기 숨어 있었어. 그러면 [경찰이] "여기 숨어 있지" 하면서 사람이 있는지 총검으로 막 찔러 보는 거야. 그리고 온돌이 있잖아. 온돌 뒤, 방 뒤쪽에 땔감 같은 걸 쌓아 두잖아. 거기에 숨기도 했 어. 수색을 나오면 이렇게 비좁은 곳에 숨는 거야. 용케도 안 걸리고 잘도 피했지. 그런 경험도 했어, 내가.

삐라를 배포하는 방법

경찰 습격 뒤에는 어디서 어떻게 됐다는 삐라가 살포되었어. 내가 중학생이 됐을 때는 그 학생 모자가 있잖아. 지금은 그 학생 모자를 쓰고 다니는 중학생이 적지만, 그 모자 안에 이런 종이에다 인쇄한 거, 지금은 다 복사기지만, 그때는 등사판으로 밀어 그걸 접어서 모자 안에 넣고 가서 뿌리는 거야. 그리고 나무나 골목길 같은 데에 붙일 때 풀이 없으니까 보리밥 짓는 가마솥의 그 밥알을 짓이겨서 그걸로 붙였어.

그 삐라를 좀 전에 만드셨다고 하셨지요?
그게 삐라는 내가 만든 게 아니라 조직적으로 만들어 주면 그걸 배포만 했지.

선생님의 이름으로 썼다고 하셨잖아요.
아, 그건 그 전에 내 이름으로 썼었지.

그건 삐라가 오면 거기에 자기 이름을 추가로 쓴다는 건가요?
그게 처음에는 내 이름으로 써서 붙였었어.

그럼, 손으로 쓴 건가요?
그렇지. 손으로.

손으로 쓰다가 나중에 등사기로 밀어 인쇄를 했나요?

그렇지. 인쇄를 했지. 인쇄를 해서 왔어.

그건 중학교에 다니실 때인가요?

중학교 1학년 때야. 직책이라고 할까, 그룹의 책임자가 있어. 책임자가
가령, 너는 오늘은 에도가와(江戸川)지구다 하는 거야. 에도가와에도 중앙
이 있고 몇 개 지구로 나눠져 있어. 너는 중앙지구 담당이라 하면 2,3명이
그룹이 되어 검은 옷[교복]을 입고 모자를 가지고 가는 거야. 모자, 그걸 뭐
라고 하나? 바람에 날아가지 않게 이렇게 끈으로 묶어서 손가방처럼 해
가지고 다니면서 [삐라를] 뿌렸거든(일동 감탄).

아, 거기 가서 뿌리셨어요.

그렇지. 그 지구에 가서.

어디까지 가셨어요?

함덕이면 윗동네나 서동네까지 가지. 함덕만 해도 꽤 큰 마을이니까, 1
구, 2구, 3구가 있었어. 너는 2구, 너는 3구, 이렇게 담당이 있었어. 아침이
되면 눈 내린 것처럼 삐라가 [하얗게] 뿌려져 있는 거야. 밤새 뿌리는 거지.

그 삐라는 누가 가져오나요? 가져와서는 어떻게 나누었나요?

그 책임자가 가져오지. 자기가 어디서 가져왔다는 말은 절대로 하지 않
아. 그걸 우리들에게 어느 지구로 가져 가라고 하는 거지.

그렇게 가지고 와서 시키는 거군요.

그러니까 이 반은 여기, 저 반은 저기, 그런 식이지. 세포조직이 쫙 있었어. 그러니까 우리 몸 하나에도 몇십 억 개의 세포가 모여서 된 것처럼, 그 세포조직도 그리 간단하지가 않아. 그 대신 입은 절대로 [안 열지].

그래도 스파이가 있어. 아지트가 밝혀져 습격을 받고 죽임을 당하기도 했어. 그것도 그냥 죽이는 게 아니야. 태워 죽이고 여자가 죽임을 당하면 옷을 다 벗겨 중요한 부위를 십자로 찢어 놓거나 돌을 박아 놓거나 했어. 너무 잔혹해서 입으로 다 말 못해. 목을 잘라. 빨갱이라고 하면 자기 아버지의 목도 잘라야 했어. 그것도 확실히 잘라야 했어. 보통 단도면 괜찮아. 일본도 같이 한 번에 잘라지는 게 아니야. 그걸 안 자르면 너도 빨갱이지, 그렇게 되는 거야.

사람들이 족보가 있잖아. 그 호적등본을 조사해서는 본인이 없으면 산에 갔다고 빨갱이라고 대신 [친인척이] 죽음을 당하는 거야. 삼촌, 사촌들이, 사촌이 모두 형제들이잖아. 육촌, 칠촌, 팔촌 다 형제들이지. 육촌 형제를 다 죽이는 거야. 같은 김씨면 너도 누구와 똑같다며, 선생님도 가령 이선생님이면 [가령 아버지가 걸리면] 그 딸은 다 연락병이고 빨갱이의 딸이다, 이렇게 되는 거야.

그래서 우리 제일 위의 선배도 함덕에서 습격이 있을 때 만원경을 가지고 카빈총, 미제인데 순사들에게 뺏은 총을 차고 높은 데서 정찰하는 것을 봤어. 우리한테 너희들은 절대 오지 마라, 너희들은 아직 살아야 하니 절대 오지 마라, 그랬어. 자기들이 할 테니까. 그 대선배가 멋진 남자였어. 그 제주 농업학교 출신이야(일동 놀람).

엘리트네요.

한(韓) 씨야. 지금부터 습격할 거니까 가까이 오지 마라고. 휘말리면 위험하다고 말이지.

그 소년단은 몇 살 정도였나요?

대체로 14, 15살이지.

소학생들은 몇 살부터 들어갔나요?

11살, 12살부터는 들어갔지.

그럼, 소학교 윗학년들은 대체로 다 소년단에 들어갔었나요?

그게 전부는 아니고. 근데 내가 아까 해안가 부락이 5개가 있다고 했잖아. 거기에 좀 특이한 인물이 있었어. 우리말로 하면 '들사슴'이라고 해서 거기서 사람들이 모이는 거야. 겉으로는 문학 모임, 계몽이지(일동 웃음). 거기서 모이는데 지하조직 같은 거야.

거기는 몇 명 정도인가요?

약 15, 16명인가.

여성도 있었나요?

여성도 있었지. 2, 3명 있었어.

네. 선생님도 거기 멤버셨나요?

그렇지. 내가 부책임자(일동 놀람), 우리 선배가 책임자고. [선배] 이름이 허연웅이야. 조천, 북촌, 신흥에도 [그런 모임이] 있었어.

혼란 속에서 살아남아

그 모임하고 아까 말씀하신 소년단의 분단하고는 관련이 있나요?

거기에도 연결된 게 있어. 표면적으로는 드러나지 않지만 그때 이승만이 철저하게 탄압하는 가운데 만든 하나의 조직이지. 거기서 뜻을 함께 하기로 한 사람들이 피로써 연판장 같은 걸 만들어 자신들의 결의를 표명했어. 그리고 조직생활을 점차로 해 나갔지. 제주 [4·3]사건에 대해서도 그런 가운데 [대응을 했지].

나는 학교 때문에 [외가인] 함덕에 있었는데 원래 집은 덕천이야. 덕천 집은 그 마을에서 제일 큰 집이었어. 그러니 '도련님' 같은 거지. 근데 외가에서 학교를 다니고 있어서 [해안가] 5킬로 밖의 마을은 전부 해안가 쪽으로 소개하라는 명령이 내려진 것도 몰랐던 거야[해안으로 이사 참조].* 나중에 [덕천에] 가 보니까 다들 소개해 버린 거야. 우리 어머니하고 여동생은 다른 마을에 가 있었어.

네. 어머님은 어디로 가 계셨어요?

김녕. 근데 우리 할머니가 손주가 귀여우니까 혼자서 [나 있는 함덕으로] 오신 거야. 내게 외갓집이니 할머니한테는 사돈집이지. 손자을 찾아 오셨는데 어떻게 할 수가 없는 거야. 노인들만 있는 집이니 어찌할 수가 없어.

그때 재산이라고 할 만한 건 다 이승만의 경비대가 전부 불살라 버렸어. 달랑 옷만 입은 채로 [오신 거지]. 이고 지고 온다고 해야 혼자 힘으로 얼마나 되겠어? 할머니가 뭔가 남아 있을 지 모르니까 한번 가보자고 하셔서, 함덕에서 산길을 타고 덕천에 갔었어. 가서 보니 휑하니 재로 변해 있더라고. 집은 다 불타 버리고 아무 것도 안 남아 있었어. 남은 거라곤 식기, 타고 남은 식기를 짊어지고 할머니하고 같이 산길을 내려오다가 경비대에 딱 걸렸어. 그 짐들을 두고 갈 건지, 짊어지고 갈 건지, 어떻게 할 거냐고 해서, 내가 어린애 몸에 그게 무겁고 얼마나 버겁던지 가져가기 싫다고 두고 가겠다고 했지.

거기 가 보니까 6명이 잡혀왔더라고. 산에서 거기 일개 분대장이 "나이든 할머니와 너는 도로 가서 그걸[두고 간 짐] 가지고 오라"고 명령한 거야. 살겠다 싶었지. 그것도 하나의 운명이지. 근데 가서 보니까 두고 간 짐들은 다 불타고 재만 남아 있더라고. 할머니가 [경비대에] 돌아가지 말고 그냥 함덕으로 내려가자고 해서 그 길로 내려왔어. 남아 있던 사람이 5,6명 됐는데 다 그 자리에서 총살됐어. 그렇게 살아난 적이 한 번 있었어. 그리고 또 한 번은 함덕에 내려와서 다들 축성[성벽 참조]*을 할 때, 그 게릴라들이 마을에 들어오지 못하도록 제주에 돌이 많으니까 돌로 성[벽]을 쌓을 때야.

축성을 할 때요?

축성을 한다고 며칠간 동원됐어. 남자고 여자고 일할 만한 사람은 전부 동원됐어. 경찰이 감시하고 일반 민간인이 만든 민보단체*도 있었어. 그래 가택조사를 나와서 살아있는 사람들은 다 나오라고 해. 지게를 지고 돌을 나르는데 3주 정도 걸렸어. 성을 만들고 망보는 사람도 정했어. 망보는 사람끼리는 줄로 연결해 연락을 하는 거야. 빈 깡통을 줄에 메달아 게릴라가 오면 줄을 잡아 당기면 땡그랑 땡그랑 소리가 나거든. 그러면 게릴라가 와도 들어오지 못한다고 말이지. 그리고 경찰은 경찰대로 순회를 하고. 산에 식량은 없고 [산에] 남아 있는 사람은 다 죽여라, 움직일 만한 사람은 다 죽여라, 그러던 때야.

그 길에 돌담이 있잖아. 돌담에서 사람이 총을 맞아 피가 그대로 굳은 곳도 있고 [여기저기] 죽은 사람을 보는 게 흔하게 됐어. 그리고 군대라고 할까, 경비대가 함덕의 학교에 주둔했어. 그리고 5시가 되면 함덕의 모래사장(관뒷모살)*에서, 학교 뒤의 해안가에서 5시가 되면 매일 죽였어, 폭도들을.

〈사진 20〉 함덕리 모래사장(관뒷모살)

5시요? 저녁 5시예요?

저녁 5시. 그 총 소리가 아주 낮아. 뷰융. 그 총알이 날아가는 소리가 뷰융 하고 소리가 났어. 사람이 맞으면 퍽, 퍽 둔탁한 소리가 났어. 그리고 민보단에서는 가령 어느 집 아들이 산에 올라갔으면 그 할머니를 죽여라, 했어. 민보단은 다 죽창이잖아. 총은 안 주었어. 죽창으로 찌르는 거야(수명 놀람). 이렇게 사람들을 뺑 둘러보고 죽창으로 다른 사람한테도 찌르라고 해(일동 놀람). 단번에 죽을 리가 없잖아. 그러면 죽을 때까지 찌르는 거야. 안 찌를 방도가 없어.

그건 군대가 민보단 사람들한데 시키는 건가요?

시키는 거지. 안 하면 바로 빨갱이야. 부자지간이라도 안 할 방도가 없어. 그래서 그 이데올로기라고 할까, 사상이라는 게 그보다 더 무서운 게 없다고 생각했지.

근데 내가 중학교 2학년 때[1949년]쯤에는 좀 조용해졌어. 게릴라도 점점 세력이 약해져 소멸단계에 들어갔을 때인데, 우리 땅이 덕천에 있으니까 우리 할머니하고 거기서 가까운 [구좌읍] 송당(松堂)이 있는 곳으로 이사를 했어. 뭐 돼지우리 같은 데지.

거기서 살 때 내가 함덕에 나갔다가 돌아가는 길이야. 산길을 내려오는데 젊은 선배 하고 좀 쉬었다 가자고 해서 쉬고 있었어. 그 선배가 다리가 좀 안 좋아서 아무 데도 못 가는 사람이거든. 쉬고 있는데 이쪽에서 죽창을 들고 또 이쪽에서 총을 든 사람들이 양쪽에서 각각 5,6명 씩 12,13명이 한꺼번에 다가왔어. 산의 게릴라들이야. 빨치산이지(수명 놀람). 거기서 잡혀 버렸어. 내가 보니까 신발도 신발이 아닌 게 그냥 살가죽이야.

제주도가 화산섬이니까 여기저기 숲이 있잖아. 나무가 울창해. 거기에 오아시스 같은 곳도 있어. 거기 산에 끌려갔어. 끌려갔는데 옷을 다 벗으라는 거야. 내가 왜 발가벗어야 되냐고, 당신들이 이승만의 졸개냐고 했지 (일동 감탄). 중학생이잖아. [당시는] 혁명가도 많았고 만세를 부르고 죽은 사람도 많았고. 나랑 그 선배가 같이 끌려가서는……

거기서 내가 살아날 운명이었는지, 나보고는 가라고 하더라고. 절대로 말해서는 안 된다, 자기들과 만난 것은 절대로 입밖에 내서는 안 된다며 [보내 줬어].

왜 돌려보내 주었나요?

그건 내가 말했지. 우리 형님이 지구 위원장이라고. 그때는 세포에 각 지구 위원장이 있었어. 덕천지구 위원장이라고.

그럼 당[남로당]?

당이지.

형님이요?

응. 형의 영향도 있었지 싶어. [그 형이] 산에 숨어 있을 때 트럭에다 경찰관을 두대로 태우고 와서 포위해 잡혀갔어. 죽은 날짜도 시체도 어디서 어떻게 됐는지 몰라. 형이 하나 있었어(일동 놀람).

그 형님의 성함은 어떻게 되세요?

기쁠 희자, 순할 순자, 부희순(夫熙順). 그리고 우리 형을 밀고한 사람을 오사카에서 만났어(일동 놀람). 그때는 내가 일본으로 도망을 나와서 등록[외국인등록증]도 없고 아무 것도 없을 때니까 뭔가를 할 수 있는 입장이 안 되니까 그냥 입 다물고 넘어갔지만. 나는 용케 도망나왔어. 같은 마을 사람들 중에도 그렇게 스파이가 많았어. 솔직히 말해서 너는 살려주겠다, 그렇게 해서 살아남은 사람이 많지 않을까?

지금 이런 말을 하면 내가 빨갱이라서 그런다는 사람이 많겠지만, 지금 일본에 총련하고 민단이 나눠져 있잖아. 조직이 둘이야. 그 민단 사람들은 다 군대에도 안 간 사람들이야. 다 일본에 돈 있는 친척이 있으니까 밀항으로 와서는 지금은 대한민국에 충성을 맹세하고 활동하는 거야. 그쪽 사람들은 무서워. 내 입장에서는 환멸스러워. 4·3사건으로 가족도 잃고, 친척들도 죽임을 당했어. 재산도 없지. 단지 살아 남아 일본에 와서 이렇게 여러분들을 만나서 행복하지만(일동 웃음).

아까 산에서 선배하고 같이 잡혔다고 하셨는데, 그 선배 분은 어떻게 되셨어요?

거기서 죽었어. 절단해서. 총은 못 쏘지. 소리가 나면 안 되지. 발각 되니까. 그러니까 서로가 잔혹한 짓을 한 거야. 게릴라들이 다 옳은 일을 했다고는 할 수 없어. 먹을 게 없었으니까.

한국전쟁의 예감

선생님은 어떻게 살아 남으셨어요? 형님이 계셨기 때문인가요?

형님이 [지구] 위원장을 했었으니까. 그때 내가 어떤 예감 같은 걸 느꼈는데, 전쟁이 일어날 것 같은 예감이 들었어.

예감하셨어요?

그런 예감이 들었어. 그때가 봄이었는데 6월에 한국전쟁이 일어났잖아.

그때 형님은 아직 살아 계셨어요?

아니, 어디로 갔는지 모르는 상태였어. 그해 4·3사건 뒤로는.

1948년 그해 지구 위원장을 했다는 건 남로당인가요?

남도당. 그때는 남로당밖에 없었잖아. 박헌형이 당수였으니까 그 사람 밑에서 다 활동한 거지.

그러면 그 형님 말고 다른 형제 분은? 여동생이 있으시지요?

있어. 지금 제주도에 있는데 나이가 많이 차이나지.

그 여동생은 몇 년에 태어났어요?

음, 내 나이도 확실히 모르는데……, 한 60세인가……. 지금 63,4세쯤 되지 않았나. 박정희시대 때 많이 박해를 당했다고 그래. 처음에는 움찔 움찔 겁을 먹었다고. 두 번 [경찰에] 불려가고 세번째 불려갈 때는 될대로 되라고 마음을 단단히 먹었다고 나한테 그러더라고.

왜 박해를 당했나요?

오빠가 빨갱이로 일본에 갔다는 거지.

오빠가 4·3 때 활동을 했다고요. 선생님의 형님은 몇 살이나 위셨어요?

한참 위야. 나이로 6살 위인가.

그러면 1929년생이네요. 여동생 분은 제주에서 태어났나요? 일본에서 태어났나요?

그게 1943년에 [1945년? 공습을 피해] 일본에서 제주로 돌아갈 때 나랑 같이 갔어.

애기 때 제주로 소개 간 거군요.

[여동생이] 1살 때 돌아간 것 같은데 일본에 대해서는 전혀 몰라.

중학교에 들어간 게 1949년이시죠?

음, 49년. 그때는 중학이 아니고 이름이 고등공민학교*였어. 중학교가 아직 안 생길 때지.

중학교가 되기 전에 고등공민학교가 신촌에 있었어요?

그게 조천에 있었어. 뒤에 중학[교] 인가를 받아.

중학원이 되었죠? 거기에 이덕구*라는 분이 계셨나요?

아, 조천중학원일 때 이덕구 선생이 교편을 잡고 있었어. 내 위로 1, 2년 선배들이 그 선생님한테 배웠어. 선배 중에 허영욱도 있고, 허열 선배는 박정희 때 26년 형을 받았어. 그걸 생각하면……, 성씨는 다르지만 1년 선배로 가족이 전멸한 선배가 있어. 조천 출신으로 머리가 좋았는데.

함덕에 서북청년단*이 들어왔나요?

그게 정말 심했어. 보통이 아니었어. 서북청년단. 그게 그 일을 얘기하자면 정말…. 그 선배 김윤옥(金潤玉), 김윤옥의 아버지, 그리고 형인 김윤기 세 사람이 다 목이 잘려나가서 공처럼…. 함덕에서 산에 [올라갔다고].

어제 내가 체게바라의 〈마지막 편지〉라는 영화[체게바라 39세 이별의 편지(미국. 프랑스. 스페인. 2008년)]을 봤는데, [영화에 나오는 사람처럼] 머리는 이렇게 기르고 수염도 이렇게 길었어. 그러면 머리털을 잡고 이렇게 머리통를 발로 차고. 정말…… 그 자리에서는 차마 눈을 뜨고 볼 수가 없었어. 아무리 마음을 다잡아도.

그게 마을 사람들 앞에서요?

마을 사람들이 다 있지. 이렇게 마을 사람한테 보여 주는 거야. 그리고 여자 목을 잘라서는 그 언덕 위에 쫙 늘어 놓았어(일동 놀람). 전시회지.

목을 잘라서 보여 주는 거네요.

그런 거지. 그리고 날이 밝으면 목 있는 데를 창으로 들어서 올리는 거야.

서북청년단이 그렇게 하나요?

그게 서북청년단이야.

네. 이거 함덕 그쪽에서 4·3 때 돌아가셨다고 접수한 명단이 마을 별로 있는데요.

여기 나와 있는 이름뿐 아니라 입 다물고 있는 사람도 많아. 지금도 밝히지 않는 사람이 많아. 지금 [제주]평화공원*이 있는데 여러분들이 가 봤지만 이덕구의 이름은 안 실려 있어. 김달삼*의 이름도 안 실려 있어. 왜 이 사람들의 이름이 안 올려져 있느냐면 뒷일이 무서우니까 그런 거야. 유감스럽지만 우리 민족은 [끝까지] 물고늘어지는 게 있어. 좀 [상황이] 좋아지면 뒤에서 물고늘어지는 거야. 내가 일본으로 용케 도망을 나와서 여기서 부탁을 받고 회고문 같은 걸 좀 썼어.

한국전쟁기의 생활

어떻게 해서 일본에 오셨어요?

계기가 있었어. 지금부터 설명하지. 이게 훈련을 받고 있는 사진이야(일동 감탄).

어디서요? 아, 한국 군대. 군대에는 몇 년이나 계셨어요?

5년 있었어.

한국전쟁이 발발한 뒤에요?

전쟁이 끝나고 군에 갔어. 한국전쟁이 7월에 휴전이 되잖아. 7월 17일 [실제로는 1953년 7월 27일에 휴전협정이 조인됨]이잖아. 그해 9월에 군에 들어갔어. 여기저기 시체가 굴러다니고 엉망진창일 때지.

어디로 가셨어요?

제일 최전방이야. 훈련을 받고 경기도 연천으로 갔어. 거기가 영하 36도 (일동 놀람)까지 내려가.

연천이요?

연천. 육군이야. 군대에는 가기 싫었어.

그럼 제주에서 징병되어 가시게 된 거예요?

그렇지. 그게 고등학교 때 학교에서 영장을 연기해 줬어. 아까 이야기했지만, 내가 우리말을 잘 못하니까 한 학년, 한 학년 강등돼서 졸업한 게 22살 때야.

네. 어느 고등학교를 나오셨어요?

함덕[고등학교] 제1기생이야. 함덕에 가서 나랑 같은 동갑네나 선배들에게 내 이름을 물으면 아는 사람이 많을 거야. 그 이승만시대 선거 때도 활동을 많이 해서 내가 테러를 당하기도 했어. 밤에 길을 걸어갈 때도 집에서 잠을 잘 때도 [안심을 못해] 잘 못 잤지.

잡히셨어요?

폭력단한테. 저 놈 좀 혼내줘라 하면 돈 받고 움직이는 사람들이지. 그게 집에 있을 때야.

두번째 선거[1952년 8월]지요? 부산에 정부가 있을 때죠?

응, 그래. 그래서 집에서 잠도 제대로 못 자던 상황인데 경찰이 부른다고 해서 갔지. 그랬더니 "너, 일본에 가려고 하지?" 하더라고. "아닙니다. 안 갑니다"라고 대답했지. 그게 내 편지를 전부 다 조사했더라고. 그걸 어떻게 알았느냐면 [나중에] 군대에 가서 알았어. 최고사령부 인사과에 있었으니까, 육군본부 직할부대에 있었으니까, 각 부대에서 오는 편지가 있잖아.

좀 수상쩍다 싶은 편지가 있으면 다 열어서 읽어 보는 거야. 그리고 좀 아니다 싶으면 다 소각해 버려. 가족한테 보내지 않고.

그때는 송당(松堂)에 사셨나요?
아니, 함덕에서 살았지. 4·3사건 와중에 혼란스럽고 먹을 식량도 없고 해서 [우리 땅이 있는] 그 근처에 살면서 좀 식량을 얻으려고 갔었던 거고, 원래 살려고 갔던 건 아니야.

[송당에서] 내려와서 고등학교에 다니셨어요?
그렇지. 그래서 고등학교에 제대로 4월에 입학하지 못했어. 편입생으로 시험을 봐서 나만 합격을 했지. 근데 돈이 없었어. 그게 신문에도 실렸는데 중학교 선생님이 자기 월급으로 내 학비를 내 주셨어(일동 감탄).
[돈이 필요한] 증거가 필요하다고 해서 [아버지한테] 편지를 보냈거든. [학비 좀 보내 달라고 하면] 거짓말이라고 할까봐 보도된 신문기사를 일본에 보낸 적이 있어. 고등학교에 입학했는데 돈이 없어서 이렇게 중학교 선생님이 돈을 내 주셨다는 신문 기사를 편지하고 보내면서 돈을 좀 보내달라고 했는데 안 보내 주시더라고.

일본에 있는 아버님한테요?
그 신문 기사를 아버지한테 보낸 적이 있어. 그러니까 고등학교 선배들은 잘 알고 있지. 선생님이 학비를 내 줘서 고등학교에 갔으니까. 고등학교는 장학생으로 다녔어. 그때는 매일 군사훈련만 했어. 학교보국단* 학도보국단이라고 아나?

내가, 나 혼자 아주 큰 상장을 받은 적이 있어(일동 놀람). 아래 사람은 이렇고 저렇고 해서. 지금 같으면 신문에 실린 걸 사진이라도 찍어 기념으로 두었을 텐데(일동 웃음). [나중에 제주에] 가 보니까 집은 엉망진창이고 그게(웃음) 어디론가 사라져 버렸어.

그때까지 가령 아까 말씀하신 소년단 활동 같은 걸로 찍힌 적이 있으시지요?
그럼, 있지.

그런 이유로 끌려가신 적은 없으세요?
끌려간 적도 있었지. 있기는 했지만 내가 바보같이 행동했나? 아니 그때는 정색을 하고 옳은 말을 좀 했지. 급할 때는 임기응변이라는 말이 있잖아.

가령 한국전쟁 시기에 경찰에 불려가거나 한 적은 없으세요?
아, 그렇지 뭐. 경찰에 불려가면 확인하는 거지. 고향이니까 선배고 후배고 선생님들이고 다 잘 알잖아. 중학교 때도 공부는 잘 못했지만 좀 지도적인 입장에서 여러 학생운동을 했으니까 이름이 알려져 있었어.

군대에서의 생활

군대에 가셔서 5년간 계셨다고요.
햇수로 5년이지. 처음에 6개월은 훈련을 받았어. 사람 죽이는 훈련이지. 훈련을 받고 나면 각자 이름을 불러. 한국 사정을 아는 사람은 잘 알겠지만, 빽이 있는 사람들은 좀 편한 곳으로 보내 주고 돈 없고 빽 없는 사람들은 최전방으로 가는 거야. 훈련을 받고 다들 연병장에 앉아 있으면 한 사람씩 이름을 부르는데 내 이름은 안 부르는 거야. 그때 내 나이가 22, 23살 때인데 자포자기하는 심정으로 술을 엄청 마셨어. 그리고 정신을 차리니까 한강 철교를 건너고 있더라고(일동 놀람).

그리고는 어디로 데려갔느냐면 연천, 최전방이야. 휴전이 되고 나서인데 그 임진강 부근에서 또 현장 훈련을 한달 간 했어. 영하 36도야. 밥이 이런 숟가락으로 눌러서 뜨면 딱 세 숟가락이야. 반찬이라고는 깍두기가 3개, 국은 소뼈 국물인데 멀겋고 기름이 좀 떠 있었어. 뜨거운 김이 나는 건 국물뿐이야. 배가 고파서 배가 너무나 고파서 달리는 트럭 밑으로 뛰어들까 하는 생각도 몇 번 했어. 그런데 운 좋게도 G3* [참모 제3부]으로 가게 됐어.

G3이요?

G2, 작전[참모]부. 최고사령부니까 G2지. 그 아래 각 부대가 있고 1개 사단에 1만 4천명 정도 있어. 거기 인사를 담당하는 곳이지(일동 놀람). 그 일을 담당해 보니 아까 말한 것처럼 편지를 전부 검열해서 좀 아니다 싶은 건 다 소각해 버리는 거야(웃음).

그때 계획을 세우고 작전 계획을 부리핑하는데 부리핑용을 전부 작성해야 했어. 종이, 차트지에다 작성하는 거지. 부대장한테 다들 이렇게 말했어. 내용인즉, 적이 이쪽에서 오면 이렇게 대응하고 북에서는 내려오면 싸운다는 거지. 서로 죽고 죽이는 장면도 몇 번 나오고. 최전방에서 혼자 외

롭잖아. 보초를 설 때 권총으로 자살하는 사람도 있었어. 그러면 죽은 사람의 머리털하고 손톱이 봉투에 담겨 인사과로 오는 거야. 이렇게 작은 봉투야. 유족한테 보내는 건 유골이 아니야.

그렇군요.

그리고 시체는 드럼통에 기름을 붓고 태어 버려. 군이라는 데는 그렇게 잔혹한 곳이야. 잔혹한 것만 봐 왔으니까 지금 사람 죽는 건쯤은 아무렇지도 않게 생각되는 거지.

한때는 술도 많이 마셨어. 사령부니까 아침 8시에 근무 시작해 오후 5시에 딱 끝나. 그러면 나보다 계급이 높은 사람이 찾아와. 오늘 좀 시간 있느냐고 말이지. 계급은 아래지만 나이는 내가 위잖아(웃음). 찾아와서는 "좀 편한 데 있으면 인사이동시켜 주게"라고 하는 거야. 그런 날은 술을 엄청 마시지. 술을 얻어먹는 거지.

돈에 욕심이 있었으면 돈을 좀 모았을지도 몰라. 사람을 죽이든 나쁜 짓을 하든(웃음), 그때 "편한 데 보내 줄테니 돈 좀 내라"고 그런 방법을 좀 썼으면…. 아무튼 근데 제대하고 사회에 나와 보니 취직할 데가 없는 거야.

제대 후에 제주도로 돌아오셨어요?

그렇지, 우선 제주로 돌아갔지. 어머니한테 얼굴 보여 드리고 다시 육지로 나갔어. 부산에서 한 1년반 정도 살았지. 취직해서 부산에서 살았는데 참 암울했어. 그때 국민들이 이승만에 대해 다들 울분이 쌓여 있었잖아. [1960년 3월에] 김주열* 학생이 총을 맞고 눈이 빠진 상태로 바다에 버려졌는데, 그게 마산 앞바다에 떠오른 것을 보고 마산 학생들이 일제히 들고 일어났잖아. 그래서 결국 이승만은 하와이로 도망가고 부대통령인 이기붕은 자기 집에서 아들한테 죽임을 당해 불타 죽고. 그리고는 장면이 대통령이 되잖아.

일본으로 밀항

그리고 이번에는 박정희가 구데타를 일으켜 새마을운동이라고 아나?

네. 새마을운동, 압니다.

그때 제주도에서 나도 그 새마을운동에 참가하라고 하더라고.[1] 내 나이 27살 때, 딱 [일하기] 좋은 나이라고 생각했는데, 어떤 선배가 "KCIA 사람인데 너는 여기 있으면 위험하니까 무역선이 있으니 [그걸 타고] 일본으로 가라"는 거야. 그래서 일본으로 왔지. 와서 보니(웃음), 자유롭게 활동할 수 있을 줄 알았더니 아무 것도 할 수 없는 거야. 남자가 남자가 아니야. 그저 묵묵히 노예처럼 일만 해야 돼. 한자도 일본어 한자는 전혀 못 읽어. 말도 모르지, 지리도 모르지, 또 같은 피를 받은 친인척이라도 [나랑] 생각이 달라.

그러면 결국 일본에 오신 건 1961년이세요?

그렇지. 1961년. 박정희의 구데타가 일어난 해니까 1961년이야.

1961년 그해 안에 오신 거죠?

5.16 구데타. 처음에는 좋았어. 구데타가 일어났을 때는 이렇게 썩은 사회를 바로잡아 줄 거라고 좋아했지.

5.16구데타 때 처음에 기대하셨다는 건 주위에서도 그렇게 기대했다는 건가
요?

그렇지. 폭력[단] 같은 것도 군의 힘으로 다 잡아들여서 평화롭게 했으면
하고 아주 기대했었어.

일본에 밀항으로 오셨을 때 배로 오셨지요. 그 배의 크기는 어느 정도였어요?

목조선이야. 그게 제주 바다에서 딴 검은 톳, 말린 톳을 가져오면 일본
에서 비싸게 팔렸거든. 그걸 가득 싣고 일본에 오는 거야. 그 말린 톳 밑
에 일주일간 숨어서 왔지(일동 감탄).

어디서요?

제주에서 왔지. 그러니까 제주 KCIA사람이 너는 여기 있으면 위험하니
까 일본으로 튀라고 해서.

[일본으로 밀항할 때] 산지항에서 출발하셨지요? 그때 그 배에 탄 사람은 혼자였
어요?

아니, 몇 사람 더 숨어 있었어.

서로 모르는 사람들이에요? 서로 이야기는 하셨어요?

모르는 사람이지.

네. 그럼 일본의 어디에 도착하셨나요?

도착한 건……, 지금이니까 밝히지. 고베에 도착했어.

세토나이카이(瀬戸内海)예요. 나루토(鳴門)해협으로 오셨어요?

나루토해협으로 해서 쭉 올라왔지.

태평양에서(일동 감탄). 고치(高知)를 거쳐서 오신 거네요. 아주 삥 둘러오신 거네요. 해류는 오사카항으로 들어오죠. 고베 어디에 도착하셨어요?

고베항에 도착했다고 해서 상륙할 때 선원 수첩을 빌려 가지고(일동 감탄) 상륙했지.

선원으로 상륙하셨군요. 60년대에 들어서는 밀항도 옛날 같은 형태가 아니고, 안전을 위해 선원수첩을 가지고 상륙하는 식이었군요. 그럼 그 수첩은 다시 몰래 돌려주었나요?

그렇지. 맞아. 내릴 때 선원하고 같이 나와서 상륙하는 거지. 그리고는 선원한테 그 수첩을 돌려주었어.

상륙만 하고요?

그 사람[선원 수첩 소유자], 그 선원은 배에서 기다리고 있고.

아, 그렇군요. 그러면 그 선원 수첩을 받아서 다시 가서 돌려주는 식이군요.

그때는 [일본에 입항하는 게] 엄격해졌을 때야. 그래서 선원증을 보여 주면 그대로 통과됐어.

그때 사진은 없으세요? 그때 배를 탈 때 돈은 얼마나 지불하셨어요?

그때 말이지. 나는 운 좋게 공짜로 타고 왔어. 선장이 아는 사람이라서 다행이지. 대개 일본 돈으로 30만 정도(일동 놀람)는 필요했어.

그 당시 돈으로 30만 엔이요?

그래도 다들 일본에 가고 싶어했어.

선장은 제주 어디 분이세요?

삼양 사람이야. 지금은 죽었지만.

그 사람은 옛날부터 그런 일을 하던 사람인가요?

그렇지. 옛날 일제시대부터. 내가 위험하니까 피신하라고 해서 말이지. 내가 살아온 길을 간단히 말했는데 의문 나는 점이 있으면 뭐든 물어 봐 (일동 웃음).

상륙하셨을 때 일본 돈을 가지고 오셨어요?

아니. 일본 돈은 없지.

그러면 어떻게 해서 오사카까지 가셨어요?

그게 사촌한테 연락했지. 전화번호만 알고 있었어.

어디서 전화하셨어요?

고베에서 데리러 오라고 했지.

그때 전화를 걸어도 돈이 필요하지 않았어요?

물론 필요하지. 그 여관에 부탁해서.

아, 여관에 들어가셨군요. 거기서 전화를 빌려서 하셨어요?

그렇지. 선주가 다 손을 써 놓지.

우선 항구 가까운 여관에서 기다리고 있다고 여관에서 전화하신 거죠?

여관에 전화를 빌려서 여기 있으니까 오라는 식이 아니라, 여기 왔으니까 그 여관에서 기다리고 있을 테니까 빨리 오라고 했지. 그랬더니 [사촌이] 왔어(웃음).

그 사촌 분은 오사카에 있었어요?

응, 이름이 근시(根時)라고 해.

일본에서의 생활, 오사카에 와서

일본에 오셔서는 아버님과 같이 사셨어요?

아니야. 와서 얼굴만 좀 봤지. 부자지간의 정이 없으니까.

계속 떨어져 사셨어요? 아버님은 한번도 제주도에 오지 않으셨어요?

한푼도 도와주지 않았어. 내가 아버지한테 받은 것이라고는 감기에 걸려서 감기약을 산다고 1000엔을 받은 것뿐이야. 그렇게 해도 되는지 참…….

그렇다면 아버님은 다른 여성하고 가족이 있으셨어요?

응, 그렇지. 그랬던 것 같아. 나를 한번도 [집에] 데려가질 않았어. 나도 예상치 않게 먹고자는 데에 취직했어. 그때는 직장도 먹고자는 데가 많았어.

그럼 역시 오사카에 계셨어요?

맞아. 내가 지금도 오사카 사투리가 좀 남아있다고 해. 금새 안다고(일동 웃음). 이쿠노(生野)의 이카이노(猪飼野)에서 가까운 다지마(田島)에 있었어.

다지마요(일동 놀람)? 그 직장이 어떤 데였나요?

그게 센달 만드는 데야. 당시 조선 사람이 하는 일이란 센달이었잖아.

그 직장 이름이 뭐예요?

그 당시 메이커 이름이 '구라부(구락부)'.

제주도 분이지요?

응. 그게 [아까 말한] 사촌이 하는 데야. 걔는 여기서 태어나서 쭉 여기서만 자랐으니까 전혀 세상 돌아가는 것도 모르지. 그러니까 같은….

같은 부씨예요?

그렇지. 같은 부씨로 걔는 '시(時)'자를 따서 부근시(根時)[2].

구라부의 센달을 만들고 있었어요?

걔도 그때는 파산해서 두손 들고 가난할 때였어.

그대로 구라부라는 이름으로 계속 만들었나요?

그렇지. 센달 이름이지.

그 공장 이름은 뭐였어요?

미하라(三原)화학.

아, 그러세요?

그게 제주의 옛사람들은 다 머리를 썼어. 삼성혈*이라는 말이 있잖아. 자손들이 세 곳에서 나왔다는(일동 감탄). 그 세 개의 배에서 나왔다고 해서 미하라(三原)라고 한 거지

그런 의미가 있었군요. 그래서 미하라의 '하라'에 해당하는 배 '복'자가 들판 '원'자하고 일본어 발음이 같은 '하라'니까. [제주 출신의 일본 이름 중에] '미하라(三原)가 많은 거군요.

그래(일동 웃음). 그러니까 고씨는 다카야마(高山)가 많고. 김씨도 많지만.

일본 사회에서 일하며

거기서는 얼마나 일하셨어요?

거기선 일년 좀 넘게 있었나? 내가 너무 한심해서 거길 뛰쳐나왔어. 그리고는 일본 회사에 들어가서 거기서부터 공부하기 시작했지.

어떤 회사예요?

건축회사야. 그 건축회사에 들어간 이유는 한국이 전쟁으로 다 불타 버리고 허허벌판이 됐잖아. 건축 일이면 장래에 우리나라로 돌아가서도 어떻게든 살아갈 수 있겠다 싶어서(일동 공감). 내 한평생의 무대를 만들 수 있겠다는 희망 같은 것도 있었고.

그럼, 한국에 돌아가려는 생각해서 그렇게 하신 거예요?

그럼. 왜냐면 권리도 뭣도 없고 취직도 못하는 남자가 남자로서 살아갈 방도가 없었어. 일본에서 어떻게 살아가면 좋을지 모르겠고. 기술을 좀 익혀서 건축회사로 갔지. 그런데 일본말을 못하잖아. 그래서 숨어서 일본 글자를 공부했지.

그래도 거기는 일본 사람의 회사지요?

그렇지.

어떻게 거기 들어가게 되셨어요?

소개로 갔지.

소개요? 그때 외국인등록증*을 가지고 계셨어요?

없었어. 그러니까 움추리고 살았지. [외국인]등록증만 있었으면 2급건축사 자격증도 따려고 했는데, 등록증을 가지고 오라고 해서 말이지. 외국인은 안 된다고.

어떤 분이 소개해 주셨어요?

그게 아는 제주 사람이지.

그 제주 분도 그때 이쿠노, 이카이노에 살았어요?

응, 모모타니(桃谷)에 있었어.

모모타니요? (일동 놀람)

산코(三興)건설이라고, 지금은 없어졌어.

거기서는 오래 계셨어요?

그게 말이지. 가서 몇 개월인가 일했는데 망해 버렸어(웃음).

곤란하셨겠네요.

그래. 게다가 누군가가 일러바친 거야. 내가 [외국인]등록이 없다고.

밀고 당하셨어요?

밀고를 했어. 그래서 경찰에 잡혀서 오사카입관[출입국관리사무소]에서 45일간 있다가 나왔어. 당시 법률이 45일 이상은 구금할 수 없었던 모양이야. 가석방이지(일동 놀람). 그리고는 [입관에서] 편지가 왔어. 물어볼 게 있으니 출두하라고. 혹시 재류허가를 내 주나 싶어서 기쁜 마음에 갔더니, 퇴거[본국으로 추방]명령이 내렸어(웃음).

오무라(大村)[수용소]*로 가셨나요?

오무라수용소에 갈 상황이었어. 그런데 내가 지금까지 살던 집도 정리해야 하니까 며칠 시간을 달라고 사정했지(일동 공감). 그 조건으로 가석방금 20만 엔을 내고 2주일간 가석방이 됐어. 나와서는 그대로 줄행랑을 쳤지(일동 웃음).

도쿄에서의 생활

그래서 어디로 가셨어요?

그 다음에는 오사카에서 숨박꼭질이야. 여기 가도 따라오고 저기 가도 따라오고 경찰이 따라붙었어. 그래서 도쿄로 갔지. 도쿄까지 경찰이 따라붙었어. 에도가와(江戸川)의 나가시마(長島)쵸에 살았는데, 밤일을 마치고 집에 돌아가서 자려고 하니까 [누가] 문을 똑똑 두드리는 거야. [경찰이] 체포장을 보이면서 "부종시(夫鐘時, 부희석 씨가 일본에서 쓰는 이름) 씨죠?"라고 물어서 "네. 그렇습니다" 했더니, "나오십시오" 이렇게 된 거야. 이번에는 시나가와(品川)의 도쿄출입국관리사무소야. 내가 운이 좋았던 건, 이렇게 얘기하면 정말 좀 이상한 얘기지만, [내가 재류자격이 없는 불법 채류자니까] 그때 우리 애들을 전부 집사람 앞으로 올려 놓았거든[3]. 편지 한 통을 써서 관청에 아는 사람한테 부탁해서 그렇게 해 놓은 거야. 우리 애들을 집사람 호적에 올려 달라고 부탁하니까 그렇게 해 주었어. 집사람은 일본에서 태어났고 아이들도 여기서 태어났으니까. 또 [내가 일하던] 회사 사장도 일본인이었는데 아주 사람이 좋았어. 탄원서를 내 줘서 가석방이 됐어. 그리고는 1개월[재류허가] 나온 거야.

처음에는 1개월이었군요.

1개월, 그 다음이 3개월, 3개월을 받은 뒤에는 좀처럼 늘려주지 않았어. 그리고 6개월, 1년이야. 나이는 먹지, 아무 것도 못하지. 그리고는 3년, 이번에는 [재류자격이] 정주자. 정주자라도 무기한이 아니라 3년 지나면 또 갱신을 해야 돼. 그 다음에 영주 신청을 했지. 그랬더니 운좋게 통과됐어(웃음).

그간 민족단체 활동은 안 하셨나요?

그게 도쿄에 와서 조직이라는 걸 이해하게 됐어. 아이들이 성장하는 가운데 민단도 있고 총련도 있구나. 조선학교도 있고 민단의 학교도 있구나 하고. 총련에 대에서는 좀 의문도 있었어. 왜냐면, 한국에서 [일본에] 와서 아이들을 조선학교에 넣어야만 하는가, 일부러 유학도 시키는데 일본의 학교에 넣으면 왜 안 되는가, 아이들이 크면 자기 나라[한국]에 보내면 되는데 말이지.

아이들이 크면요?

자기 나라를 생각하면 그렇게 하는 게 좋지 않을까 생각했어. 주위 환경이 내가 [외국인등록증이 없어서] 좀 떳떳하지 못한 입장에 있을 때 주의 사람들이 나를 많이 도와주었어. 숨박꼭질하듯 숨어 살 때도 가령 무슨 일이 있을 때 힘이 되어 준 것도 동포들이야. 민단 쪽 사람들이 아니라 총련 쪽 사람들이야. 총련을 내가 추켜세우는 게 아니라 인간관계로서는 총련 사람들과 어울리는 게 좋았어. 그리고 내 사상도 그쪽이었고. 철저하게 그렇게 [활동]했으니까 학교도 다 [조선학교에] 넣었지.

염치없는 얘기지만 내가 지금 자식이 다섯이야(일동 놀람). 내가 혼자였으니까. 이국 하늘 아래서 5명에서 힘을 합치면 뭘 하든 살아갈 수 있잖아. 불량한 애도 있고 착실한 애도 있고 그렇지. 정말 열심히 살았어. 그러니까 학교도 [총련] 조직에 있던 사람들도 주위 사람들도 굉장히 힘이 되어 주었어. 지금은 [고령자 돌봄 시설인] 데이하우스의 일도 하며 에도가와의 복지 관련 일도 하게 됐어.

처음에 도쿄에서는 무슨 일을 하셨어요?
에도가와에서 프라스틱 일을…….

프라스틱이요?
프라스틱 일은 24시간 하는 거였어. 그래서 나는 밤에만 했지(일동 놀람). 낮에는 자전거를 타는 것도 무서우니까(일동 공감). 검은 옷[제복]을 입고 걸어다니는 사람만 봐도 무서웠어.

결국 외국인등록증이 생긴 건 언제예요?
그러니까 잡혀 가지고. 누가 고자질을 했는지, 프라스틱 일을 밤에 하고 낮에는 자고 그랬는데, 일을 마치고 집에 있을 때 문을 노크해서 나가보니, [경찰이] 모시러 왔더라고(일동 웃음). 수갑을 가지고.

그때 입관에 [잡혀갔다가] 보석되고 나서 [1개월 재류허가가 나서] 바로 만들었지 (일동 납득).

부인이 외국인등록증도 있고 영주권을 가지고 있던 관계로요?

그렇지. 조건이 여러가지 있었겠지. 돈은 없었지만, 일부러 일본 사장이 탄원서를 내 줬어. 종업원들도 도장을 찍어 주고.

프라스틱 공장 사장님이요?

응. 사사키(佐々木)사장님.

어떻게 해서 에도가와에 살게 되셨어요? 그 프라스틱 공장에는 어떻게 취직하셨어요?(웃음)

그건 아는 사람이 그때 일손이 부족하다고(일동 납득), 프라스틱 일이 있는데 해 보겠느냐고 해서 무슨 일인지도 모르고 하게 됐지. 음, 별 일을 다 했어.

전체적으로 동포가 많았어요?

그렇지, 그래. 돈을 좀 버는 사람도 꽤 있었어. 그리고 10년 정도 프레스 일도 했어. 그거 하다가 손가락도 잘렸고.

데이하우스의 일을 하시게 된 계기가 있었어요?

그게 지금까지 20년 가까이 택시 운전수를 했어. 일이 없으니까 택시 일을 했어. 닥치는 대로 일을 해도 아이들은 늘어나지, 부모로서 책임은 져야지, 수입이 제일 나은 게 택시라고들 해서.

그게 [프레스 일을 하다가] 손가락이 잘렸잖아. 그 [사업장이] 동포가 하던 곳이였는데 속았어. 복리후생이 잘 되어 있으니까 걱정 말라고 했는데, 나중에 보니까 아무 것도 안 되어 있는 거라(일동 탄식).

아무런 보장을 못 받으신 거군요.

아무 것도 없어. 내가 바보니까 사람을 바로 믿어 버리고 정에 약해. 일손이 부족하다고 해서 내가 힘을 좀 보태면 도움이 되겠지 해서 했더니, 그게 이용만 하고 [보험 같은 것도] 없었어. 그래서 택시를 하게 됐어. 아는 사람이 마침 나카노(中野)의 죠사이(城西)택시를 [소개해 줬어].

죠사이 택시요?

도쿄의 무선 택시야. 열심히 했어. 동서남북 길도 모르고 일본말도 잘 모르는데 말이지. 그게 택시처럼 무서운 일도 없어. 지금도 무서워.

정말 위험하지요.

많이도 속았어(일동 놀람). 인정에 약하니까. [돈이] 이것밖에 없으니까 좀 태워주면 고맙겠다고 나중에 돈을 보내 주겠다고 해 놓고 [돈을] 보내 주지 않은 적도 있고. 어디까지 가 달라고 해서 가서 내려 주면 돈을 가지고 올 테니까 기다리라고 해. 그래 놓고는 기다려도 기다려도 안 나타나는 사람도 있고. 그리고 경찰에 신고하면 내가 뭔가 범죄자 같은 취급을 당한 적도 있어(일동 놀람). 신주쿠 경찰도 몇 번이나 갔고, 사이타마에서도 그랬고. 택시를 타면서 [인생] 공부 많이 했지. 정말 한눈 안 팔고 열심히 일했어. 회사에서도 톱클레스였어. 매상액이 한 달에 늘 100만엔 가까이 됐어(일동 놀람). 4대6이니까 4할은 회사로 가고 내게 6할이 오잖아. 6할이면 많지.

많네요.

후생연금, 건강보험 같은 세금을 다 빼고도 3,40만엔은 항상 받았어.

20년이나 하셨으면 몸이 힘드셨겠어요.

그렇지. 힘들었지. 군인 정신 같은 게 있었나? 지금도 잘 지키고 있어. 나보다 젊은 사람들에게도 지지 않겠다는 정신으로 열심히 하고 있지.

20년을 하시고 퇴직하신 건가요?

퇴직? 아, 65세에 퇴직해서 2년간은 1년 계약으로 2년간 더 한 거야.

한국 방문

그런데 [에도가와 가쓰시카(葛飾)의 친한 재일조인인들이] 다 여기[일본]에서 태어나 자란 사람들뿐인데, 한번 고향땅을 밟아 보고 싶다고 해서 3년 전에 내가 회장을 할 때 그 사람들을 데리고 [한국에] 갔지. 나리타에서 인천공항으로, 그리고 임진강, 휴전선, 서울 롯데, 경주, 부산, 여러 군데를 견학했지. 조국에 대한 추억을 만든 거지.

그러면 부선생님은 일본에 오신 뒤에 처음으로 제주를 찾은 건 언제이신가요?

그게 이렇게 말하면 좀 쑥스럽지만 총련 관계로 쭉 살아 왔으니까 민단에서는 인정하지 않아. 그래서 성묘단[모국방문단 참조]* 명목으로 한 번 가는 게 있었잖아. 그때 임시여권을 발급 받아서 간 게 처음이지. 다들 알지? 성묘를 하고 오는 거야.

그 다음에는 집사람이 제주에 간 적이 없어서 같이 다녀왔고. 그때 김대
중정권 때는 개인적으로도 갈 수 있었고 자유롭게 발언할 수도 있었어. [제
주에 가서] 젊은 사람들한테 설교 같은 걸 한 적도 있고. 그 젊은이들이 어떻
게 생각했을지 모르겠지만(일동 웃음). 최근에 스톱됐지. 지금, 이, 이…….

이명박대통령이 되고서는 그렇죠. 선생님의 어머님은 언제 돌아가셨어요?

박정희 때지. 돌아가셨는데 빨갱이의 어머니라고 아무도 [장례식에] 와 주
지 않았다고 여동생이 그러더라고.

어머님은 함덕에서 계속 사셨나요?

그렇지. 함덕.

여동생하고 둘이서 사셨나요?

그렇지. [옛날] 그 집이 아직 남아 있지 않을까? 그 집이 남아 있으면 한
번 가서…. 돼지 우리 같은 집인데 허리를 구부리지 않으면 들어가지를 못
했어.

여동생은 지금 어디에 살아요?

지금 제주시에 있어.

결혼해서 제주시에 사는 건가요?

결혼해서 아이도 있고. 아이들이 잘 컸어.

그 집은 이제 없나요?

지금은 처분했을지도 모르겠고.

어머님의 묘는 어디예요?

성산읍 시흥리. 공동묘지에 내가 갔었어. 할아버지, 할머니의 묘도 전부 거기에 있어. 가족 묘지에 모아서 비석도 다 세웠어. 내가 죽어도 [비석에] 새겨 놓았으니까 앞으로 수십 년은 갈 거야.

벌초*는 누가 하나요?

아무도 안 해. 여동생이 보고 있지. 지금 아들을 데리고 한 번 가고 싶은 마음이 있는데(일동 웃음), 이[명박] 씨가 좀……. 환영해 주질 않아. "너 잘 왔다"고 해서 나 혼자 희생되는 건 괜찮지만, 주위 사람한테도 폐가 되니까 그게 두렵지.

전에 위원장이었던 형님이 계시다고 하셨지요. 돌아가신 그 형님은 결혼하셨 었나요? 그 형님의 부인, 형수님하고 그 사돈집 분들은요?

형수님도 돌아가셨어. 내가 처음에 가서 만났을 때 [형수님이] 딱 붙어 가지고 다녔어. 형제라곤 단 둘이니까.

둘이요?

형님이 죽고나서 [형수님이]고생했지. 그 아들은 부산에 있어. 조카는 칠촌[조카는 삼촌임]이잖아. 칠촌이니까 정이 그다지 없어. 같이 살았으면 좀 다르겠지만, 나는 나대로 먹고 사느라고 [바빴고]. 이명박 때와 달리 김대중,

노무현 때는 좋았어(일동 웃음).

그래도 어머님이 돌아가셨을 때는 빨갱이의 어머니라고 했다면서요.
그래 그때까지 형제처럼 지내던 사람, 동급생도 있었는데 아무도 안 왔다고.

그 뒤에 군대에도 갔다오셨는데도요?
아무도 안 왔다고. [빨갱이] 딱지가 붙여진 거지. 제주가 넓은 것 같아도 정말 좁아. 바로 가면 바로 알아.

그건 일본에서 선생님이 총련 활동을 하신 것도 관련이 있나요?
있지. 당당하게 내 이름을 내고 '우리마당'(부희석 씨가 운영에 참가하고 있는 재일조선인들의 데이하우스)하고 주소도 냈지. 그런데 하나 얘기하고 싶은 건 그 전에 전화가 왔었어. "어딥니까?"하고 물었더니 "공안입니다" 그러더라고(일동 놀람). [일본] 법무성의 공안이야. 내게 언제 한번 식사나 하자고 하더라고(웃음) (일동 놀람).

〈사진 21〉 우리마당(도쿄 에도가와구)

1. 1945년 2월 14일, 미군에 의한 공습으로 오사카시 아베노(阿倍野)구의 국철 한와(阪和)선 비쇼엔(美章園) 역의 철근콩크리트 교각이 산산조각나고 근처의 민가 20여 호도 파괴되어 30여 명의 사상자를 냈다. 1951년 8월, 당시 국철 역무원들에 의해 '조난공양비'가 세워졌다.

2. 부희석 씨에 따르면, 당시 살 집이 없어서 산 속에 돌을 쌓아 올린 뒤 사방을 막고 지붕 대신에 짚을 얹어 임시 거처를 만들어 살았다고 한다. 제주도의 짚은 보리 등의 잡곡 대로 만든 빈약한 것이어서 바람이 불면 날아가고, 쌓아 올린 돌 사이로 찬바람과 비가 들이치는 곳에서 생활했다고 한다.(2013년 2월 8일 확인)

3. 1946년 여름 남한 전역에 콜레라가 만연해 7000명 이상의 사망자를 냈다. 제주도에서만도 400명 가까운 사람들이 희생되었다.

4. 증언조사 내용으로는 일본에서 가져온 목재를 조천중학교와 함덕국민학교 중 어느 쪽에 사용되었는지가 명확하지 않았는데, 뒤에 본인에게 재차 확인한 결과 조천중학교 교사 건설에 사용되었다고 했다.

5. 새마을운동은 1970년 때부터 시작된 것으로 다른 지역 운동과 혼동한 듯하다.

6. 부희석씨는 본래 '희'자가 동세대 공통의 행렬자이다. 그런데 일본에 있던 아버지가 부희석씨 세대의 행렬자를 '시'라고 해서 일본으로 도항한 후로는 '부종시'라는 이름을 썼다고 한다. 따라서 '시'자가 행렬자인 부근시씨

는 족보 상으로는 부희석씨와 동세대 친척이 된다.

7. 제주도 대정면에서 일본으로 건너온 부모를 둔 부인은 일본에서 태어난 재일동포 2세이다. 고부 이씨로 오사카시 이쿠노구 오이케바시(大池橋)에 살았었다.

고향의 가족, 북의 가족

강경자

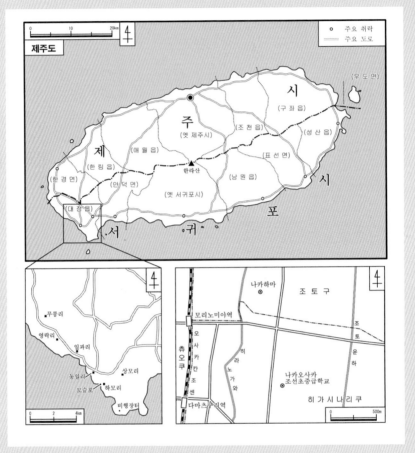

■ 강경자

고향의 가족, 북의 가족

1937년 6월, 오사카시 죠토(城東)구 나카하마(中濱) 출생. 어릴 때 어머니와 제주도 고향으로 돌아감. 위로 언니 둘과 오빠 둘, 아래로 남동생이 있었는데, 작은오빠와 작은언니는 4·3사건 때 산에 들어가 생사를 알지 못함. 그 일로 한동안 가족이 격리되기도 하고, 어머니가 경찰에 잡혀가 고문을 받고 석방됨. 4·3사건의 와중에 남동생이 병으로 죽고, 살던 마을은 불타 없어짐. 14,5세경 어머니와 함께 부산을 거쳐 일본으로 밀항함. 20세에 제주 출신인 사람을 만나 결혼함. 큰언니만 제주에 남고, 다른 가족은 다 일본으로 건너가 살다가 '북송사업' 때 큰오빠 가족이 북으로 감. 그 뒤에 어머니도 북으로 가서 세상을 뜸.
면담조사는 2000년 9월 11일 오사카시 이쿠노(生野)구에서 이루어졌다.

⠿ 식민지 제주에 대한 기억

몇 년생이세요?

1937년 6월생이야.

오사카 나카하마(中濱)에서 태어나신 거죠?

그렇지. 조토(城東)쿠. [태어나서 제주로 갔을 때] 지금 저쪽[북]에 가 있는 큰오빠하고, 고향[제주도]에 있는 큰언니하고, 죽은 작은오빠하고 작은언니가 있었어. 할아버지하고 할머니도 있었지. 할아버지, 할머니는 나이를 많이 잡수셔서. [언니하고 오빠가 오사카에 돈 벌러 가 있던] 어머니한테 편지를 보내곤 했나 봐.

어머니는 여기 일본에 와서 손재주가 있었으니까 마토메*일로 어느 정도 돈을 벌면 아이들도 불러들이려고 생각하셨던 모양이야.

아버지는 아주 떠돌이였어. 어디선가 화투를 치고 돌아왔다고, [아버지를] 데리러 오라고 해서 갔더니 여관이야. 지금으로 치면 잠옷 같은 것을 입혀 주셨어. 언니하고 오빠에게 입히고, 나한테도 저고리 같은 걸 입혀 줘서 그걸 입고 집에 돌아온 적이 몇 번인가 있었어.

〈사진 22〉 강경자

[아버지는] 밭일을 싫어하셨던 것 같아. 옛날에는 아이들이 많이 태어나도 병으로 어려서 많이 죽었으니까, 할머니가 아버지를 아주 귀하게 키웠다고 해. 어느 점쟁이가 우리집 앞을 지나면서 "이집 양반, 두 발로 땅을 밟기도 전에 죽을지 몰라"라고 했다네. 그래서 더욱 귀하게 키웠다고 해. 자기만 알고 컸으니까 일하는 것도 싫어했지. 그래서 일본에 와서도 빈둥거리기만 했어.

어머니는 어머니대로 일하러 [일본에] 간 거지. 일하다가 내가 태어난 거고. 몇 개월 지나 [제주도에서 편지가 왔어]. [언니, 오빠들이] 엄마가 없는 애들처럼 할아버지, 할머니한테 구박을 받으며 살고 있으니까, 엄마가 자기들을 생각한다면 돌아오라고 말이지.

언니하고 오빠가 편지를 보낸 건가요?

그렇지. 우리 마을은 작물이 정말 안 되는 곳이야. 뭐라더라? 황토에다 점토가 많아서 거기 가면 돌멩이가 아주 많아. 당시에는 더 그랬겠지.

그래서 조금이라도 작물을 수확하면, 그거 있잖아. 나도 그 일을 하곤 했는데, 맷돌질을 했어. 할머니는 오래 먹어야 한다는 생각이 있으셨던 게지. 쌀밥을 지어 먹으면 금세 없어지니까. 어린 아이들은 그걸 모르니까, 할머니가 째째해서 그렇다고……(웃음), 그래서 구박을 받는다고 생각했겠지.

어머니도 연로한 시부모님에게 어린 자식을 맡기고 [일본에서] 이러고 있으면 안 되겠다고 생각하고, 아버지도 애들도 있고 며느리인데 돌아가라고 해서, 그래서 [제주로] 돌아가서 증조할아버지 집에서 살았다고 하더라고.

그런데, [내가] 밭에서 일장기가 그려진 비행기가 붕 하고 날아오는 게 보이면, 뭔지도 모르고 좋다고 손을 흔들었어. 그러면 우리 어머니하고 마을 사람들한테 "너 바보냐. 그 비행기가 우리나라를 못 살게 하는 비행기인데, 그런 것도 모르느냐"며 아주 심하게 혼나곤 했지. 나는 그저 그런가 보다 생각했지. 아무것도 없는 곳이니까 비행기가 날아와서 손을 흔든 건데.

어머니의 고향 마을에는 한라산 어디선가 흘러나오는 샘물이 바닷가 근처에 있었어. 그 물이 겨울에는 미지근하고 여름에는 차가워. 여름에도 손이 시릴 정도야. 2분 정도도 못 있어. 항상 샘솟고 있었어. 그게 신기했어. 나는 빨래도 많이 했어. 어떨 땐 광주리 같은 데 넣어 지고 가서. 바닷가에 가서 빨기도 했어. 물이 정말 깨끗했어.

매일 걸어서 갔는데, 뱀이 많았어. 그게 익숙해지면 아무것도 아니야. 그때 보니까 뱀 수십 마리의 껍질을 벗겨서 널어놓은 거야. 누가 이런 짓을 했나 하고 생각했지. 그랬더니 일본 '헤이타이(병사)'라고 하더라고[일본군의 제주도 주둔 참조] *. 제주 사람들은 그런 거 안 먹거든.

또 [일본군도] 의사가 없어서 그랬는지, 종기가 생기면 고름을 빼내야 하는데, 그게 뭐더라? 메밀인가 밀가루인가 무슨 가루를 [반죽해] 붙이고 붕대로 감았어. 그걸 버리지 않고 까만 가마솥이 있지? 그 솥뚜껑 위에 올려놓았다가 먹는 거야, '헤이타이'가. 깜짝 놀라서 "그건 [먹으면] 안 됩니다"라고 했어. 말로는 잘 설명을 못하니까 이렇게 손짓 발짓을 해가며 말하니까, 그제야 멈추고 안 먹더라고. 여러 가지 일이 있었어. 그런 면은 좀 불쌍했지.

전쟁이 끝나기 전의 일인가요?

전쟁이 끝나고 그 다음해 봄인가? 어딘가 깊은 바다 속, 이렇게 내려보면 가슴이 덜컹 내려앉을 것 같은 절벽이 있고, 그 아래는 바다인데, 그 기슭에 자그마한 비행장 같은 게 있었어[알뜨르 비행장].*

〈사진 23〉 대정읍 구 일본군 알뜨르 비행장 옛터

활주로 자국이 지금도 있어요.

그게 [지금도] 있어? '알뜨르'라는 곳인데, 그 주변에 아직 돌아가지 않은 일본 병사가 몇 명인가 있었어. 그 사람들이 자기가 타던 말을 죽였다든가 그런 이야기도 들었어. 실제로 본 건 아니고.

한국에서 학교에는 전혀 안 가셨어요?

한 번 입학은 했지. 당시 소학교에서는 "아레와 사이렌다(그건 사이렌이다)"라고 전부 일본어였어. 처음에 소학교에 갔을 때 기억나는 게 그거야. 우리 마을에서 대정소학교라면 명문이랄까, 엘리트들이 가는 곳이었지. 그리고 제2소학교가 무능리에 있었어. 우리 마을에서는 거기 소학교에 갈 수 있었지.

멀었지요?

산을 넘어가야 했는데, 그땐 무서운 개가 많았어. 그래서 지금 말한 마을의 동갑내기 아이하고 같이 갔어. 그런데 그 아이가 일주일 만에 그만두었어. 그래서 나 혼자서 산을 넘어 가려면 아침 일찍 일어나야 하니, 좀 무리지. 우리 어머니가 "너 혼자니까 그만둘래?"라고 하셨어. 모슬포에 소학교가 있었는데, 지금으로 말하면 명문이지, 거기에 사촌이 전학해서 다녔어. 거기 언니가 "계집아이인데 뭘" 그러면서 싫은 소리를 하니까, [어머니가 나한테] "그러면 너 그만둘래?"그러신 거지. 어떻게 할까 하다가 8살이 된 거야.

서북청년단과 미군

그 [아시아태평양]전쟁이 끝나고 1년 정도 됐나? 북조선에 지금은 죽은 김일성수상이 만주에서 돌아와 있었고, 여기[남쪽]에는 이승만이 미국의 지지를 받고 대통령이 되려고 하던 때야. 마을에도 뒤숭숭하고 평상시와는 다른 움직임이 있었어.

그때 그런 시골까지 가끔 엿장수가 찾아왔었어. 그 찢어진 고무신 같은 걸 가져 가면 엿으로 바꿔 주고. 그 당시에는 돈을 주거나 하지는 않았으니까. 가서 보니까 "너희 집 아버지는 연세가 어떻게 되시냐?"라든가, "이름은?" "오빠는 있니?" 그런 걸 묻는 거야.

엿장수가요?

그렇지. 그게 뭐냐면 서북청년단*이야. 우리 마을 뒷산에서 보니까, 그 엿장수가 변해서 죽창 같은 걸 들고 우르르 올라오는 게 보였어. 감색으로 된 죽창을 들고 무슨 단체복 같은 것을 입고 올라오는 거야. 그러면 울던 아이들도 뚝 그쳐. 뭘 먹던 아이들도 다 개미새끼 한 마리 안 보이게 싹 숨는 거야. 그런 일이 매일 밤 있는 건 아니었지만, 그 사람들이 언제 올지 모르는 거지.

그래서 오빠가 "집에서 멀리 떨어진 산기슭 같은 데 동굴을 파 두었으니까,

너무 무서우면 거기 동굴에 들어가 입구에 마른 나뭇잎 같은 걸로 덮어 자연스럽게 하고, 숨을 죽이고 가만히 숨어 있자"고 했어. 내가 할머니는 어떻게 하냐고 하니까, 할머니는 귀가 어두운 척하면 된다고 말이지. 할머니는 귀가 어둡지 않았으니까 정말 무슨 일이 있을지 [걱정이었지]. 그때 서북청 놈들이 와서 할머니 귀에 대고 캬, 하고 소리를 질렀다고. 소리가 들리면 몸을 움츠리잖아. 그러면 "귀먹이가 아니네, 이 할매" 하면서 사정없이 여기저기 피멍이 들 정도로 때렸다고 하더라고.

[우리가] 밤에 돌아가면 할머니가 이래저래 해서 아파 죽겠다고 했어. 할머니가 불쌍한데 동굴에 가서도 잘 숨지를 못하니까 어떻게 하나 하던 중에 서북청년단이 [미군으로] 바뀌었어.

이번에는 그 물이 있는 샘터[엄마의 고향마을]에 가 보니까 미군이 지프차를 타고 와서 탱크차에 물을 받아 보내고 있었어. 내가 어렸을 때 당시는 지금처럼 [미군을] 텔레비전에서 볼 수 있던 때가 아니니까 가슴이 철렁 내려앉았지. 2미터 정도 구덩이가 있다고 치면 거기에 들어가 필사적으로 숨는 거야. 인간이란 익숙해지는 거야.

그러다가 [미군이] 우리 마을까지 지프차를 타고 들어왔어. 납작한 초콜릿을 가지고 말이지. 그때 누군지는 잘 모르겠지만, "하봐, 하봐"라고 했어. [내가 나중에] 우리 아들한테 "영기야 하봐 하봐가 뭐냐"고 물으니, "모르겠는데, 해브(have) 아닌가요?"라고 하더라고. 그 납작한 초콜릿을 준다는 걸 누구한테 들었는지, 마을 아이들이 다 나와서 지프차 뒤꽁무니를 쫓아다녔어. 납작한 초콜릿을 온전하게 던져주지도 않았어. 이 정도로 잘게 잘라서 길에 던지는 거야. 그러면 [우리는] 미친 듯이 그걸 줍는 거지. [길이] 온통

돌투성이고 미포장 상태여서 그런 곳을 돌아다니면 발이 다 부르트는데 말이지.

그게 미군이었어요?

그렇지. 지프차를 타고 마을까지 들어와서 그랬어. 그것도 몇 번씩이나. 거기서 좀 가면 바로 탱크차에 물을 받아주던 곳이 있는데 거기서 아이들이 엿보기도 했지.

죽은 작은오빠가 "경자야, 오늘 초콜릿 주우러 갔니?" 물었어. 처음에는 맛있기도 해서, "응, 갔지"라고 대답했더니, 작은오빠가 앞으로는 가지 말라고 했어. 또 가면 죽여 버린다고 할 정도로 아주 싫어했어.

그게 [아시아태평양]전쟁이 끝나고 바로 있었던 일인가요?

그렇지.

4·3사건이 일어난 뒤에요?

그게 아니고. [아시아태평양]전쟁이 끝나고 나서 바로지. 그래서 왜 그러나 하고 생각했지. 오빠가 말하기를, 그 초콜릿을 받는 게 너희들은 재미있어서 그러는 모양인데, [미군들은] 사람 취급 안 한다고 했어. 정말 인간 이하로 본다고. [나는] 그런가 보다 했지.

그래서 오빠 모르게, [오빠가] 항상 보고 있는 것도 아니니까, 또 "하봐, 하봐"하러 갔지. 우르르 지프차를 뒤따라 다녔지.

형제분은 6형제인가요?

그렇지. 제일 위의 큰언니는 지금 고향에 있고, 큰오빠는 북에 가 있고.

평양에요?

[일본에서] 생활이 어려웠으니까, 낙원이라고들 하니까 간 거지.

둘째오빠하고, 둘째언니는 [4·3사건 때] 산에 들어갔다가 돌아가셨다고요?

그래.

그러니까 그 둘째오빠가 그렇게 말했다는 거지요?

우리 아버지가 풍운아니까, 작은오빠가 아버지를 대신해서 농사일도 하고 그랬어. 그 이듬해에 결혼을 시키려고 했어. 모슬포라고, 우리 마을에서 남쪽에 있는 마을의 색시를 얻는다고 했어. 그게 마침 가을이었을 거야. 가을걷이를 할 때쯤에……, 아, 생각났는데, [큰]오빠는 종전 직후에 제주도에 가 있었어.

제주에 갔다가 다시 일본에 오신 건가요?

동생들하고 할머니도 살아계셨을 때인데 너무 가난하게 사니까 안됐어서 고향에 돌아간 거지. 우리 아버지가 종전 직후에 센바(船場) 같은 데서 란도셀(메는 학생 가방)을 만들기 시작했어. 그때는 물건이 귀했잖아. 다 불타서 누구 땅인지도 모를 때야. 그런데 이 란도셀이 아주 날개 달린 듯이 잘 팔렸어. 믿기지 않을 정도로. 그래서 사람을 고용해서 돈을 좀 번 모양이야.

아버지는 그 북새통에 둘째부인을 얻어서 배다른 형제가 둘 있어. 한 사람은 37살에 죽었고, 한 사람은 지금 효고(兵庫)에서 살고 있어.

해방 후에 일본에서요?

그렇지. 아버지는 1980년에 돌아가셨어.

그때가 종전되고 1년쯤 지났을까. 큰오빠가 고향에 있는 동생들이, 언니는 시집가고 없었지만, 동생들이 불쌍하다고 [고향에 돌아가겠다고] 하니까, 아버지가 돈을 좀 빌려준 게지. 그걸 가지고 고향에 돌아와 밭도 좀 사 가지고, 밭농사를 했었는데 꽤 수확이 있었어.

그랬는데 가을걷이를 다 하기도 전에 가족들이 뿔뿔이 흩어지게 됐어. 마침 가을이 돼서 좀 으스스 추울 때야.

어머니가 잡혀가서

어머니가 당사자라고 해서, [자식들이 둘이나 산에 올라갔으니까] 어머니는 서림면[일과리 2구의 통칭] 사람인데, 남례하고 서림이 바로 옆이니까, 그래서 서림면의 [어머니 쪽] 사촌오빠가 당시에 그 마을의 반장을 했는데, 우리 어머니한테 여기 있으면 죽임을 당하니까 산으로 피난 가 있으라고 한 거야. 그래서 피신한 거지, 오빠하고 언니도 물론 산으로 갔지. 나하고 동생, 할머니, 3명만 남아 있었어.

그래서 우리 마을이 다 불탔거든. 우리 마을에서 가장 가까운 마을은 아주 무서웠어. 그 마을에 문가하고 김가가 대부분이었는데, 이유는 모르겠지만 문가하고 김가가 아주 사이가 안 좋았어. 우리 어머니는 문가고,

<사진 24> 일과리 표지석

<사진 25> 동일리 입구

그 김가 쪽은 다들 경찰 쪽 편이었어.

어머님는 무슨 마을인가요?
그러니까 동일 2[동일리 2구]¹⁾야. 옛날에 2구의 샘물이 있던 곳이야.

동일리요?
그렇지.

지금 이야기는 어머님의 이야기지요?
그때까지 오빠가 살던 곳이 거기 동일리 2구라는 곳이야. [작은오빠, 작은언니가 산에 들어가기 전에 살던 곳이 동일리 2구임.]

그런데 겨울이 됐을 때 옆 마을에 어머니의 사촌동생이 있었는데, [그 사촌동생이] 어머니한테도 마을에 남아 있으면 죽임을 당하니까 산으로 피신하라고 한 거야. 그래서 가을에 입는 얇은 옷을 입은 채로 어머니도 도망을 간 거야. 어머니가 산에 들어가고 나니까 나하고 남동생, 할머니 셋만 남았어. 그래서 그 수용소 같은 곳에, 마을에서 좀 산 쪽으로 들어간 곳으로 갔어. 가시나무라는 게 있는데 아주 가시가 많아서 찔리면 살이 썩어 들어갈 정도였어.

그 샘물이 있는 바로 옆 마을, 영락리에 지금 고향에 있는 큰언니가 시집 가 있었어. 큰언니가 애를 여럿 낳았는데, 태어나서 바로 죽었어. 내가 있을 때는 큰언니 집에 아이가 1명 있었나 그랬어. 나는 그 영락 마을에 큰언니의 애를 봐 주러 간다고, 겨울에 갔지. 그 마을은 평온했어. 별로 그런 [빨치산투쟁에 참가한] 사람도 없었고, 그런 조사를 하러 나오지도 않았으니까, 우리 마을은 다 불타 없어지고 그 뒤에 어머니가 사는 마을에도 들이닥친 거야.

할머니하고 남동생이 [동일리에 남아 있었는데], 어느 민가에 가시나무로 빙둘러친 곳에 그런 가족들만 다 들어가 있었다고 해.

어머님이 살던 마을은 어디예요?

서림. 지금은 일과리인데 옛날에는 서림이라고 했어.

아버님은 그때 일본에 계셨어요?

아버지는 계속 여기[일본]에 있었지. 큰오빠도 소학교를 졸업하고 바로 일본에 와서 아버지하고 같이 살았고. 어느 아주머니가 아버지를 꼬드겨 가지고 같이 살고 있었거든. 그러니까 오빠로서는 고향에서는 동생들이 죽을 고생을 하고 있는데, 아버지라는 사람이 그러고 있으니까 화가 나서 종전되기 몇 개월 전인가, [전쟁에 나가] 죽어도 좋다고 해군에 지원했다고 해.

일본에서요?

그래. 큰오빠가 군복을 입고 사진 찍은 걸 봤는데, 내가 "오빠 죽을 뻔했네"라고 하니까, 오빠는 죽어도 괜찮다고 생각했는데, 몇 개월 뒤에 종전이 되는 바람에 살아 돌아왔다고 하더라고.

그러면 아버님만 오사카에 계셨던 건가요?

우리 어머니가 [제주에] 돌아가서, 큰오빠가 소학교를 졸업하자 여기 일본으로 보낸 거지. 오빠가 말하기를, 자기가 아버지의 빨래도 열심히 했는데 둘째부인을 얻었다고. 오빠가 밭을 사러 밀항으로 제주에 들어와서 있던 그 북새통에 말이지. [아버지도] 정상적인 루트가 아니라 밀항으로 [일본에] 온 거지. 아버지는 둘째부인도 여기 일본에 있고 여기서 일을 하고 있었어. 어머니는 그래서 [제주로] 돌아간 거고.

그 후에 여러 일이 있어서 작은오빠하고 작은언니가 산에 들어갔지. 우리는 마을에 남아 있고. 어머니는 당사자고 당시 젊었으니까, 아무리 상관없다고 해도 통하지 않았어. 그래서 이래저래 하다가 그런 가족[노인과 어린이]만 남겨진 거지. 아무한테도 다른 마을 사람들한테도 연락을 못하게 했어. 관계자들이 마실 물 같은 건 넣어 주었어.

거기서 군대에 지원하기도 했어. 전후에 북에서 바로 이데올로기[공산주의]가 마음에 안 드는 사람들이 남쪽으로 많이들 내려왔거든. 그런 사람들이 서북청년이 되기도 하고 엿장수를 하기도 했는데, 분위기가 험악했어. 할머니가 내게 말하기를, 너도 8살이 됐으니 못생겼으니까 그런 일이야 없겠지만, 군인이 못된 짓을 할 지 모르니까 영락 마을의 언니 집에 가서, 마침 애가 어리니까 애보기로 가 있으라고 하셨어.

그리고는 [이듬해] 봄이 될 때까지 언니하고 동생, 할머니하고는 전혀 연락도 못 했어. 밤이 되면 산이, 한라산 방면이 불타곤 했지. 봄이 돼서 겨우 마을 간에 통행증명서 같은 게 생겨서 왕래할 수 있게 됐어.

우리 남동생 이름이 수강인데, [내가 영락 마을에 가 있는 동안에] 수강이가 죽었어. 왜 죽었느냐고 물으니, 급성맹장으로 이틀도 안 돼서 죽었다고 해. 할머니가 울면서 마을에 작은 의원에 달려가서 제발 살려 달라고 부탁하고 부탁했는데 안 봐 줘서 죽었다고 하더라고.

그리고 봄이 돼서 제주시의 관덕정*인가 어딘가에 어머니가 잡혀갔는데 우리 어머니만 돌아왔어. 어머니가 하는 말이, 그때 동상에 걸렸다고 해. 그래서 [나이 들어] 70대에 못 걷게 됐었어. 후유증이지. 지금이라면 [바로 고치지만] 당시에는 말도 안 될 정도로 아무 것도 없었으니까.

딸[작은언니]이 어디서 어떻게 죽었는지 모르고, 아들[작은오빠]도 어디서 죽었는지도 모르고. 작은아들을 마지막으로 본 게, 보리 있잖아. 누군지는 모르지만, 그걸 한 줌씩 배급을 주었다네. 그걸 받아서는 아들[작은오빠]한테 "한석아, 이거 같이 먹자"고 그러니까, 거기 있던 오빠가 어머니한테 죄송하다고 우리들 때문에 어머니가 이런 일을 당하신다며 연못 있는 데서 울었다고 해. 그게 마지막이었다고 하더라고.

산에 들어간 작은오빠와 작은언니

어머님이 격리된 이유가 작은오빠하고 작은언니가 산에 들어간 것 때문이었나요?

그렇지. 누구든 산에 들어간 사람들의 부모는 식량이니 뭐 그런 일로 연락을 취한다는 게지. 그런데 [우리집은] 아들만이 아니잖아. 그러니까 관계자 전부가 관련이 있을 거라고, 어머니가 심하게 추궁을 당했지. 그래서 어머니가 잡혀갔다가 돌아왔지. 작은오빠하고 작은언니는 마지막에 얼굴도 못 봤다고. 일찍 죽었을지도 모르고.

큰언니는 영락 마을에 시집을 가 있었고, 큰오빠는 일본에 있는 상황에서, 작은오빠하고 작은언니가 산에 들어간 뒤에 어르신이 혼자서 큰언니네 집에 가셨다는 거죠?

그렇지. 작은오빠는 죽임을 당했는지 한번도 [집에] 들르지 않았는데, 작은오빠하고 아주 사이가 좋던 오빠 친구가 한 번 집에 왔었어. 내가 "오빠, 잘 됐네"라고 하니까, 그 오빠가 "너희 오빠는 말이지. 아니, 너희 오빠도 살아 있어"라고 했어.

어느 날, [그 오빠가] 다시 불려갔어. 일단 돌아왔는데 인간성이 결여된 그런 이상한 사람이 있잖아. [밀고를 했는지]. [내가] 가서 보니까 신작로에……커다란 트럭인데 텐트가 쳐 있고, 좀 열려 있는 곳으로 보니까 젊은 청년들이 아주 많이 타고 있었어. 일단 석방되어 돌아왔던 사람들을 다시 불러내서 알뜨르 [근처] 폭포, 처음에 말했던 알뜨르 폭포 아래로 밀어서 떨어뜨렸다고 하더라고. 그 오빠가 돌아와서, 내가 "오빠, 돌아와서 잘 됐네"라고 했는데 말이지.

절벽에서 밀어서 떨어뜨렸다고요?

보기만 해도 되돌아오고 싶을 정도로 아주 무서운 곳이 있는 모양이야. 거기에 신발을 벗어서 나란히 놓고는…….

이모의 아들인 우리 사촌오빠가 일본 YM[YMCA]에서 교사를 했었거든. 그런데 할아버지가 이모네도 그 손주밖에 없으니까 [제주로] 돌아오라고 해서 돌아왔어. [사촌오빠가] 결핵에 걸려서 (가슴을 가리키며) 여기 큰 뼈를 뺐다든가? 그래서 죽었을 때 [시신을] 찾기 쉬웠다고 해. 사촌오빠도 그 주변에서 죽임을 당했거든. 내가 할아버지한테 어떻게 해서 정석이 오빠를 찾았느냐고 물었더니, "걔는 결핵을 앓아서 뼈를 뺀 흔적이 있어서 알았지" 그러시더라고.

정말 많이들 죽었어. 그래서 공포심도 없어지고 마비가 되어 버렸어. 나중에 들은 이야기인데, 마을[동일리]에 있을 때, 마을 바로 앞에 작은 초가집이 있었어. 거기에 불을 질렀다고 해. 그 마을이 서(西)동네, 중(中)동네, 동(東)동네로 3개로 나뉘어 있었는데, 동동네 안쪽에 어떤 아버지하고 아들이 살았는데, 아무 짓도 안 했는데 권력의 시대였으니까 산에 연락을 했다며, 집에 불을 지르고 불구덩이에 그 부자를 밀어넣었다고 해. 불구덩이에서 기어 나오면 또다시 밀어넣고 밀어넣고 그렇게 죽었다고.

그건 고향에서 들은 이야기인가요?

그렇지. 실제 내 눈으로 본 건 아니지만, 나중에 마을 사람들이 다들 돌아와서 이 집은 이랬다 저 집은 저랬다 했거든. 작은 마을인데다 아까 말한 것처럼 물 길어 먹는 샘물이 한군데밖에 없었으니까 아침저녁으로 밭에서 돌아와 물 길러 가서 [이런저런 소식을] 듣는 거지.

나도 여러 번 항아리에 물을 길어 왔는데, 겨울에는 남자들이 있는 집은 짚신 있지? 그 짚신을 만들어 주었는데 우리집에는 남자가 없으니까 그런 것을 해 주는 사람이 없었어. 오빠는 어렸고 그런 것까진 못했어.

짚신 만드는 건 남자들의 일이었나요?

그렇지. 겨울에도 어머니가 물 길어오라고 하면 맨발로 눈 위를 걸어서 갔어. 물을 길러 갈 때는 빈 항아리니까 그래도 괜찮은데, 돌아올 때 빨리 뛰면 [잘못하면 물항아리가] 깨지잖아. 그래서 엄청 고생했지. 당시에는 다

항아리였잖아. 요새는 뒷병도 재활용한다는데, 옛날에 밭에서 일할 때 그 뒷병에다 물을 담아 가곤 했거든. 그러면 돌에 걸려 넘어져 뒷병을 깨뜨려서 아주 죽도록 혼난 적이 있어. 그 뒷병을 보면 그런 추억이라고 할까, 그런 일이 생각나.

큰언니가 살던 영락 마을은 평온한 분위기였나요?

별로 그런 일은 없었지. 그런데 형부 이름이 김대현(金大玄)이라 하는데, [어느 날 밤에] 빨치산 산에 올라간다느니 뭐니 그런 이야기를 큰언니하고 하더라고. 나는 자는 척하고 있었지. 그때 산에서 습격을 해 왔었어. 그래서 거기에 가지 않으면 안 된다고 했던 것 같아.

[그날 형부가] 밤 늦게 돌아왔어. 온돌방이 하나니까 문을 열면 [바람에] 집안의 물건들이 날리잖아. 형부가 돌아왔나 보다 했더니, 중얼중얼 뭔가 언니한테 이야기를 하더라고. 언니하고 형부가 그런 말을 했었어.

해방되고 2년쯤 지나서인가. 1948년 [4·3사건이 나기] 좀 전인가, [형부는] 지원해서 군에 갔어. 한국군이지.

큰형부가요? 제주에서는 그런 사람이 꽤 많았다고 들었어요.

집안이 [산에 올라갔거나] 그런 경우는 지원해서 군에 들어가면 우대를 받았어. 그런 일도 다 상쇄되고 용서를 받는다고 했어. [형부는] 몇 년 뒤에 어깨에 총 맞아 부상을 당해 제대해서 죽어버렸지만, 좋은 사람이었어.

이런 말을 하기는 좀 그렇지만, 어디서 무슨 말을 듣고 믿어 버리면, 그런 곳에서는 그런 이야기를 믿으면 세뇌가 되는 거야. 지금 같으면 여러 정보가 있으니까 좀처럼 잘 안 믿잖아. 누군가에게 들었겠지. [내가] 애 보러 가 있을 때 마을 전체는 평온했는데, 형부가 산에 올라간 우리 작은오빠가 내려와서 식량을 달라고 하지 않을까 생각했는지, 큰소리로 외치곤 했어. 여기 어디어디에 경찰이 숨어있다는 식으로. 경찰이 숨어 있는 것도 아닌데, 그게 왜 그랬느냐면 우리 작은오빠가 큰언니 집에 와서 뭔가 내놓으라고 하지 않을까 싶어서 그런 거였어.

작은오빠나 작은언니가 오지 못하도록 일부러 말이지요?

그래, 형부가 아무도 없는데 큰소리로 외치곤 했으니까. 당시는 제주시에 나가는 버스가 하루에 3번 정도밖에 없었어. 그리고 옷도 어머니가 직접 면화를 재배해서 가을에 거둬들여 손수 만들어 입었어. 옛날에는 빨래판 같은 데다 목화 씨를 빼내는 것부터 전부 다 자기 집에서 해야 했거든. 육지에서는 어떻게 했는지 모르겠는데, 제주에서는 온돌방을 데우는 것도 말똥이나 소똥을 주워다가 말려서 그걸 태웠어. 아침에 자고 있으면 어머니가 나를 발로 걷어차. 그러면 나는 재빨리 밖에 나가서 말똥이나 소똥을 주워 오는 게 일이었어. 겨울 날 채비를 하는 거지. 그런 일만 했어. 아무 정보도 없으니까, 그런게 당연한 걸로 알고 살았지. 그러다가 어느 해부터인가 [분위기가] 뒤숭숭해지더니 마을이 불타고 난리가 난 거야.

제주를 떠나온 뒤 4·3 때의 일이 자주 생각나세요?

텔레비전을 보다가 [생각나기도 하지].

이건 내 생각인데, 우리 작은오빠는 아마 바다에서 죽임을 당하지 않았나 해. 배에 태워 가지고 바다에 나가서…… [던져 버리지 않았나 해]. 이런 얘기를 하는 건 좀 그렇지만, 당시에는 굉장히 부정부패가 만연해 있었거든.

뇌물이요?

그래. 북에서 내려온 사람인데, 경찰관으로 좀 높은 사람이었어. 그 사람이 정보를 알려주면서 돈을 좀 주면 살릴 수 있다고 했다고 했어. 어느 유치장에서 작은오빠가 얼굴을 숙이고 있는 듯한 사진을 증거 사진이라고 하나? 돈을 좀 내라면서 그런 걸 보여주었어.

어머니가 아들이 불쌍하다며 먹지도 못하는 제주 소주를 먹고, 미칠 것 같으니까 잠도 못 잤지. 어머니가 아들 일을 생각하면, 그 사진을 보고 더 속상한 거지. 돈이 있으면 구할 수 있을텐데, 돈이 어디 있어. 우리들은 어렸고. 그래서 밤에 잠을 못 자니까 소주를 마시고 정신이 드니 돼지우변소 옆에 쓰러져 있었던 일도 있었다고. 그런 사진을 봐도 뭔가 손쓸 방도가 없는 거야. 걱정만 느는 거지.

누군가가 아버지만 그렇게 마음 편하게 둘째부인하고 잘살면 되느냐고 한 모양이야. 어머니의 인생은 뭐냐고. 10대에 여기[일본]에 와서 결혼해 자식 낳고, 시아버지가 돌아가실 때까지 모시고, 시어머니는 살아 계셨지만, 아버지가 제주에 돌아가라고 해서 돌아와 이게 뭐냐고 신세한탄을 했었어. 그랬는데 [그 즈음에] 아버지가 돈을 가지고 부산까지 왔었다나 봐. 그런데 어머니를 못 만나고 그냥 [일본으로] 돌아갔다고 해. [부산에서] 아주 험한 꼴을 당했다나 뭐라고 하더라고.

아버님이 한 번 오셨다고요?

그래. 1948년 이후에 한번 갔다오자고 해서 부산까지 왔었다고.

부산까지 와서 제주에는 안 가신 거예요?

못 들어갔으니까 그냥 일본으로 돌아간 거지. [나중에 아버지가] 그때 험한 일을 당한 걸 얘기하길래, [내개] 바보 아니냐고, 한마디 했지. 제주에서는 더 심한 일도 있었다고 말이지.

산에 들어간 작은오빠는 쭉 제주에만 있었나요? 작은오빠, 작은언니는 일본에는 안 왔나요?

그렇지. 작은오빠가 광주의 전문학교에 간다고 했었는데, 아버지한테서 편지가 왔어. "너는 아버지 대신이니 [농사]일이나 해라. 건방지게 [무슨 공부냐]"라는 거야. 아, 생각났는데, 그때 작은 접시에 기름을 부어서 심지를 넣어 불을 켰는데, [작은오빠가] 편지를 읽은 후에 발로 차 버렸거든. 그게 생각나네.

뭔가 공부하고 싶었는데, 그게 뜻대로 안 돼서요?

광주의 무슨 전문학교였나?

농업학교요? 사범학교도 있었어요.

그래서 한번 날뛴 적이 있어. 어머니하고도 말을 안 하고 일주일간 아무한테도 말을 안 했어. 그걸 본 기억이 있어.

작은언니에 대해서는 기억나는 게 있으세요?

이런 말을 하면 좀 뭐하지만, 우리 작은언니는 통 뭘 잘 안 먹었어. 우리는 돈에는 다 약았는데, 작은언니는 아주 희생적으로 형제들에게 뭘 먹이려고 하고 불쌍한 사람한테도 잘했어. 노래도 아주 잘했어. 마을에서 무슨 회합이 있잖아. 청년단이라든가, 거기서 작은언니에게 빨리 노래를 부르라고 하곤 했지. 아주 가냘픈 목소리였어. 그런 기억이 나네.

내가 참 못됐지. 작은언니한테 뱀처럼 아무 것도 먹지 않고 살 수 있느냐고 말한 적이 있어. 어릴 때 철이 없었으니까, 지금 생각하면 정말 내가 못된 애였다고 생각해.

같은 시기에 산에 올라갔나요?

작은언니는 작은오빠의 부하나 마찬가지였어. 작은오빠가 죽으라면 죽는 거지. [그때] 17살이었어. 마을에 있으면 이상한 군인들이 여기저기 많이 나돌아 다녔으니까, 아무래도 [마을에 있으면] 위험하겠다고 싶었겠지. 그런 상황에 처하면 궁지에 몰리잖아.

대정면에 옛날 일본의 비행장이 있어서 일본군이 돌아간 뒤에 한국군이 들어왔지요?

그건 모슬포 연대장이라는 곳에 있었어. 그게 지금은 어떻게 되었나?

지금은 통신시설이 들어선 모양이에요.

형부가 군에 갔잖아. 그래서 가끔 떡 같은 걸 해 가지고 면회를 갔는데, 나도 곧잘 따라갔어. [형부가] 육지의 주둔지로 가기 전에 거기서[모슬포 연대장] 쭉 훈련을 받았어. 대여섯 번 갔나? 그러다가 그 뒤에 우리는 [일본으로] 도망쳐 나왔는데, [형부는] 군에 가서 북한군을 죽이러 여기저기 돌아다녔다고 들었어.

무슨 말인지 잘 모르겠는데, 우리 시아버지도 군대에 갔다왔다고 하셨어. 1948년 이후에 말이지. 어디로 가셨느냐고 물으니, 백두산에 갔었다는 거야. 뭐 하러 거기까지 가셨냐고 물으니, 김일성 목을 따러 갔다고 하시잖아. 정말 별말씀을 다 하신다고 생각하면서 살았지. 며느리니까.

그리고 할머니하고 [남동생. 나] 셋이서 모슬포에 사는 사촌 중에 한일이라고 있는데, 그 사촌의 아는 사람 집의 방을 빌려서 산 적이 있는 것 같아. 그러다가 다시 어머니와 우리 마을에 돌아와서 살다가 언니네 집으로 도망간 거지. 어차피 [군인들이] 많이들 들어와 있었어. 거기서 어떻게 살았나. 공포에 떨면서 거기서 얼마나 있었나.

어머니가 아주 나중에 내게 말하길, "너는 참 대단해"라고 했어. 왜냐고 물으니, 경찰관이 와서 어머니를 잡아갈 때, 파출소에 있는 순경들이 다 북에서 흘러들어온 사람들이었어. 근데, 내가 개처럼 달려들어 그 사람의 허벅지를 물어뜯었다고 해. 그랬더니 그 순경이 뒷발로 걷어차서 마루에 나가떨어졌다고. 기억이 날듯말듯해. 그때 아주 서럽게 울었던 게 기억나. 지금은 눈물도 말라버렸지만, 눈이 퉁퉁 부어서 안 떠질 정도로 울었어.

남동생이 나하고 2살 차이 나거든. 정말 싸움도 많이 했어. 작은오빠나 언니들은 나이 차이가 좀 나거든. 자신들의 세계가 있었겠지. 그리 다툰 기억도 없고, 솔직히 말해서 작은오빠와 작은언니 얼굴은 지금 생각도 잘 안 나. 얼굴이 떠오르지 않아.

탈출

어머니는 집 쪽 산기슭에서 잡혀가서 관덕정 근처의 수용소에 들어가 있었어. 석방되어 나와서 하는 말이 파출소에 끌려가서 거짓말하지 말라 며 엄청 때려서 정신을 잃으면 물을 뿌리고 그랬다고. 그런 일을 반복되 다 보니까 온몸이 다 퉁퉁 붓지. 할머니가 아들은 일본에 있지, 며느리는 매일같이 파출소에 불려다니니까 할머니도 너무 힘들지. 우리 어머니한테 일본에 가라고 하신 모양이야. 나를 데리고 일본에 가라고 하셨다고 해.

그래서 부산으로 가려는데 내게는 초대장[증명서?]을 안 내주는 거라. "너 희들 일본으로 도망가려고 하지?" 하면서. 그랬더니 우리 어머니가 거짓 말이겠지만, 부산에 아는 사람에게 돈을 좀 빌려 주었는데, 곡식이고 뭐 고 다 수확이 없어서 세금 낼 돈도 없다. 부산에 돈을 좀 빌려 준 게 있으 니까 그걸 받아와서 세금을 낼 테니까 증명서를 좀 내달라고 하니, 어머니 한테만 내준 거야. 나는 그때 8살인가 9살이었는데, 어머니가 되든 안 되든 간에 어머니가 시키는대로 하라는 대로 하라고 했어. 전쟁 때니까 전쟁고 아들이 여기저기 많았거든. 어머니가 연락선을 탈 때, 어른들 사이에 끼어 서 부산까지 왔어. 부산에서부터는 물론 밀항이지.

밀항할 때는 생선을 넣어 두는 좁은 공간에 들어갔어. 내가 먼저 들어 가고 뒤에 다른 남자들을 밀어 넣어서 8명 정도가 탔지. 그렇게 좁아터진 곳은 난생처음이야. 헉, 하고 숨이 막혀서 질식할 것 같았어. 내가 "어머니, 어머니!" 불렀는데, 어머니가 좀처럼 들어오지 않아서 이걸로 영영 이별인가 싶어서 아주 서럽게 울다가 다른 사람들한테 야단을 맞았지. "좀 조용히 해라!"라고 말이지.(웃음) 주변에 경비대가 여기저기 돌아다녔으니까 조용히 하라는 거지. 나는 마지막인가 싶었어. 어머니는 배를 못 탔나 생각했지. 그런데 아침에 보니까 어머니가 안에 못 들어와서 간판 위에 있었다고, [농담으로] 나를 더 울리려고 그랬다고 해. 내가 왜 그랬느냐고 몇 번이나 울었다고 했지.

도착하신 건 시모노세키(下關)였어요?

아니, 대마도야. 거기서 또 한동안 여기 갔다 저기 갔다 했어. 어느 민가의 헛간 같은 데 몰래 숨어 있기도 했어. 어머니하고도 따로따로지. 같이 있으면 잡히지 않을까 해서, 따로따로 있는 편이 잡히더라도 한 사람만 잡힌다고 해서 말이지. 나는 그런가 보다 했지. 아직 어리기도 했고. 어느날, 준 것을 전부 다 먹고 뒷산으로 갔더니, 누가 "거기, 누구냐?"라고 하는데 그 말의 울림이 너무 무서웠어. 내가 "어머니, 빨리 큰오빠가 데리러 안 오나"라고 했다니까. 그러다가 큰오빠가 데리러 온 거야.

대마도 어디쯤인지 장소는 기억나세요?

전혀 모르지. 내가 걸었던 곳이 어디인지는…….

그때 일본어는 좀 하셨어요?

아니, 전혀 못했지. 그때는 느슨할 때였으니까, 그런 일은 난생처음 겪은 거지. 그리고 시모노세키에 도착하니, 거기에 제복을 입은 경찰관 같은 사람이 있었어.

해상보안청 사람인가요?

무슨 제복을 입고 있어서 "경찰인가?"하고 내가 물었더니, 큰오빠가 경찰이 아니라고 하더라고. 내가 어떻게 알았느냐고 대단하다고 했지. 나는 경찰이라고만 생각한 거야. 오빠가 내게 이런 꼴로는 눈에 띈다며, 시모노세키 어딘가에 데려가서 옷을 전부 갈아입혀 줬어. 거기서 야간 기차를 타고 오사카 역에 도착했지. 그리고 차로 9시경이었나? 아버지는 따로 살고 있었으니까 큰오빠가 사는 곳에 데려갔지.

큰오빠 집에서는 올케하고 사이가 안 좋았어. 갈 데도 없고, 별별 일이다 있었어. 20살에 아무 것도 모르는데 갈 데도 없고 해서 지금의 남편 집으로 온 거지(웃음).

오사카에서의 생활

제주를 떠나 부산으로 건너간 게 몇 살 때의 일인가요?

그게 9살인가 10살인가?

아까부터 좀 계산이 잘 안 맞는데요. 태어나신 게 1937년이라고 하셨는데, 4·3사건 때는 몇 살이셨나요?

9살이었나? 그게 시작됐을 때가 9살이었고, 마지막으로 끝난 게 몇 년이었나? 여기에 온 건 14살, 15살이었을 거야.

부산에서 그리 오래 계시지는 않았지요?

아니야. 2년쯤 있었던 것 같아. 한국전쟁이 시작된 게 여기 와서 2년째인가 그래. 이걸 왜 선명하게 기억하고 있느냐 하면, 북에 간 큰오빠가 당시 스이타(吹田)사건* 때 소란죄로 잡혀 들어갔거든.

스이타사건이 1952년이니까, 한국전쟁이 나고 2년쯤 지났을 때예요.

한국전쟁이 1950년이니까 13살쯤에 일본에 오신 게 되네요. 한국 나이로 따지면 14살인가, 15살쯤 되겠네요.

한국전쟁이 시작되고 2년쯤 지나서 일본에 오신 건 아니고요?

아니야. 왜냐면, 처음에 [일본에] 왔을 때 니시나리(西成)의 바이난(梅南) 도오리에서 이래저래 1년 정도 살았던 것 같아. 그 후에 쓰루미바시(鶴見橋) 도오리[西成區] 6정목인가 7정목인가로 이사를 했거든.

거기서 북으로 간 큰오빠가 벨트 만드는 일을 했었는데, 스이타사건 때 일은 뒷전이고 집회에 참가해 소란죄로 잡혀 들어갔거든. 나카노시마(中之

〈사진 26〉 쓰루미바시(鶴見橋)도오리 6정목(현재 쓰루미바시 6번 상가)

島)에서 재판이 열려서 올케가 늘 밥을 싸 가지고 갔는데, 우리 아버지가 "바보같이, 일은 어떡하고 밥도 싸 가지고 가지 마!"라고 했어. [내가] 시끄럽다고 생각하면서 듣고 있었거든.

그게 일본에 와서 2년째인가요?
그렇지, 내가 태어난 게 언제인가?

그러면 한국전쟁이 시작된 해에 일본에 오신 거네요. 어머님이 관덕정 쪽에서 잡혀갔다가 풀려난 뒤에 바로 제주를 떠났나요?
아니, 어디 방을 빌려서 좀 살았던 것 같아.

한 동안 제주에 있었군요?
친척 집인지 아는 사람 집인지 방을 빌려서 살았던 것 같아.

거기서 1년쯤 사셨나요?
2년쯤 있었나? 어머니의 고향 마을에 가서 2년쯤 살았나?

여러 번 물어서 죄송한데요. 부산에서 시모노세키로 떠날 때가 한국전쟁이 시작된 뒤인가요?
아니, 아니야. 그 전인가. 그러니까 한국전쟁이 나고 2년 뒤가 아닌가? 마침 그때 큰 오빠가 한국전쟁이 끝나고 좀 기다렸다가 귀국사업[귀국운동 참조]*이 시작되었으니까.

1948년에 4·3사건이 시작되었잖아요? 어머님이 잡혔다가 풀려난 게, 아마 그 이듬해인 1949년이 될 터이고요. 한국전쟁은 그 이듬해인 1950년에 일어났어요. 그러니까 지금 말씀하시는 것으로 봐서는 1949년 후반이나 1950년 전반쯤이 될 터인데요?

아니, 그건 한국전쟁이 나고, 스이타의 무기고 탄약……, 역시 1년째였나? 그 다음도 확실하지는 않아. 어쨌든 올케 가족이 먼저 [북에] 갔어. 그리고 [큰오빠는] 이쪽 일을 정리하고 가야 한다고 해서, 귀국사업인지 뭔지는 잘 모르겠지만, 그래서 큰오빠는 그 2, 3년 뒤에 [북에] 갔거든. 올케는 귀국사업이 시작되고 두번째로 갔어. 그래서 여기서도 부자지간에 상당히 스트레스가 쌓였었어.

일본에 오셔서 어머님은 어떻게 생활하셨어요?

우리 어머니는 벨트 만드는 일이나 비닐 관계 일을 많이 했어. 그걸 뭐라고 하더라? 인두질할 때 쓰는 건데, 가까이 대면 좀 부드러워지는 건데, 그 일을 큰오빠네에서 거들고 그 상품을 아버지가 어디 납품해서 돈을 벌었지.

아주 뒤의 일이지만, 아버지하고 어머니가 3년 정도 일하지 않고, 막내 며느리(남동생의 처)가 생활비를 부모님한테 대주었는데, 그 전까지는 가죽 벨트나 재봉틀뿐 아니라 손바느질 같은 일을 계속 했을 거야.

아버님이 란도셀(학생 가방)을 만들어서 돈을 버셨다는 건 가죽제품을 많이 다루셨다는 거지요?

그렇지, 벨트라든가.

그래서 큰오빠도 그런 관계의 일을 하셨나요?

아니, 큰오빠는 그 일을 몇 년 하고 나중에 큰오빠가 혼자서, 올케가 먼저 북에 간 뒤에는 자기 집에서 구두를 가져다가 못을 박는 그런 일을 했지.

스이타사건과 관련해 NHK에서 뭔가 만든다고, 일 하는 걸 그대로 재현한다며 찍는다고 했는데, 큰오빠가 "뭘 좋은 걸 내보낸다고? 보면 환멸이 들 거야"라고 중얼거린 적이 있어. 못을 입 가득 물고서 하나씩 빼서, (흉내를 내 보이며)이렇게 하는 거야.

그걸 큰오빠가 하셨어요?

그래. 그게 몇 년인가? NHK에서 그대로 재현한다고 해서, 나는 몰랐지, 구두와 관련된 일이라고 해도 못을 이렇게 물고서 하는 건 못 봤으니까, 텔레비전에 나온다니까 텔레비전을 봤지. "우리 큰오빠가 그런 일을 했었구나" 하면서.

큰오빠의 성함은 어떻게 되세요?

강수윤(姜秀允).

스이타사건에 관련된 건 조직에 들어가 있어서 그렇게 된 게 아니고요?

아니야. 탄약을 운반할 때 그걸 저지하려고 참가하지 않았나? 같은 나라 사람이니까.

근처에 사는 사람 중에 어떤 여자가 왜 그랬는지 모르겠지만, 그날 "오하라[큰 오빠의 일본명]도 갔었다"고 증언한 사람이 있었어. 할 수 없지, [거기에] 간 것은 사실이니까. 불려간 사람도 있었어.

특별히 조직이나 [일본]공산당하고는 관련이 없었다는 건가요?

내가 말하기는 좀 그렇지만, 자기 나라에 탄약이 떨어지는 게 싫었던 게지. 그런 정보가 나돌았으니까, 자기는 나라를 위해 도움 되는 일도 못하고 있으니까, 그렇지 않았나 싶어.

오사카시립 조선인중학교

북에 간 큰오빠가 말이지. 내가 고향에서 말을 쫓거나 땔나무 같은 걸 주우러 다녔는데, 고향에서 일단 서당을 중퇴했다고 해서, [오사카]시립 [니시]이마자토(西今里)중학교*에 넣어 주었어. 정말 싫었지. [다른 아이들보다] 3살이나 많았으니까.

1학년에 들어갔나요?

그렇지. 중학교 1학년에. 나이를 더 먹으면 더 괴롭다고 갑자기 집어넣었어. 오빠가 [내가] 불쌍하다며 고등학교에 갈 나이인데 중학교에 넣은 거야. 니시나리(西成)에서 아침 일찍부터 노면 전차가 있었는데, 옛날에 그걸 타고 [학교까지 가는 데] 한 시간 이상 걸린 것 같아.

그건 오사카에서의 이야기죠? 이마자토중학교요?

아니야. 지금은 조선학교가 되었지만, 당시에는 시립이었어. 니시이마자토 (西今里)에 있는, 지금의 나카오사카(中大阪)조선중급학교야. 내가 다닐 때는 선생님이 일본인 선생님하고 조선인 선생님이 양쪽 다 있었어.

그러니까 공립으로 이관된 건가요?

[외국인]등록증을 제대로 내 이름으로 바꿨을 때, 말하자면 지금은 나카
오사카[조선중급학교]로 되어 있지만, [오사카시립] 반도(板東)중학교에 [내 등록증
등이] 다 보관돼 있다고.

갑자기 중학교로 가셨어요?

오빠가 이 아이는 서당을 중퇴했다고 거짓말을 해서.

서당에 다녔다고요?

그래, 그래.

중학교는 졸업하셨어요?

그럼. 처음에는 누군가 고향에 돌아간 사람의 [외국인]등록증을 돈 주고
샀어. 박춘자라는 이름으로 등록서류를 내니, 당시 선생이 가와무라 이치
베에(川村市兵衛) 교장인데, 이래저래 해서 [남의 등록증이라고 했더니] 조사를 나

왔어. 내가 지금은 나카오사카조선중급학교가 되어 있다고 했더니, 다 증명서가 있다고 해. 어디서 그걸 찾았느냐고 물으니, 반도중학교에 보존되어 있었다고 하더라고.

당시 중학교의 분위기는 어땠어요? 학생은 다 조선인이었나요?
그렇지.

수업은 조선어로 했나요?
아니, 일본어로도 했어. 메소포타미아 문명이라든가 그런 건, 일본인 선생도 아주 친절한 선생이었어.

오사카 시내에 다른 곳에도 그런 학교가 몇 개 더 있었지요?
아니, 시립은 우리 학교뿐이었어. 그 외에 금강학교*와 건국학교*가 있었지. 우리 남편은 건국학교에 다녔어. 남편은 종전 후에 우리나라에 돌아가려고. [임시로] 어디 농가의 창고 같은 데 들어가 있었는데, 조금씩 창고를 개조해서 쭉 거기서 1950년까지 있었다고 해. 왜 그랬느냐고 물으니, 종전 직후에 남쪽 항구의 어딘가 작은 배를 준비해서 그걸 타고 가려고 했는데, 할머니가 강하게 반대해서 못 갔다네.

남편 되시는 분도 제주 분이세요?
그래. 근데 그이는 여기 일본에서 태어났어. 내가 왜 건국학교에 갔냐고 물으니, 우리나라에 돌아가려고, 우리말을 배우려고 갔다고 하더라고.

제주도 방문

1980년대에 처음 한국에 가셨을 때 아주 무서웠다고 하셨지요?

그래, 무서웠어. 1980년대에 고향에 갔는데, 우리 가족들은 아무도 없지. 살던 집터는 불탄 채로 그대로지. 내가 8살인가 9살까지 살았던 곳은 아주 몰라보게 변해 있더라고.

그리고는 머리가 이상해졌어. 오사카 이타미(伊丹)로 돌아와 공항버스를 탔는데, 작은 텔레비전이 있잖아. 거기에 다 한글로 쓰여 있어. 집에 돌아와서 식구들한테 내가 "너희들 한국말 하지 마라"고 그랬어. 우리 아들이 어머니가 이상해졌다고 머리를 검사한다고 [병원에] 데리고 갔어. 그리고는 다시 정상으로 돌아왔는데, 그때 그건 뭐였나 싶어. 더울 때 가서 머리가 이상해졌는가 싶어. [이제] 추울 때 가려고.

오래간만에 고향에 갔을 때 뉘집 자식이라는 소리를 듣지 않을까 싶어서 걱정했다고요?

아주 무서웠어. 물론 민단 지부에 내가 이런 경험을 했다고 말하지는 않았지. 근데 내 마음 속에는 무서움이 있어. 가족이 격리되고 죽을 힘을 다해 도망나왔잖아. 필사적으로 도망을 나왔으니까 아주 무서웠어. 가는 곳마다 경찰이 있고, 여권에 가는 곳의 주소가 쓰여 있잖아. 뭔가 조사하러 왔었어. 지금은 어떤지 모르겠지만.

한국에서요?

그래. 조카들이 나름대로 큰 자동차공장을 하고 있는데, 당시 우리들이
다 컴퓨터에 기록되어 있다고 하니, 그것도 미안한 생각이 들었어.

큰언니의 아이들인가요? 무슨 이야기를 들으셨어요?

작은아버지[북에 간 오빠]의 일이 컴퓨터에 기록되어 있다고 하니까, 아니라
고도 못하지. 지금은 그래도 [2000년에] 남북회담도 했고……

고향의 언니

우리 큰언니는 어릴 적에 아버지에 대한 이미지가 아주 좋았던 모양이
야. 잘해주었다며 [어릴 적에] 고향에서 갈아입을 옷이 없어서 여관에 있는
옷을 입고 우리가 아버지를 데리러 가면 돌아올 때 아버지가 어른스럽게
우리에게 "너희 둘이서 어머니를 잘 모셔라"고 한 모양이야. 어릴 적의 이
미지가 고향에 있는 언니한테는 강하게 남아 있는 모양이야. 그 이후로는
못 만났으니까.

우리 아버지는 이상했어. 그런 큰딸을 [일본에] 부르자고 하면 됐다고 그
랬어. 그럼 자기가 가면 될 텐데, 돈도 있는데 아주 구두쇠였어. 고향에
가려면 사촌들 있지, 친척들 있지, 돈 드는 걸 생각하면 못 간다는 거야.
그래서 미루고 미루다가 70살이 돼서 암에 걸렸잖아. 자기는 죽는다고는

생각지 않았던 모양인데, 식구들은 다 알고 있었거든. 뭘 생각했는지 모르겠지만, 언니를 불러들여서 만나고 싶다는 거야. 그럼 초청을 하자고 해서 초청을 했는데, 아버지의 임종을 보지 못했어. 돌아가시고 나서 큰언니가 왔지.

초청을 해서 일본에 구경 오라고 불렀는데, 안됐다 싶어서 이것저것 생각했지. "어떻게 할 거냐"고 물으니, [일본에서] 돈을 벌어서 돌아가겠다는 거야. [하루는] 미유키모리(御幸森)의 구로다야(黑田屋) 건너편의 코리아타운을 구경시켜 준다고 데리고 갔어. 왜냐면 큰언니가 창자[대구의 창난젓]를 모른다고 해서 그럼 직접 보러 가자고 해서 간 거야.

갔더니 큰언니가 거기서 일하는 사람한테 여기서 일하냐고 묻는 거야. 내가 아는 사람이냐고 물으니, 그렇다고, 고향 친구라는 거야. 그래 내가 언니를 일일이 돌봐줄 수 없으니까 마침 잘됐다 싶었지. 그래서 큰언니가 그대로 거기 주저앉아서 일을 하게 됐어. 할 수 없지. 내 몸 건사하기도 바쁘고, 우리 시어머니도 돌봐드려야 하니까. 그랬더니 언니가 이럴 줄 몰랐다고 투덜거리는 거야. 새벽 4시에 일어나서 콩나물에 물을 줘야 하니까, 일

〈사진 28〉 이쿠노(生野) 코리아타운(현재)

본에 가면 이렇게 [긁어모으는 시늉을 하며] 돈이 거저 나오는 줄 알았던 거지.

일본의 어디 신사에서 쓰는 갈퀴 같은 거라도 본 모양이지? 갈퀴로 돈을 긁어모은다는 거지. 그래서 내가 [고향에] 돌아가라고 했어.

그게 언제 적 일인가요?

그게 1980년대야.

어르신이 한 번 제주도에 다녀오신 뒤의 일이죠?

그렇지.

북한 방문

북에 가신 건 몇 년인가요?

그것도 1980년대지.

먼저 제주에 다녀오신 뒤예요?

제주에 두 번 정도 다녀왔지. 그건 어머니가 70 몇인가에 [큰아들한테] 가겠다고 해서, 내 딴에는 살아도 80세 정도일 테니까 계산을 해서 갔는데, [80에] 안 돌아가셨어.(웃음)

큰오빠네는 아들이 넷, 딸이 둘이야. 어머니는 북에 가서 생활양식이 다르잖아. 한 방에서 나이 든 아들부부와 어머니, 셋이서 자고, 우리도 조카네 가족 4명과 칸막이 같은 걸로 막고 지내야 했어. 프라이버시고 뭐고 없는 거지. 어머니가 돌아가시고 한숨 돌렸어. 사는 게 불쌍해. 90까지 사셨어.

아, 그래. 내가 김일성 수상을 만나고 왔어.

네? 그러세요?

그때, 어디 지부 50주년 기념으로 [북에] 갔을 때야. 농담으로 우리 아이들이 "북에 가면 김일성 수상을 만나고 오세요"라고 했어. 비행장에서 다들 정장을 하고 나오라고 해서 나갔더니, 몇 미터 앞에 붉은 주단이 깔려 있고, [김일성]부부가 서 있었어.

다들 와, 하고 환성을 질렀지. 사진에서 본 것과는 달리 아주 애수에 찬 얼굴이었어. 내 마음이 바뀌지 않았나 할 정도로 사진하고 달랐어.

사진하고 어떻게 달랐어요?

아주 애수에 차 있었어. 사진을 보면 완고한 얼굴이잖아. 근데 그게 아니고 아주 재미있었어. 내가 태어나서 지금까지 그 장면만큼은 잊을 수가 없어. 아주 좋았어. 그 전에도 후에는 없을만큼 좋았어. 마침 그때 니카라과에서 [다니엘] 오루테가 대표[당시 재건정부평의회 의장. 나중에 대통령이 됨]가 왔었어. 1980년대에 그 사람이 북에 왔을 때여서 마침 [김일성]부부가 마중을 나왔던 거야. 요전에 남북회담 때 김대중 대통령이 내린 그 비행장이야. 우리들도 조화를 들고 그 주변에 나갔었어. 우리도 그걸 했지.(웃음)

그때, 북쪽 사람들이 "아니, 어머님, 대단하시네요. 우리는 여기서 수십 년 살아도 [직접] 본 적이 없습네다"라고 하더라고. 내가 "아, 그래요. 미안하네"라고 했지. 그만큼 최고였어. 좀 이야기가 빗나갔지? 내가 좀 오락가락해.

아닙니다. 그렇지 않아요.

북의 어머니와 큰오빠

먼저 큰오빠가 북에 가셨지요? 몇 살 때쯤 갔나요?
몇 살 때인가?

역시 귀국운동 때 가셨나요?

그렇지. 그때 아는 사람이 너는 너희 아버님이 없으면 어떻게 살겠냐고 하니까 오빠가 열 받았지. 그래서 마침 좋은 기회라고 조국[북]에 가는 게 좋겠다고 해서 간 거야. 일본에서 차별도 받고 없이 살았으니까, 그래서 다들 간 거지.

큰오빠 가족들이 다 같이 갔나요?

올케하고 아이들이 먼저 갔어. 오빠는 스이타사건의 재판이 안 끝난 상태였으니까, 그게 끝나야 갈 수 있다고 해서 말이지. 가령 여기[일본]에서 교통위반이라도 한 게 있으면 벌금을 다 내고 가야지, 안 그러면 나중에 문제가 된다고 해서 나중에 갔어.

[제주에서] 큰언니가 온 뒤에 어머님이 [북에] 가셨어요?

그렇지. 아버지는 몇 개월간 [귀국]신청서류를 기다리다가 돌아가셨고. 어머니는 아직 [북에] 가기 전이니까 큰언니를 만나고 갔어.

큰오빠가 [옛날에 제주에 가서] 밭을 샀다고 했잖아. 큰언니가 그 뒤에 형부가 군에 갔다가 돌아와서 죽고 나서 그 밭을 팔아 없앴다는 거야. 큰언니가 일본에 와서 어머니 집에 있었는데, 내가 그 밭을 어떻게 했느냐고 물으니 팔아 없앴다며 큰언니가 아주 서럽게 울었어. 내가 거기에 대고 뭐라고 하면 좋을지 모르겠더라고.

계속 괜찮을 거라고 생각하며 아무 것도 모르는 채 죽는 게 편한데. [오빠한테서] 남북통일이 되면 고향에 돌아가 살고 싶다는 편지가 종종 왔었거든. 오빠도 이제 나이가 들었으니까 자기 죽은 뒤에는 아들들이 [제주도에] 간다고 하니까 그게 또 걱정이지. [그 땅을] 몇십 년간 방치해 놓고……, 그걸 생각하면 에라, 모르겠다 싶고. 정말 싫더라고.

어머님이 북에 가신 것도 1980년대예요?

어머니와 큰오빠 사이에 이런저런 일이 있어서 나는 [어머니한테] 가지 말라고 했지. 나는 갈 수 없으니까, 지금 40살이 된 우리 애가 아직 어렸을 때야. 올케하고도 사이가 안 좋아서 일찍 갔으면 견디기 어려울 정도로 구박을 받았을 거야. 그래서 돌아가시기 얼마 전에 가셨지.

그걸 뭐라고 해야 하나. 여기[일본]에 우리 부모가 있고 나 혼자잖아. 친정 부모까지 돌보는 게 큰일이잖아. [어머니가] 죽는 것도 자기가 다 알아서 한다고 했었어. "너도 사는 게 힘들고 네가 어렸을 때부터 여러 번 울렸는데"라며.

큰오빠는 어디 학교에 갔어요?

큰오빠는 대정소학교에 다녔는데, 일본에 와서도 어디 학교에 갔을 걸.

소학교 졸업하고 바로요?

아주 어렸을 때 우리 큰오빠는 울보였어. 왜냐면, 우리집에서부터 대정 소학교에 걸어가야하니까 말이지. 큰언니가 "첫닭이 울면 아침을 준비해 서 남동생[큰오빠]을 학교 보냈다"고 해. 우리집은 산 쪽에서도 먼 곳, 대정 면에 속하지만 [소학교하고는] 좀 떨어진 경계에 가까운 곳이었어. 그래서 큰 언니가 "장숙이 소학교 때 내가 첫닭이 울면 일어나 아침을 준비해서 학교

〈사진 29〉 대정초등학교(현재)

에 보냈다"고 하더라고. 그렇게 멀었어.

당시는 병을 앓거나 한 아이들도 있어서 [같은 학년에] 두세 살 많은 아이 들도 있었어. 그래서 돌아오는 길에 굉장히 놀림을 받거나 했다고 해. 한 여름에 먼지가 풀풀 날리는 길거리에 주저앉아서 [큰오빠가] 엉엉 울고 있었

어. 왜 우느냐고 물으면 왕따를 당했다고 말이지. 거지들과 마주치면 "저 아저씨한테 경례하라"고 시키고 그런 일도 있었다고 해.

큰오빠는 장사 같은 건 아주 싫어했어. 경쟁사회에서 살아남기 어려운 사람이야. 반대로 아버지는 대단했어. 사기는 치지 않았지만 지는 법이 없어. 당시는 장사하기 수월했던 시대였기도 했지만, 큰오빠는 [손님이] 좀 깎아 달라고 하면 "네"하고 깎아 주는 사람이었거든. 큰오빠는 자본주의 경쟁사회에서는 치여서 살기 어려운 사람이니까, [북에 가는 것도] 괜찮지 않을까 했어. 편지에 어떻게 지내느냐고 물으니, "무슨 자원봉사로 옥수수 밭에서 잡초를 뽑거나 하면서, 임금을 받는 것은 아니지만 그럭저럭 살고 있다"라고 하더라고. 그러면 큰오빠한데 어울리는 거지.

뭐 때문에 그랬는지는 잘 모르겠지만, 어머니가 "70이 넘으면 슬슬 죽는 편이 나은데"라고 했어. 내게도 빨리 죽으면 좋겠다고 했었어. 4층인가 3층 위를 쳐다보면서, 저기서 떨어지면 죽을 텐데, 죽으면 아들하고 손주가 죄를 뒤집어쓴다고, 자살자가 나오면 말이지. 그러면 [개들이] 불쌍하니까 그것도 못할 짓이고 자기는 살기 싫다고 하더라고.

제주도에서 태어나

바로 위의 작은언니는 몇 살 위인가요?

7살 정도인가?

그 위의 작은오빠는요?

8살인가 9살 정도 위야.

그 위로 또 오빠지요.

그렇지. 둘만 한 살 차이고 큰오빠하고는 11살 차인가? 고향에 있는 큰언니가 13살 차이고.

[큰언니는] 지금 건강하게 지내시나요?

그렇겠지. 요즘은 별로 전화도 안 해. 전에는 "언니, 힘들어 죽겠어"라고 하면, "어머니가 복이 없어서 딸들도 어머니를 닮아서 그런 거야"라고 했어. 내가 그런 이야기는 이제 하지 말자고 했어. 좋은 말을 해주면 좋으련만……

일단 [외국인]등록 상으로는 1937년 6월생으로 되어 있으신 거지요?

아니, 등록[증]에는 9월 11일로 되어 있을 거야.

네, [외국인]등록증에는 9월 11일로 되어 있지만 실제로는 6월생이시라고요?

그래. 6월이 확실해. 옛날에 장마 전에 밭일을 해야 하잖아. 그래서 "너는 소띠고 게다가 장마철에 태어났으니까 일을 많이 해야 해"라는 소리를 많이 들었어.

아시는지 모르겠지만 2000년에 한국에서 4·3특별법이라는 법이 만들어졌어요. 여태까지는 금기시되어 왔는데 그때 죽은 사람들의 명예회복을 시킨다고 하네. [이제 와서] 그런 말을 해도 우리집은 다 가족들도 없고.

다만 우리 큰언니가 꺼림칙하게 생각하고 있겠지. 생각이 다르니까. 작은오빠가 산에 들어가서 자신들이 좀……. 우리는 안전한 곳으로 도망나왔지만 언니네가 어떤 마음으로 고향에서 살았는지 그건 내가 알지. 내가 안전한 곳에 있으니까 이러쿵저러쿵 적당히 말하지만.

큰언니는 북에 있는 큰오빠가 어릴 적에 소학교에 보내느라고 첫닭이 울면 일어나서 준비를 했으니까 두 사람이 아주 사이가 좋았던 모양이야. 그런데 큰오빠가 북으로 간 뒤로는, 내가 "언니, 장숙이오빠가 말이지"하고 말하려고 치면, "치우라!"고 아예 들으려고도 하지 않았어. 이제는 그립지도 않은가 봐. 언젠가 전화로 "언니, 오빠 말인데, 아주 배고프게 사는가 봐"라고 했더니, "근처에 있으면 밥이라도 줄 텐데, 그게 뭐야"라고 해서 무섭기도 했어.

요전에 텔레비전에서 이산가족이 면회하는 걸 봤는데, 수십 년 만에 남동생인지 누나인지 만나려고 엄청 많은 선물을 준비하더라고. 그 사람들도 한 번은 그렇게 해도 좋겠지만, 매번 그렇게 하기는 좀 힘들지 않겠어?

어렵지. 양쪽 다 균형 맞게 살면 좋을 텐데……, 그렇잖아? 한쪽이 균형이
안 맞으면 힘들어.

남편 분은 제주 어디 분이세요?
안덕면 사람이야.

그럼, 대정면하고 가깝네요.
그렇지, 두세 마을을 지나면 있지. 제주가 섬이고 그 마을에서 태어나
자랐으니까 할 수 없지. [고향이] 어디냐고 하면, 그 마을을 말할 수밖에. 거
짓말로 파리라고 하겠어, 런던이라고 하겠어.(웃음)

1. 이 부분은 강경자 어머님에 관해 확인하는 내용인데, 강경자는 본인에 대한 질문으로 받아들인 듯해 앞뒤의 내용이 잘 맞지 않는다. 즉, 강경자 본인의 출신지가 동일리 2구라고 대답하고 있다. 동일리 2구는 중상간지구에 속하며 '새미' 또는 '천미동(泉味洞)'이라고도 불렸다.

역사교사에서 역사 연구자의 길로

김경해

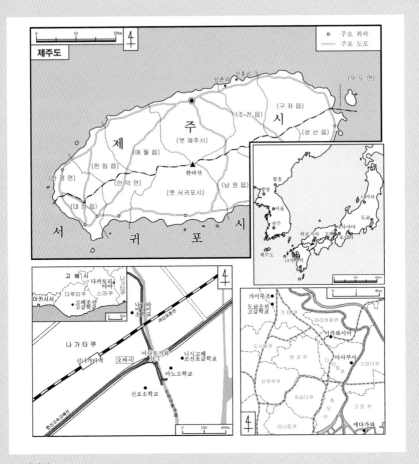

■ 김경해

역사교사에서 역사 연구자의 길로

1938년 10형제의 막내로 고베 나가타에서 출생. 부모님은 식민지시대인 1928년 제주에서 일본으로 건너감. 1945년 일본의 소학교에 들어가 해방을 맞이함. 해방 후에 '조선학교'로 옮겨가 일관되게 민족교육을 받음. 1963년 조선대학 역사지리학과를 졸업한후 고베조선고급학교에서 교편을 잡고 4·24 한신교육투쟁, 재일동포생활사 등을 연구함. 1980년 조선적으로는 처음으로 하와이대학의 '가지야마 컬렉션'을 보러 미국에 다녀온 뒤 1981년 조선학교를 퇴직. 학교를 그만둠과 동시에 총련 조직을 떠남. 이후 생계를 위해 빠찡꼬에서 일하면서 조선 관련자료를 모으는 한편 연구와 집필활동을 병행함. 대표적인 저서로는 『재일조선인의 민족교육의 원점—4·24 한신 교육투쟁의 기록』(1979), 『광산과 조선인강제연행』(공저, 1987), 『재일조선인 민족 교육 옹호투쟁 자료집』(1988) 등이 있다. 1959년부터 시작된 '북송사업' 때 작은형 가족과 큰형 가족, 어머니가 연이어 북으로 감. 식민지시대와 분단시대의 디아스포라의 한 가운데서 치열한 삶을 살다가 2009년 12월 6일, 만 71세로 타계.

본 면담조사는 2007년 8월 25일 김경해 씨 자택에서 진행됐다.

🎯 일본에서 태어나

부모님의 도일

김경해 선생님의 성장 과정을 중심으로 가족들의 이야기도 포함해서 말씀해
주셨으면 합니다. 먼저 어머님과 아버님이 일본에 오신 건 언제인지요?
일본에 온 건 1928년, 셋째형이 [어머니] 뱃속에 있을 때 왔다고.

그럼 부모님 두 분이 함께 오신 거예요?
아니, 그게 아니고. 아버지가 먼저 오고, 좀 뒤에 어머니가 따라온 모양
이야. 거의 같이 온 거지. 같은 시기에 온 모양이야.

그때 셋째형님을 임신한 상태에서요?
그래. 셋째형은 오사카에서 태어났지.

아버님과 어머님은 두 분 다 신흥리 출신이세요?
　그건 확실히는 모르겠는데. 아버지는 신흥리인
데, 어머니는 같은 제주도라도 신촌이라
나, 좀 떨어진 곳인가 봐. 부잣집 딸이
었대. 아버지가 말을 타고 데리러 갔
다지.

〈사진 30〉 김경해

아버님은 왜 일본에 오셨어요?

일자리를 찾아서 왔겠지. 아무래도 제주도에선 먹고살기가 어려웠을 테니까. 무엇보다 일자리도 적고, 그래서 일본에 가면 사는 게 좀 낫겠지, 일이 있겠지 싶어서 왔다고 해.

아버님이 장남이시죠?

우리 아버지가 4대 독자야. 4대가 쭉 아들 하나뿐이었으니, 아주 사랑을 받으며 자랐다고. 그러다가 우리 아버지 대에 와서 처음으로 자식을 10명 낳았어.

여자 형제분은요?

여자는 한 명도 없어. 남자만 10명 낳았다고.

첫째와 둘째는 제주에서 낳으셨겠군요.

그렇지. 셋째부터는 전부 일본에서 태어났지.

첫째와 둘째는 아버님이 먼저 오신 뒤에, 어머님이 오실 때 함께 왔나요?

거의 1년도 채 지나지 않아서 [어머니가] 뒤따라 왔다지. [그때] 형들도 같이 왔다고.

남은 가족들이 다 같이 아버님을 뒤따라서 온 거군요.

그렇지.

이전에 아버님이 배를 타셨다고 들었는데요. 그건 일본에 오신 뒤의 이야기인가요? 아니면 제주도에서였나요?

일본에 오기 전이지. 처자식은 제주에 두고 혼자서 배를 탔다지. 세계를 돌아다녔다고.

무슨 배인가요? 운반선인가요?

그건 들은 바 없는데. 제주에서 선원을 했다는 것밖에. 저기 남아메리카 남단 끝에 마젤란해협이라는 곳을 건넌 게 한국인으로서는 아버지가 처음이라지. 아마 우리 아버지가 처음일 거야.

거기까지 가셨어요?

영어를 좀 하셨어. 전후에 GHQ가 들어왔을 때, 조련(재일본조선인연맹)*의 효고현 본부에서 영어 통역을 하셨어.

독학으로 공부하신 건가요?

음, 배를 탔으니까. 떠듬떠듬 하셨겠지 뭐.

아버님은 연세가 어떻게 되세요?

몇 년생인가? ······1898년생이네.

그러면 1928년에 일본에 오셨을 때가 이미 30살이셨네요. 아버님 성함은 어떻게 되세요?

김기선(金基善). 어머니는 1899년생이니까 아버지하고는 한 살 차이지. 사실인지 아닌지는 모르겠지만.

일단 [외국인]등록에는 그렇게 되어 있다는 거지요? 어머님 성함은요?
이용현(李用賢). 당시는 호적이 그리 정확하지 않았거든.

어디 이씨세요? 본관이 어디세요?
전주 이씨*지.

부모님은 일본에 오셔서 처음에 어디로 가셨나요?
처음에는 오사카에 좀 있다가 바로 고베로 갔다지.

그건 무슨 특별한 이유가 있나요?
고베 쪽에 일자리가 있어서였겠지. [그때가] 케미컬슈즈를 만들기 시작하던
때야. 1920년대쯤부터 니시고베(西神戸)에서 고무신을 만들기 시작하거든.

고무신을요?
그래, 1920년대 초에 고무신을 고베에서 처음으로 만들었어. 조선 사람
들이 지금 신는 그 고무신이야. 그걸 조선에 수출해서 엄청 돈을 벌었지.

고무신은 일본에서 처음으로 만들었나요?
처음에는 그랬지. 1920년인가 1921년인가 조선에 수출해서 엄청 돈을
벌었어. 그즈음에 조선에서는 짚신을 신고 다녔으니까, 짚신보다 깨끗하고
좋잖아.

여자들이 신는 걸[흰 고무신] 만들었다지. 그래서 일본의 고무신 공장이 엄청 돈을 많이 버니까, 현지에서 생산하게 된 거지. 그 고무신 만드는 일이 1920년대 중반 이후에 엄청 돈벌이가 됐으니까 일거리는 있었지. 그런데 그게 3D[더럽고 힘들고 위험한 일] 업종이라서 아주 일이 힘들어.

냄새가 심할 것 같네요.

그렇지. 아주 독특한 유황 냄새가 나서 폐에 안 좋아. 일본인은 별로 안 하려고 했어. 그러니까 조선 사람들을 데려와서 시킨 거지. 많이들 했어. 일당제여서 매일 일당을 받을 수 있었거든. 그게 가장 큰 수입원이지. 봉급[일당]을 날마다 주었어. 달라는 대로. 그런 일자리가 있어서 고베로 간 거지. 그래서 지금도 조선 사람들이 니시고베 지역에 많이 사는 건 그런 이유야.

동향 사람도 있었어요?

동향 사람도 있었지. 소문을 듣고 가지 않았을까. [고베시] 나가타(長田)에는 실제로 제주 출신들이 아주 많았고. …… 그래서 나가타에 자리를 잡고 살게 된 걸 거야.

큰형의 추억

그러셨군요. 그렇게 해서 김경해 선생님이 일본에서 태어나신 거군요. 선생님이 여섯째니까 위로 넷째와 다섯째도 일본에서 태어났겠군요.

셋째 밑으로는 전부 나가타에서 태어났어.

그러면 셋째는 오사카에서 태어나고, 넷째부터는 고베에서 태어난 건가요?

그렇지. 넷째부터는 다 나가타에서 태어났어.

넷째, 다섯째, 여섯째. 그럼, 김경해 선생님이 막내이신가요?

그런 셈이지. 여섯째니까. 낳은 건 10명인데 살아남은 자식이 6명이니까.

김경해 선생님 밑으로는 전부 어려서 죽었나요?

음, …… 내가 사실은 여덟째라나 봐. 내 위로 형 둘은 어릴 때, 2살인가 3살 때 죽고, 내 밑으로 둘은 태어나서 바로 죽었대. 살아남은 건 6명이야.[1] 우리 큰형하고 내가 딱 20살 차이 나. 그러니까 나한테는 부모님이나 마찬가지지.

그런 연배시면 큰형님은 아버님이랑 같이 고무신 공장에서 일을 하셨나요?

아니, 그런 말은 들은 바 없는데. [큰형이 일본에] 왔을 당시에는 일은 별로 하지 않았을 걸. 학생이었을 거야.

큰형님이 1928년에 일본에 오셨을 때가 10살이었죠?

우리 형은 아주 머리가 좋았어. 학교에 다녔어. 일제시대, 식민지시대에 신문기자까지 한 사람이야.

큰형님인 김경환 선생님이요?

그래. '미타미와레'신문[2]이라던가. 근데, 그게 나중에 북으로 귀국해서는 화근이 됐어. 친일파라고 말이지.

북으로 귀국해서 옛날에 신문기자를 했던 일로 말이죠?

그래서 당원이 못 됐어. 북에서 당원이 아니라는 건 곧 인간이 아니라는 거야. 인간 취급을 못 받는 거지. 또 [자기가] 당원이 되기 위해 과거에 있었던 일들을 전부 시시콜콜 캐내서 일러바치는 사람도 있잖아. 김경환이 일제 때 일본의 신문기자를 했다고, 친일파, 반동분자라고 말이지. …… 정말 화가 치미는 일이지만.

그 책[김경해, 호리우치 미노루(堀内稔) 편저, 『재일조선인, 생활보호 투쟁(在日朝鮮人, 生活擁護の闘い)』]에도 좀 썼지만, 그 뒤에 『신조선』*이라는 신문에도 실렸어. (손으로 가리키며)여기, 140쪽에 "일제 김경환 적발, 애국자로 CIC*와 내통"이라고 [적혀 있지?].

CIC와 내통했다는 게 1951년이죠? 그러니까 해방 후에도 기자를 하신 건가요?

그게 아니고, 식민지시대에 일본의 신문기자를 하고, 전후에는 총련 효고(兵庫)현 본부에서 부장을 몇 번인가 했어. 그런데 그 사건이 있은 뒤에 형이 자리에서 물러났어. 물러났다고 해 놓고는 계속 일을 했었거든. 그랬는데 그게 적발된 거야. 그래서 그만두었지. 그 시기에 조련이 민전(재일조선통일민주전선)*으로 전환되잖아? 그 시기에 민전에서 멀어졌어.

그건 사실이 아니었어요?

사실무근이었지.

사실무근이지만 식민지시대에 그 [아시아태평양]전쟁 때 기자를 했으니까, 그런 사람은 그런 일을 할 수도 있다는 그런 말인가요? 일본에서 기자를 한 거지요?

물론 일본에서지. '미타미와레'인지 뭔지 하는 신문사에 근무한 건 틀림 없어. 식민지시대에 신문기자를 했으니까. 그게 친일파 신문사냐 아니냐는 걸로 일이 커져서 친일파, 매국노라고 날조한 거지.

당시 그런 일도 꽤 신문에 났지요?

그렇지. 그래서 그 일을 당하고 제일 큰형이 조직을 떠났어. 보통 그런 일을 당하면 집도 다 이사하잖아. 어디 멀리 도망가서 살잖아. 그런데 우리 큰형은 그냥 나가타에 눌러 살았어. 반은 오기로 자기의 결백함을 증명하려고 말이지. 어디 멀리 이사를 가면 도망간 게 되잖아. 그러니까 나가타에서 쭉 참고 눌러 살았어. 총련이 결성되고 몇 년이 지난 뒤에 복귀했어. 그 혐의가 풀려 가지고 [북으로] 갔는데, 그게 또 문제가 된 거야. [일제 때 신문기자를 했다는] 그게 드러나서 말이지.

걸려들어서요?

그래서 "저 사람은 스파이다 매국노다", 이렇게 된 거야. 그래서 또 아주 큰 고생을 치렀어. 큰형을 보고 있으면 정말 안됐었어.

일본의 소학교에서

선생님은 1938년에 나가타에서 태어나셨고, 그 당시 아버님이 케미컬슈즈 공장에서 일했다고 하셨는데, 학교는 어떻게 하셨어요?

나는 아마 1945년 4월에는 일본의 소학교(초등학교)에 들어갔을 텐데.

소학교에 들어가실 때 어떻게 해서 들어가셨어요?

1945년이 마침 소학교에 들어갈 나이였거든. [이번에] 자네들이 인터뷰하러 온다고 해서 2, 3일 전에 입학했을 것 같은 당시의 소학교를 찾아봤지. 나가타에 쭉 살았으니까, 그 근처에 있는 소학교 두 군데를 갔다왔어. 교장을 만나서 학적부인지 뭔지 [당시 내가 그 학교에 다녔다는] 증명서 같은 게 없느냐고 물어보니, 뭐라고 했는지 아나? 요즘은 20년간만 보관한다네. 내가 다닐 때는 영구보존이었는데, 20년 이전 것은 다 파기한다고. 너무 분량이 많아서 말이지. 그래서 두 군데 다 증명이 될 만한 건 없었어. 내가 그 학교를 다녔다는 걸 증명할 수 있는 게 없는 거지.

네, 그러세요. 학교 이름은 기억하세요?

신요(真陽)소학교로 기억하는데, 학교가 나가타 중앙의 오하시(大橋) 근처에 있었거든. 또 하나, 근처에 마노(真野)소학교라는 학교도 있었어. 내가 살던 곳이 오바시 근처였으니까, 두 학교 중에 한 곳을 다녔을 텐데 증명할 길이 없네.

그게 몇 학년 때까지인가요?
1945년에 소학교 1학년이었을 테니까, 4월에 소학교에 들어갔을 거야. 근데 확실치가 않아.

1945년이요? 8월 전이니 도중까지 다니셨어요?
그게 확실치가 않아. 하나는 1945년에 고베에 대공습이 있었잖아? 2번 대공습이 있었어. 규모가 작은 공습까지 합치면 수십 회에 달할 거야. 첫 번째 대공습이 3월 17일이었거든. 내가 아카시(明石)에 소개(疎開)가 있을 때, 거기서 그 공습 장면을 봤어. 불꽃놀이는 아래서부터 위로 올라가는데 소이탄은 위에서부터 떨어지거든. 근데 밤중에 그게 불꽃놀이로 보였어. 아카시에서 고베 쪽을 바라보니까 정말 환한 대낮 같더라고. 화려하게 불꽃이 떨어지는 것 같았어. '고베 공습을 기록하는 모임'의 회원에게 물으니, 밤에 공습이 있었던 날이 3월 17일이라네. 게다가 그렇게 큰 규모의 공습은 그날밖에 없었다고 하잖아. 그렇다면 3월 17일은 내가 아카시에 있었을 때거든. 근데 그러고 나서 4월에 고베의 소학교에 들어갔는지는 확실치 않아.

아카시에서 학교에 갔을 수도 있겠네요.
아카시로 [소개]간 건 기억이 나. 근데 4월부터가 신학기잖아? 그렇다면 고베의 소학교, 일본의 소학교에 들어가지 않았을까? 확실치는 않아. 8월 15일도 아카시에서 맞았어. 기억이 나. 왜냐면 돼지 잡던 장면이 눈에 선하거든. 아주 시끄럽게 돼지가 꿀꿀꿀 울어대서 무슨 일인가 하고 봤더니, 어른들이 돼지를 잡으려고 뒤쫓고 있었어. 돼지를 잡으려고 하면 돼지가 달아나고 또 달아나고 그랬어.

좋은 날이니까 돼지를 잡은 건가요? 해방이라고요.
그렇지.

그때 같이 아카시에 소개 가 있던 사람들은 조선 사람이었어요?
조선 사람이지. 아카시에 지금도 있는데, 히라노(平野)라는 마을이 있었거든[아카시(明石)군 히라노(平野)촌. 현재 고베시 히라노정]. 거기에 조선 사람 수십 명이 소개 가 있었어. 양계장을 통째로 빌려서 들어갔지.

나가타에서 거기로 간 거예요?
나가타에 살던 사람들이 대부분이었지. 그 기억은 선명하게 뇌리에 남아 있어. 아카시에 소개 가 있었던 건 분명해. 근데 일본의 소학교에 들어갔는지는 증명할 길이 없네. 알 수가 없어.

그즈음의 상황을 좀 더 말씀해 주시겠어요? 소개 가기 전에, 오하시(大橋), 나가타구의 오하시에 쭉 사셨다고요. 주변에는 조선 사람들만 있었어요?
조선 사람들만 있었을 거야. 그런데 일본의 소학교에 다닌 기억도 조금 남아 있어. 한번 벌을 선 적이 있거든. 왜냐면 같은 반에 있던 일본 아이가 맨날 "조오—센, 조오—센"이라고 하잖아. 우리들을 놀려먹는 거야. 억양이 "조오—센"이야. 그냥 발음 그대로 "조센"이 아니라, "조오—센"이라고 길게 늘여서 말이지. 어린 마음에도 화가 치밀더라고. 한두 번도 아니고 몇 번이나 그런 식으로 놀리니까, 우리 반에 나 말고 조선 아이가 또 한 명 있었거든. 둘이서 그 애가 집에 돌아가는 길목에서 기다리고 있다가 흠씬 두들겨 패 준 적이 있어. 그랬더니 예상대로 그 이튿날 양동이 두 개를 들고 온종일 복도에 서서 벌을 받았어. 그건 확실히 기억이 나. 그게 언제 적인지는 잘 모르겠지만, 양동이를 들고 벌을 섰던 건 선명하게 기억에 남아 있어. 게다가 "조오—센"이라고 놀리던 애를 두들겨 패서 벌을 받았다는 것도 생각나.

그건 나가타에서 살았을 때 일인가요?
그럴 거야. 소학교 땐데, 어느 소학교였는지는 생각이 안 나네.

그즈음에 말은 일본어만 쓰셨어요? 아니면 조선말도 하셨어요?
일본의 소학교에 다녔으니까 [일본말을 썼겠지].

집에서도요?
집에서는 거의 조선말을 썼던 것 같아. 왜냐면, 내가 제주도 사투리도 좀 알아들었거든. 식구들끼리는 아마 조선말로 했을 거야.

이름은요?
이름은 당시 일본 이름이었는데, 집에서는 다 본명[한국 이름]으로 불렀지.

집에서는 "경해야"하고, 학교에서는 일본 이름으로 불렸다는 거죠.
일본 이름을 써야만 했으니까.

그건 해방 후이지요?
아니, 전전부터 집에서는 조선말로 했을 걸. 그렇게 알고 있는데.

당시 일본 이름은 뭐였어요?
요시무라(吉村).

요시무라 게이카이요?
경해가 [일본식으로 읽으면] '게이카이'지.

몇 학년까지 일본 학교에 다니셨어요?
그걸 모르겠어.

전후 고베에서 민족교육의 시작

조선학교 소학교는 당시에도 있었어요?
해방 후에 생겼지. 1945년 그해에.

학교가 생겼어요?
생겼지. 니시고베(西神戶)조선학교[당시 정식 명칭은 니시고베 조련초등학원]가 생겼어. 그 학교가 1945년 10월 전후에 생겼어.[3] 내가 기억이 나. [민족학교에] 들어간 기억이 남아 있어. 제일 처음에 간 데가(손으로 가리키며) 저기까지보다 좀 더 넓었나? 이 두 배 정도 되는 크기야. 당시 조련[재일본조선인연맹] 효고현 본부에 학교가, 지금의 조선학교지.

지금의 고베조선학교요?

조선학교가 말이지. ……(손으로 가리키며) 이쪽에 소학교[일본공립학교]가 있고, 이게 조선학교인데, 지금 교사 건물이 이렇게 지어져 있잖아? 당시도 그랬어. 1945년 이후에 여기에 조련 효고현 본부가 있었는데, 본부 사무소는 이쪽이 현관이고, 이 뒤쪽에 큰 창고가 있었어. 이 창고를 개조해서 학교를 만들었어(그림 참조). 내 기억으로는 [교실] 한 가운데 알전구가 달랑 한 개 매달려 있었던 걸로 기억해. 그리고 이쪽에 칠판이 있었고, 학생들이 이렇게 앉아 있었어. 수십 명 앉아 있었어.

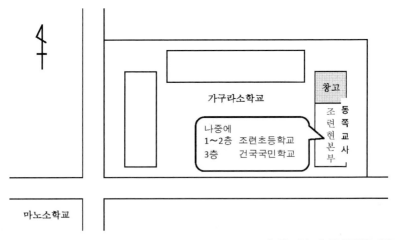

〈그림〉 니시고베조련 초등학원 배치도

창고에서요?

그래. 거기서 뭔가 공부한 기억이 있어. 그러니까 1945년 10월 이후인 것 같아.

그럼, 일본 학교에 다니신 건 짧은 기간인가요?

짧은 기간이었을 거야. 그런데 나는 전혀 기억에 없어. 거기서 몇 개월쯤 공부하다가 당시 학생들이 늘어나서 마노(真野)소학교로 이사를 갔는데, 거기서도 학생들이 몇 배로 늘어나서 안 되겠다고 해서 다시 가구라(神楽)소학교로 이사를 갔거든.

조선학교가 일본 학교의 건물 일부를 빌려서 사용했다는 건가요?

그렇지. 가구라소학교는 JR선로 북쪽에 있었어. 지금은 나가타미나미(長田南)소학교로 이름이 바뀌었어[1998년 가구라소학교와 시리이케(志里池)소학교가 통합해 개교]. 당시 가구라소학교로 이사를 한 게 1946년 6월경이었을 거야.

건물을 빌려서 썼군요. 일본 아이들도 있었나요?

가구라소학교에는 있었지.

일본 아이들도 자기 학교로 썼다는 얘기네요.

그렇지. 당시 가구라소학교라고 해서, 동쪽 교사가 3층 건물이었는데, 1층하고 2층은 조련의 소학교가 쓰고, 3층은 건청(조선건국촉진청년동맹)*이 빌려서 썼었어. 건청의 소학교[정식 명칭은 조선건국국민학교]인 셈이지.

〈사진31〉 고베시립 나가타미나미(長田南)소학교에 있는 조선인학교 기념 자료 전시 코너

〈사진 32〉 니시고베 조련초등학원, 조선건국국민학교 옛터
표지석(나가타미나미소학교)

〈사진 33〉 조선건국국민학교의 교사와 학생

건청이 별도로 소학교를 만들었어요?

[학교를] 만들어 운영했었지.

같은 건물에서요?

그래. 그 가구라소학교에서.

가구라소학교 자체는 어떤 상태였나요?

그쪽은 말이지. 서쪽 교사하고 중앙에 있던 교사에는 소개되어 온 학생들이 거의 없었어. 그 주변에 조선 사람들이 많았으니까. 고무공장이 많이 있었거든.

조련하고 건청의 노선이 서로 달랐지요?

청년들이니까 처음에는 그다지 다르지 않았어. 조련에는 당시 청년부가 있었지만, 독자적인 활동은 없었어. 건청의 경우에는 장사하는 사람들이 많았거든. 젊은 상공인들이 중심이었지. 가령, 지금은 세상 뜬 문동건*이나 우리 형들도 참가했었어.

그럼, 가르치는 내용은 달랐나요?

그다지 다르지는 않았을 거야.

부모가 어느 한쪽에 소속되어 있으면 아이들도 그쪽으로 들어갔나요?

그야 그렇지. 우익 쪽 운동을 하는 사람들은 GHQ와 사이가 좋았어. 배급도 아주 많이 받았지. 특히 우유를 많이 받았어. 나는 우유를 먹고 싶어서 건청소학교에 들어간 거야(일동 웃음). 정말이야. 왜냐면, 둘째형이 건청 부위원장을 했었거든. 제일 큰형은 조련 [효고현]본부의 부장을 했고. 큰형하고 둘째형이 싸우기도 했어. 심하게, 나중에는 심하게 싸웠지.

아버님은요?
아버지는 어느 쪽이라도 상관없는 거지.

어느 학교에 들어갈지는 선생님이 정하셨어요?
…… 음, 그건 기억이 안 나네.

들어가 보니까 이쪽이었나요?
그게 아니고, 우유를 많이 줬으니까 [간 거지]. 아이들끼리도 그런 게 있었어.

그렇군요. 그럼, 일본 소학교에 다니다가 거기로 간 건 무슨 이유가 있었어요?
그건 가구라소학교로 이사를 오기 전에는 학교라면 조선학교가 거기 하나밖에 없었거든.

그때는 따로 했군요. 건청과 함께 하지 않았다는 거지요? 민족학교에는 어떻게 해서 가게 되셨어요?
그야 형들이 다들 조직에 들어가 있었으니까 그 영향을 받았지.

4 · 24한신(阪神)교육투쟁의 한 가운데서

소학교 4학년까지 건청이 운영하는 학교에 다녔어. 거기서 소학교 4학년 때, 1948년 4월 마지막까지[학교가 폐쇄될 때까지] 거길 다녔어. 거기서 운명의 4·24[한신(阪神)교육투쟁]*를 맞았지.

그때가 몇 살 때인가요?

음, 1948년 4월이니까. 10살 때 4·24를 그 학교에서 경험했어. 내 운명의 갈림길이었지.

어떤 느낌이었어요?

1948년 3월경부터 4·24까지 건청[학교]도 조련 학교도 거의 수업이 없었어. 왜냐면, 선생들이 매일 [데모하러] 나갔으니까 수업을 못 하지. 할 수 없이 상급생들이 와서 가르쳐 주곤 했지. 가갸거겨도 가르쳐 주고 노래도 가르쳐 주었어. 아니면, 운동장에 나가서 놀라고 하든가. 하급생들은 별로 [데모에] 안 나갔어. [학교에] 가도 아무것도 안 했어. 상급생들은 거의 없었어. [상급생들은] 데모하러 나가거나 어딘가 항의하러 가거나 그랬어. 5, 6학년들은 거의 학교에 안 나왔어. 그때 6학년이면 어른이지. 지금의 6학년하고는 비교가 안 되지. 우리들도 1948년 3, 4월경에는 학교에 나가긴 했어도 하릴없이 빈둥대거나 기껏해야 노래나 배웠지. 가끔 가다가 대학생들이 찾아와서 이것저것 가르쳐 주기도 해서 좋았어. 대학생은 바로 알잖아. 당시는 사각모자를 쓰고 다녔지. 망토를 걸치고 멋지게 하고 왔었어.

동포 대학생들인가요?

물론이지. 그러니까 4월 24일이 가까워올수록 학교에 가도 할 것도 없지, 매일 친구들과 돌을 차면서 학교에 갔어. 등교해서는 운동장에서 하릴없이 빈둥대며 놀았지. 그러다가 24일 그날, 여느 날처럼 학교에서 놀고 있었어. (손으로 가리키며) 여기가 큰길이었어. 트럭이 와서 "조선인학교 아이들, 누구냐, 손들어라"라고 해서 다들 손을 들었지. 그랬더니 "트럭을 타라"고 해서, 트럭을 타고 간 곳이 [효고]현청 앞이야. 트럭이 뭐하러 왔는지, 어떻게 해서 트럭을 타게 됐는지는 모르겠어. 조련으로서는 총동원했겠지.

그 장면을 4·24의 책[김경해, 『재일조선인 민족교육의 원점』] 앞부분에 썼어. 내가 본 것만 썼어. 거기 도착해 보니 동포들이 많이 와 있었어. 그렇게 많은 조선 사람들이 모여 있는 걸 [그때] 난생처음 봤어. 거기서 노래를 불렀어. 아주 시끌벅적했어. 그리고 와장창 유리가 깨지는 것 같은 소리가 들렸어. 그게 뭐더라? 아무튼 당시 배운 '해방의 노래'라든가 그런 노래를 목청 터지게 불렀어. 그런 일을 한 게 생각나.

〈사진 34〉 김경해, 『재일조선인 민족교육의 원점』

무슨 일이 있었는지 그때는 별로 모르셨겠네요?

처음에는 그날 일을 몰랐지. 나중에(웃음) 그게 4·24의 그날이었다는 걸 알았지. 그리고 "이겼다 이겼다"라고 다들 아주 크게 외쳤어. 그 [효고] 현청에서부터 가구라소학교까지 걸어서 돌아온 게 생각나네. 그렇게 먼 길을 몇 시간 걸었는지는 생각이 안 나지만.

가구라소학교에 돌아와서는 모닥불을 피우고 캠프파이어를 했어. 운동장 한가운데 모닥불을 피워 놓고 술을 마시고. 떡도 나오고 먹을 것도 많이 나왔어. 어른들은 밤이 깊을 때까지 노래하고 춤췄어. 이겨서 기뻤던 거지. 그때 [나는] 무슨 일인지 영문을 몰랐지. 어른들은 좋아서 난리가 났어. 그건 알았지. 덕분에 우리도 배부르게 얻어먹었어(웃음). 당시는 먹는 게 아주 큰 문제였으니까. 먹여주면 좋은 거지(웃음).

그리고 집에 돌아왔는데, 밤중에 아주 시끄러운 거라. 우리집이 똥골목에 있었어. 똥골목은 니시고베소학교[조선학교] 끝에 조선인 집단부락이 한 블록, 두 블록 있었는데, 거기를 똥골목이라고들 했어. 똥, 골목. 당시는 자기들이 사는 곳을 멸시했으니까 [그렇게 부른 거지]. 그 똥골목에 살았는데, 밤에 아주 시끄러운 거라. 이상하네, 무슨 일이 있나 생각했지. [나가 보니] 지프차가 와 있고, MP[미육군헌병]들이 뛰어다녔어. 그때 거기서 조선인 사냥이 시작된 거야. [우린] 그런 것도 몰랐지.

그러고는 형들이 허둥지둥 어디론가 숨었지. 뭔지는 잘 모르겠지만, 넷째 형까지 다 이 일과 관련이 있어서 형들이 다 도망을 가게 됐어. 그리고 우리집안의 비극이 시작되었지.

미카와시마(三河島)에서 아사쿠사(浅草)로

그래서 도쿄로 가시게 된 거예요?

그렇지. 큰형은 조직활동을 했으니까 GHQ에서도 못 잡아가지. 조련 효고현 본부 정보부장이었거든. GHQ하고 아주 사이가 좋았어. 그런 자리에 있었으니까 잡아가기 어려웠겠지. 둘째형은 건청 부위원장을 하고 있었으니까 작은형도 못 잡아가지. 근데 셋째형하고 넷째형이 조련계에서 활동하고 있었는데, 체포를 피해서 도쿄로 도망을 갔어. 그래서 도쿄의 아라카와(荒川), 미카와시마(三河島)로 [숨어] 들어갔지. 미카와시마에는 제주 사람들이 아주 많이들 모여 살았어. 나중에 알았는데, 거기 골목에 들어가서 한 구석에 방을 빌려서 숨어 살았던 거야.

거기에 조직의 아는 사람이 있었나요?

그건 잘 모르겠고. 아무튼 셋째형하고 넷째형이 미카와시마로 도망을 갔어. 그러자 어머니가 걱정이 돼서 형들 밥해 먹여야 한다고, 고베는 큰형하고 둘째형, 아버지한테 맡기고, 어머니가 나를 데리고 [도쿄로] 가셨어. 다섯째형도 다 컸으니까 어떻게든 살겠지 하며. 막내가 걱정이라며 나를 데려가신 거야.

●

그러면 아버님하고 큰형님, 둘째형님, 다섯째형님이 나가타에 남고, 셋째형님과 넷째형님, 어머니, 김경해 선생님이 도쿄로 가신 거예요?

그렇지. 그래서 가족이 뿔뿔이 흩어지게 됐어. 그즈음에 야간열차를 타고 갔는데, 도쿄역에 도착하니 49엔밖에 안 남은 거야. 이제 어떡하나(웃음). 힘이 쭉 빠졌어.

기찻삯이 얼마나 들었어요?

요금이 얼마였는지는 잘 모르겠네. 야간열차를 타고 간 기억은 있어. '제주쟁이들' 속에 들어가서 [어머니가] 처음에 시작한 게 행상이야. 콩나물이나 김치 같은 걸 싸게 사서 돌아다니며 파는 거지. 돈을 조금씩 모아 장사를 시작해서 우리 어머니가 자식 3명을 먹여 살리셨어.

도쿄에서요?

그래.

바로 위의 형은 안 갔어요?

바로 위의 다섯째형은 아버지, 큰형, 둘째형하고 고베에 남았어. 둘째형이 이미 그즈음에 고무공장을 경영하고 있었으니까 사는 건 괜찮았어.

큰형님하고 둘째형님은 결혼도 하셨나요?

그렇지. 결혼했지. 우리 큰형은 큰형수가 오바시에서 가까운 곳에서 다방을 했었어. 둘째형은 고무공장을 했으니까 생활도 안정되어 있었고, 씀씀이도 좋았지. 고베에 생활기반이 있으니까 남은 거지. 그래서 가족이 고베와 도쿄로 갈라지게 되었지.

그게 1948년이면 선생님이 몇 학년 때이지요?
1948년이니 소학교 4학년이지. 그러니까 당시는 뭐가 어떻게 된 건지 영문을 몰랐지.

도쿄에 가신 게 4·24가 있고 얼마나 지난 뒤인가요?
바로 갔지. 그러니까 도쿄에 9월경에 도착했나? 왜냐면, 스마(須磨)에 칠판을 들고 간 기억이 있어. 말하자면 노천교실이지. 학교가 없어졌으니까 조선학교로 모인 거지. 조련계니 건청계니 해도 아이들은 관계없었어. 다들 조선의 아이들이니까, 나이도 관계없어. 다들 모여서 스마까지 칠판을 들고 가서 노래를 부르곤 했지. 아니면, 이 정도 교실인가, 어디 좁은 장소를 빌려서 조선 아이들만 모아놓고 뭔가 배웠어. '학원'이라고 해도 볼품없는 허름한 곳이었지만, 그런 기억이 나네.

그리고 나가타에 다카토리야마(高取山)라는 산이 있는데, 거기로 매미를 잡으러 다닌 일은 기억에 남아 있어. 4·24 직후에 한동안 고베에 있었지. 그러다가 아마 9월경이라고 생각되는데, 도쿄로 간 거지. 아라카와(荒川)구의 제1소학교[현재 도쿄조선제일초급학교]에 들어갔어. 조련의 제1소학교가 아라카와에 있었어. 속칭 아라카와소학교라고들 했어.

그러세요. 거기 미카와시마에서 조대(조선대학교)*를 졸업할 때까지 계속 사셨어요?
아니, 그렇진 않아. 미카와시마에서 어머니가 행상을 해서 돈을 좀 모아

아사쿠사(浅草)로 이사를 했어. 아사쿠사의 고엔로쿠(公園六区)[영화관, 극장 등이 모여 있는 환락가]를 아시나? 센소지(浅草寺) 근처지. 가미나리몬(雷門) 근처에 고엔로쿠라고, 아사쿠사 영화관이 즐비하게 쭉 늘어서 있었어. 지금은 거의 없어졌지?

지금은 없어졌지요. 쇼와(昭和)30년대[1950년대 후반~1960대 전반]경이 제일 번성했지요.

아주 대단했어. 그 중심에 고엔로쿠라는 데가 있었어. 거기가 삼각형으로 되어 있는데, (손으로 그려 보이며) 여기가 고엔로쿠야. 거기에 조선 사람들이 밀집해 살았어. 거의 다 조선 사람들이었어. 가미나리몬에서 걸어서 5, 6분도 채 안 걸리는 곳이야. 거길 나오면 영화관이 쭉 즐비했었어. 거기 한복판에 어머니가 식당을 차리셨어. '평화식당'이라고.

조선 요리를 파는 식당을요?

그렇지. 평화식당을 시작하셨는데, 그게 대박이 났어. 돈을 많이 벌었지. 그러니까 지금으로 말하면 천엽인가 내장인가, 똥이 잔뜩 들러붙어 있는 거, 그걸 주워다 내게 씻어서 손질하라고 했어. 그 대창이라는 게 아주 더러워. 그걸 손으로 쭉 밀어내 똥을 다 빼고, 손가락을 집어넣어서 깨끗하게 싹 씻는 거야. 그게 엄청 시간을 잡아먹어.

그걸 주우러 어디로 가셨어요?

그건 생각이 안 나네. 도축장에 가서 받아온 건 틀림없어.

대창 씻던 일은 기억나세요?

기억나지. 그 일을 내게 시켰으니까. 아주 잔손이 많이 가는 일이야. 그걸 깨끗하게 씻지 않으면 똥이 들러붙어 있어서 큰일나니까. [식당에서] 대창하고 돼지족발을 팔았어. 그런 게 전부 기억 나. 족발을 씻어 가지고 면도칼로 털을 깎았어.

돼지 털을 태우지 않았나요?

태운 다음에, 면도칼로도 다 깎지를 못해. 그러면 불로 그슬리고, 반대로 먼저 불로 그슬려서 털을 뽑은 뒤에 또 면도칼로 털을 제거하고. 그런 일을 많이 했어.

몇 살 때까지 하셨어요?

…… 고등학교 졸업할 때까지 하지 않았나?

모두의 어머니

도쿄에 가서 어머님이 식당을 시작하신 건 몇 년쯤의 일인가요?

조선[한국]전쟁이 나고 1950년경인가? 식당이 잘돼서 셋째형하고 넷째형도 장가를 보냈지. 셋째형하고 넷째형이 민청(재일본조선민주청년 동맹)* 간부도 하고, 나중에 총련 간부도 됐으니까, 형들 친구들이 많았어. 그 당시는 별로 월급도 못 받았지. 그래서 우리 어머니한테 데려가면 밥도 먹고, 탁배기[막걸리]도 주고 용돈도 주시곤 하셨어. 그런 사람들을 많이 봤어. 지금은 다들 세상을 떴지만, 70대 이상으로 총련 간부를 했던 사람들 중에 우리 어머니의 이름을 모르는 사람이 없을 거야. 굉장히 잘해줬어. 그 사람들이 오면 반드시 용돈을 주셨지. 내가 봤어. 그건 뭐랄까, 어머니는 좀 과장되게 말하면 신 같은 존재였어. 정말 우리 어머니는 모두의 어머니였어.

그 사이에 아버님하고 큰형님, 둘째형님 그리고 다섯째형님은 쭉 고베에서 사셨어요?

고베에서 살았지. 도중에 다섯째형은 도쿄로 왔어. 조선[한국]전쟁이 끝난 뒤인가. 그러니까 큰형하고 둘째형만 빼고 4명이 다 도쿄로 모인 거지. 큰형하고 둘째형은 고베에 생활기반이 있었으니까 움직이지 않았고. 아버지도 고베에 있다가 나중에 도쿄로 오셨어.

아버님도 도쿄로 가셨어요?

역시 어머니를 좋아하셨으니까(일동 웃음). 우리 아버지는 어머니한테 죽고 못 살아. 정말이야. 마누라가 제일이야. 우리 어머니가 얼굴도 미인이고 스타일도 아주 좋았어. [어머니의] 젊었을 적 사진을 보면 반해.

아버님은 그때도 공장을 하셨어요?

전쟁이 끝나고 얼마 안 됐을 때니까, 그땐 거의 일은 안 하시고 큰형하고 둘째형이 다 모시고 살았지.

형님들이 아버님을 부양했어요?

[큰형은] 가끔 통역 일을 나가 GHQ에서 듬뿍 받아왔었으니까. 통조림 따

위를 많이 받아왔어.

그럼, 고무공장은 해방될 때까지만 하신 건가요?

그렇지, [아버지가] 일을 한 건 해방되기 전까지고, 해방 후에는 거의 일을
안 하신 것 같아.

어머님은 식당을 하실 당시 꽤 나이를 잡수셨지요?

그렇지. 그런데 정말 제주 여자는 강인해. 자식을 위해서 아주 열심히
일하지. 암튼 제주 여자들은 대단해.

그랬군요. 거기 아사쿠사에도 제주 사람들이 많았어요?

많았지. 거의가 다 제주 사람이야. 우리 어머니를 의지해서 모여들었지.

어머님은 조직활동 같은 걸 하셨어요?

물론 했지. 여성동맹(재일본조선민주여성동맹).*

그건 언제쯤까지인가요? 어머님은 언제쯤까지 조직활동을 하셨나요?

…… 도쿄에 간 뒤가 아닌가? 그럴 거야. 자식들이 다 좌익활동을 했으
니까 아버지도 어머니도 영향을 받은 거지. 나쁜 일은 하지 않는다, 좋은
일을 한다는 자부심이 상당히 강하지 않았을까? 아들들은 다 착한 애들
이라고, 무조건 다 믿어주셨지.

식당 이름을 '평화식당'이라고 한 건, 그런 의미로 붙인 건가요? [한국]전쟁이

나서요?

그렇지. 조선[한국]전쟁이 시작됐을 때니까, 평화를 바라며 아주 큰 글씨로 간판을 써서 [평화식당이라고] 붙였지.

선생님은 식당 일도 도우면서 아까 말씀하신 것처럼 대창 손질이라든가 식당 일을 하셨어요?

물론이지. 내가 다 거들어야 했어. 일손이 부족했으니까.

일하는 사람도 썼나요?

나중에 여유가 생기고 나서는 일본 여성을 2명 썼지. 규슈 사람하고 오키나와 사람이었지.

[그분들은] 도쿄에 상경해서 일했나요?

그런 거지.

중고등학생 시절과 조직활동

선생님은 아라카와소학교를 졸업하고, 중학교는 어디로 가셨어요?

중학교는 도쿄중학, 조고[조선고등학교]지. 중학교하고 고등학교가 함께 있었어. 기타구(北區) 가미주조(上十条)에 있었어. 지금도 있지?

지금도 있습니다. 그러니까 그때 형님들이 활동하는 것을 보고 선생님도 그리

되겠다고 생각하셨어요?

자연히 감화를 받지 않았을까? 형님들이 하는 걸 보면 멋지고, 나쁜 짓 같지는 않고, 좋은 일은 하지 않나 하고(웃음). 나는 소학교, 중학교 때 화염병을 던지는 연습도 했어. 조국방위대*라는 게 있었는데, [줄여서] 조방위라고 했어. 『신조선』이란 잡지를 발행했던 그 조국방위대야. 거기 대원도 했었어. 이미 상당히 감화된 상태였어.

아이들끼리 화염병을 만들었나요?

그렇지. 여름방학을 이용해서 거기 높은 사람들이 소년대 아이들을 모아서 캠프를 가는 거야. 다카오(高尾)산 골짝으로 갔지. 명목상 소년캠프니까 통하는 거지. 그 중에서 또 몇 명을 선발했어. 거기에 내가 들어가 있었지. 따로 산골짝 깊숙이 들어가서 맥주병에 석유를 넣고 입구 쪽에 소금을 뿌려. 그걸 방치하면 발화하는 거야(웃음). 깜짝 놀랐지. 화염병을 이렇게 만드나 해서. 그때 처음 알았어. 간단해. 또 어떤 날은 다치카와(立川)기지[당시 미군지기로 1977년에 반환됨. 현재 일부는 육상자위대 주둔지로 사용되고 있음]를 보측(步測)하기도 했어.

보측이요? 걸어서 말인가요?

[다치카와기지] 앞을 걷는 훈련이야. 한 걸음이 몇 센티인가, 며칠 동안 했을 걸. 일정한 거리를 유지하며 걸으라고 했어. 그때 알았어. 한 걸음 떼는 데 70센티라는 걸. 70센티 폭으로 기지 주변을 한 걸음 두 걸음 걸었어. 어른들이 걸으면 들통나니까, 아이들이 산보하는 거라면 괜찮을 거라고 해서 걸은 거지. 다치카와기지 어디쯤이었는지는 잘 모르겠네. [하여튼]

걸은 기억이 있어. 나는 철저히 엘리트코스를 밟았어(웃음). 좌익 쪽의, 극좌 쪽이지.

절차라고 할까, 몇 살쯤부터 조직에 들어간다는 그런 게 있었나요?

그랬겠지. 아마 셋째형하고 넷째형이 그런 극좌활동을 했으니까, 그 주변 사람들이 내 이야기를 하지 않았을까 싶어. 간부의 남동생이니까 말이지. 지금 생각해보면, 추측이긴 하지만 그건 자기가 하고 싶어도 못하는 거거든.

아까 말씀하신 캠프에 간 것은 중학생 때였어요?

소학교, 중학교 때지.

소학교요? 소학교에서도요? 그건 정말 대단하네요. 소학생한테 그런 걸 시켰다는 이야기는 처음 들어요.

지금 같으면 놀랄 일이지. 내가 4학년 때가 1948년이었어. 2년 있다가 조선[한국]전쟁이 났으니까 6학년이었나? 재일조선인운동이 방향을 확 전환하거든. 조선[한국]전쟁 기간 중에 조국방위투쟁이라고 해서 삼반(三反)투쟁* 같은 것도 했고, 찌라시를 뿌리거나 항의데모 같은 것도 했고. 그런 눈에 띄는 행동은 뭐든 했어.

학교 밖의 활동, 데모 같은 데도 가셨어요?

갔지. 그런 게 즐거웠어.

다 같이 "와……"하며 몰려가셨어요?(웃음)
학교가 노는 데였어(웃음).

수업 시간에 국어나 역사 같은 건 일단 배우셨지요?
물론이지. 학교에서 배웠지.

수업 외에 그런 활동에 참가하셨다는 거죠.
그렇지.

장래의 꿈

그러면 고등학교를 졸업하고 바로 대학에 들어가셨어요?
아니, 바로는 못 갔지. 삼수했어. 처음에는 일본의 어느 대학에 들어가
려고 했는데, 중학교, 고등학교 때 별로 공부를 안 했으니까 못 들어갔지
(웃음).

왜 일본의 대학에 가려고 하셨어요?
당시는 조선대학이 생긴 지 얼마 안 됐어. 그런 상황이라서.

조선대학이 막 생겼을 때인가요?
그렇지. 내가 3학년일 때 도쿄조고의 건물이 2층이었는데, [조선]대학은
1층 건물이었어. 그게 미덥지 않았어. 다 허물어져 가는 건물이었거든. 그

게 무슨 대학이냐고 무시했지. 거긴 안 되겠다 싶어서 도쿄의 다른 대학에 들어가려고 재수하면서 공부했는데, 역시 어려웠어. 별로 공부를 안 했으니까.

뭘 하려고 생각하셨어요?
교사를 하려고.

교사요? 조선학교에서 말인가요?
그래. 교사가 되려고 했는데, 그런 수준이 안 됐어. 전혀 공부를 안 했었으니까, 공부를 못해서 시험에 떨어졌지.

그때 조선학교를 나와서 일본의 대학에 바로 들어갈 수 있었나요?
물론 들어갈 수 있었어. 국립대학은 못 들어갔지만 사립대학은 거의 받아 주었어.

도쿄의 큰 대학은 대체로 들어갈 수 있었죠?
우리 선배 중에 [사립대학에] 들어간 사람이 있었어. 내가 고등학교 1학년 때, 2학년에 허종만*이라는 선배가 있었는데, 축구선수였어. 그 부인도 우리 학교 3학년이었는데. 허종만이 도쿄조고 축구부에 있을 적에 전국대회에 나가서 4위를 했어. 그래서 큰 화제가 되었지. 도쿄조선고등학교 축구부가 전국대회에 나갔어!

일본의 전국대회에요?

그래, 그래.

그즈음에는 일본의 전국대회에도 나갔군요.

나갔어. 왜냐면, 그때는 도립(조선인)학교*였으니까. 도쿄도립이었거든.

도립으로 이관됐었군요.

그렇지. [도립으로는] 마지막 해였어. 도립고교니까 전국대회에 나갈 수 있었던 거지.

그럼, 표면적으로 교장은 일본인이었겠네요.

물론이지.

조선인 교사가 있었을 테고, 수업은 어땠어요?

수업은 실질적으로는 조선[학교]교육이었지. 축구시합에서 이긴 그 이튿날은 일본인 교장이 그때까지 조례에 나온 적이 없었는데, 그날만큼은 기쁜 일이라며 축사를 했어. 야스오카(安岡)라는 사람이었어. 그게 생각나네. 그러니까 전국대회에서 4위를 하고 나서 그게 계기가 되어 재일조선인 축구팀이 생겼어.

축구단이요. 허종만도 거기에 합류했나요?

그렇지. 허종만도 들어갔지. 그리고 나랑 같은 1학년이었던 김명식*이라는 아이가 있었는데, 나중에 재일조선축구단 창설에 관여했어.[재일조선축구단에

관해서는] 『공 차는 무리(蹴る群れ)』(기무라 모토히코(木村元彦)저)라는 책이 있어. 김명식이 에다가와(枝川)[초급학교] 출신인데, 축구를 아주 잘했어. 지금 문제가 된 제2소학교*지.

그러면 조고에 문과, 이과도 있었나요?
물론이지. 특별한 건 없어.

귀국운동

고등학교와 대학에 다니실 때 귀국운동*이 벌어졌지요? 조직활동 속에서 무슨 논의가 있었나요?

내가 대학에 들어간 게 1959년이지, 그때 대학에 들어가서 바로 귀국운동이 시작되었지. 12월에 니가타(新潟)에서 [북으로]배가 떠났는데, 나도 니가타에 갔었어. 내가 대학에 들어가서 바로 브라스밴드가 생겼거든. 나는 트롬본을 불었어.

네? 그러세요? 악기를 하셨어요?

왜 했는지 알아?

화려하니까 하셨어요?

그게 아니라, 미국의 유명한 악단이 있잖아? 트롬본을 불면서 악단을 지도한 사람이 있어. 글렌 밀러 악단이라고 제2차세계대전 때 위문활동을 한 악단이었어. 그 지휘자가 트롬본을 불었는데, 그게 아주 멋졌어. 그게 무슨 노래였더라. 그 멜로디가……

그건 어디 영화에서 보셨어요?

영화에서 봤지. 그걸 보고 한눈에 반했어. 그래서 트롬본을 시작했지. [브라스밴드가] 생긴 지 얼마 안 됐으니까 다들 자유롭게 했어.

니가타에서 배가 출발한다고 해서 우리가 처음엔 우에노(上野)역에 가서 [배웅을]했어. 그런데 거기서 너희들 그냥 니가타까지 가라고, 그렇게 이야기가 된 거야. 니가타에는 악단이 없다고 말이지. 도쿄와 니가타는 기후도 다르잖아? 그래서 할 수 없이 갔어. 가 보니까 엄청 춥더라고.

몇 월이었어요?

12월. 배가 14일에 출발했나? [배가 출발한 뒤에] 돌아오려고 했는데, 다음 배가 출발할 때까지 있으라고 해서(일동 웃음) 연말까지 거기 있었어. 정말 추웠어. 덜덜덜 떨면서 환송 음악을 연주했지.

어떤 음악을 연주하셨어요?

그야 '김일성 장군의 노래', '애국가', 전부 북쪽 노래만 했지.

북의 애국가는 어떤 건가요?

"아침은 빛나라 이 강산."

그래, 바로 그거야. '김일성장군의 노래' 말고 몇 개 더 있었어. 레퍼토리는 그다지 없었어. [브라스밴드가] 생긴 지 얼마 안 됐으니까.

반복해서 연주했군요. [곡을 익히는 데] **시간이 좀 걸렸지요?**

다 합숙했지. 아는 친구에게 편곡을 부탁해서 새로운 레퍼토리를 만들어야 했어. 별로 잘 불지도 못하지, 춤기는 하지, 정말 고생했어. 소리가 잘 안 나고 해서 말이지.

지도해 주는 선생님은 어떤 분이었어요?

선생님은 없었어. 잘하는 아이가 편곡을 했지.

학생들끼리 했어요?

그랬지. 당시 조선대학교 학생 중에는 이런저런 [재주 있는] 아이들이 있어서 재미있었어. 이과생이면서도 음악을 좋아하는 아이가 있었어. 편곡도 할 수 있는 친구지. 나중에 [북에] 귀국해서 행방불명이 되었는데, 재미있는 친구였어. 그런 친구들이 [한국]전쟁이 나고 참 고생 많이 했어. 나중에 최동옥* 선생이 와서 가르쳐 주셨지. 이철은 아코디언을 잘 불었어.

문예동(재일본조선인문학예술가동맹)* 사람들인가요?

그렇지. 이철하고 홍봉자가 있었지. 이철은 한참 후배인데 나이가 나랑 비슷했어. 그 친구가 문예동에 관해서, 예술가동맹에 관해서는 잘 알고 있었지.

그 사람들은 어디서 배웠나요?

이철은 일본의 학교에서 배웠다고 해.

건청과 총련

형님 두 분은 언제 북에 가셨어요?
둘째형이 먼저 갔어. 1960년인가, 1961년인가에 갔지.

대학생 때요?
아니, 내가 대학생일 때지.

김경해 선생님이 대학생일 때요.
여기서[고베에서] 고무공장을 했었는데, 신발 만드는 기계 일체를 스물 몇
대 장만해서 가지고 갔어.

북에 가서 사용했나요?
그렇지. 함흥으로 갔어. 최신식 기계를 가지고 갔으니까 대우가 얼마나
좋았겠어. 가자마자 부지배인이 됐지. 그걸로 생활은 걱정할 게 없었지. 게
다가 형수님이 홍봉자[금강산가극단 초기 멤버이고 북한 '인민배우']니까 더　평가가
높아서 생활은 탄탄대로였지. 당시 북조선에서는 케미컬슈즈는 못 만들었
거든. 케미컬슈즈를 만드는 기계 일체를 가지고 갔으니까 좋은 대우를 받
았지.

큰형님은 언제 가셨어요?
큰형은 언제 갔나? 1970년대 들어서 갔을 거야.

큰형님은 왜 북으로 가셨나요?

그게 어머니 집으로 간 거야.

어머님은 왜 북에 가셨어요?

어머니는……, 둘째형이 먼저 북에 간 뒤에 갔어. 누가 먼저 갔나? 아무튼 내가 대학생일 때 아버지가 돌아가시고, 그 유골을 가지고 어머니가 북으로 갔어. …… 큰형 뒤에 갔나? 누가 먼저 갔나? …… 왜 갔는지는 들은 바 없네.

처음에 [북에]간 건 둘째형님이지요?

그렇지. 그것만은 확실해.

그 뒤에 어머님하고 큰형님이 북으로 가셨고요?

그래.

형님 두 분도 다 가족들을 데리고 가셨나요?

그럼, 물론이지.

둘째형님은 전에 건청에서 활동하셨지요?

그렇지. 건청에 있었어.

그리고 그 뒤에 총련이 생기고 나서는 총련에 들어가셨어요?

그렇지. 건청은 뒤에 통일동지회(조선통일민주동지회)*라고 명칭이 바뀌었어. 통일동지회는 총련의 산하단체로 들어갔지. 건청이 실질적으로는 총련이 된 거고.

[건청이] 갈라졌지요? 민단 쪽으로 가기도 하고요.

맞아. 일부는 갈라졌지. 그런데 건청 본류는 총련으로 들어갔어. 그리고 건청의 일부가 변해서 그리된 거지[민단 쪽으로 들어간 거지]. 건청 위원장을 한 이가 앞에서 말한 문동건인데, 고베에서 유명한 재벌이었어. 이 사람은 나중에 5, 6톤 되는 화물선을 사서 실제로 [북에] 선물로 보냈어. 그러니까 문동건은 김일성하고 잘 통하는 사이였지. 김일성한테서 전화가 걸려올 정도였으니까. "그거하고 저거 보내 줘라" 하면, 문동건이 "네, 알겠습니다"하고 바로 보내줬지. 총련의 재정적인 부분은 문동건의 역할이 대단히 컸지.

조카가 북으로

그러면 제일 위 큰형님은 쭉 조련, 총련 계통에서 활동하신 거네요. 좀 이야기가 거슬러 올라가는데, 조선[한국]전쟁 때, 스이타(吹田)사건*이 있었지요? 그때 여러 가지 일을 말씀해 주시지요.

조선[한국]전쟁 때는 큰형이 스파이 용의로 제명된 상태였으니까, 그 시기에는 전혀 관여하지 않았어.

아, 그렇지요. 총련이 되고 나서인가요?

총련이 결성되고 2, 3년 지나서 복귀했지.

그럼, 그때는 아무 활동도 안 하신 건가요?

그렇지. 일만 했지.

둘째형님도 그 시기에는 관여하지 않았나요?

둘째형도 그 시기에는 일체 관여하지 않았어. 둘째형은 큰형을 믿었지. 큰형이 그런 일을 할 사람이 아니다, 정치적으로는 [의견이] 일치하지 않을 때도 많았지만, 인간적으로 볼 때 그런 일은 없을 거라고. 그래서 같이 그만두었어.

큰형님은 그래서 다방을 하게 된 건가요?

조련   시절에 [다방을] 했지. 조직을 그만둔 뒤에는 쭉 양복점을 했어. 재단 일이지, 말하자면 옷을 재단해 주는 거야. 그걸 나가타에서 했었어.

그 일은 자기가 배워서요?

그렇지. 사람을 두기도 하고.

아, 그러세요. 재단을 할 줄 아는 기술자를 들여서요?

그래. 확실한 건 나가타를 떠나지 않았다는 거야. 스파이라는 게 정말이었다면 창피해서라도 어디 멀리 떠나거나 했을 텐데, 그걸 거부했지. 그건 훌륭하다 싶어.

귀국한다는 건 어디서 들으셨어요?

아, 그래, 생각났다! 큰형 아들이 먼저 가 있었어.

큰형님 아들이요?

큰형 아들, 큰조카가 고베조고 2학년인가 3학년 때, 내가 조대에 다닐 때인데 나를 찾아왔었어. 내가 작은아버지니까, 자기는 이래저래 생각하는데 어떻게 하면 좋겠냐고[상의하러 왔었어]. 그래서 너희 아버지는 뭐라고 하시더냐고 물었지. 그러고는 네 인생이니까 네가 정하라고. 내가 폼 잡고 말했어. 작은아버지 의견을 듣고 싶다고 하길래 말이지. 나야 물론 가면 좋다고 말했지. 지금부터 네가 사회주의 조국을 위해서(웃음) 지상 낙원을 세우라고(웃음). 그때 설교를 했지.

그때 둘째형님은 벌써 북에 가 계셨죠?

그렇지. 작은형이 간 뒤지. 그랬더니 큰조카가 용기가 났는지 혼자서 북으로 갔어. 내가 나중에 고베조고에 [교사로] 부임해 갔는데, 어떤 여학생이 친근하게 다가왔어. 아주 똑똑한 애였어. 어느 날, 우리집에 그 여학생이 찾아와서는 자기도 [북으로] 귀국하고 싶다는 거야. 그런 일을 왜 남인 내게 상의하느냐고 하니까, 내게 직접 상의하고 싶은 게 있다는 거야. 실은 우리 큰조카하고 약속했다고 말이지. 깜짝 놀랐지. 그런데 망설이고 있다잖아. 그래서 내가 지상 낙원의 건설을 위해 너도 가라고 했지. 내가 죄를 지었어. 정말 몹쓸 짓을 했어. 그래서 그 여학생도 [북으로] 갔어.

두 사람은 결혼했어요?

함흥에서 결혼했어. 함흥에 큰형 가족이 전부 있었어. 둘째형은 평양에 있었고. 그게 말이지. 한참 뒤에 1980년대에인가, 1990년경인가, 어느 날 테이프를 보내 왔어. 큰조카 가족이 녹음한 테이프인데, [큰조카가] 울면서

"작은아버지"라고 말이지. 그게 어디 있지 않을까. 없나? 가슴이 미어졌어. 마음이 아파서, 가슴이 너무 아파서, 내가 왜 그때 그런 말을…… 왜 귀국하라고 했을까 그걸 생각하면……, 제일 가슴 아픈 건 그거 하나야. 큰조카와 내가 5살밖에 차이가 안 나거든.

네. 나이 차가 별로 없네요.
큰형하고 내가 20살 차이 나거든. 정말 [큰조카하고 둘이서] 같이 많이 놀았어. 그러니까 큰조카가 내게 상의하러 온 거지. 작은아버지라기보다 형 같은 거지. 주변에 남자아이가 없어서 나랑 쭉 같이 놀았거든. 그래서 찾아온 거지, 그때 폼 잡고 말한 게 잘못이었어. [큰조카만] 불쌍하게 만들었어.

지금 북에 살아 있나요?
아직 살아 있어.

조선대학교 5기생

셋째형님, 넷째형님, 다섯째형님, 그리고 김경해 선생님도 계속 조직에 계셨잖아요? 그래도 북에 가지 않으셨잖아요?
안 갔지.

왜요?
왜지 알아?

가족들이 싫어했었요?

가족이 전부 여기 있잖아. 싫어했어. 아니, 아니다. 한덕수*의 말하고 똑같아.

선생님은 [북에] 갈 마음이 전혀 없으셨어요?

그야 몇 번 있었지.

[다른 사람에게] 권할 정도였으니까요.

그래. 지상 낙원의 건설을 위해서……

그런데 왜 안 가셨어요?

내가 가면 안 된다고들 했어.

네. 교사로서 말이죠?

그런 거지. 게다가 조선대학 5기생들이 지금도 그렇지만, 총련 내부에서 대학 기수별로 보면 제일 많이 현역 간부로 활동하고 있는 게 5기생이야. 중견 간부가 아주 많아.

엘리트인 거죠.

그렇지. 조선대학 동창회에서도 5기생이라면 한 수 위로 보지. 5기, 6기, 7기 정도까지. 대체로 4기부터 시작하지.

그전의 1기생들은 전부 북으로 가서 그런가요?

아니, [북으로] 간 사람도 있고. 안 간 사람도 있어. 지금 3기, 4기생들은 졸업생 수가 아주 적어. 수십 명도 안 돼. 근데 5기생은 100여 명 정도 되거든. 그러니까 폼 잡는 거지. 지금 현재 현역들도 있고, 현역은 아니지만 장사하는 친구들도 많아. 정치적인 발언, 경제적인 영향력이 아주 강하지.

바로 위의 형님은 조선신보[총련의 기관지]에서 쭉 일하셨는데, 그건 대학을 나온 뒤부터인가요?
그 형은 대학 안 나왔어. 고등학교만 [나왔지].

네, 고등학교를 나와서 그쪽 방면으로 가셨군요.
우리 형제 6명 중에 대학을 나온 건 나 하나야.

다른 형님들은요?
대학은 못 갔지. 막내인 나만 제일 호강한 거지.

경제적으로 안정된 시절에 대학에 가신 거죠?
그런 이유도 있지. 형님들은 혁명운동에 바빴고.

부모님의 묘

아버님은 고베에서 돌아가셨지요?
아니, 도쿄에서 돌아가셨어.

유골은 어떻게 하셨어요? [북에] 가지고 가기 전에는 어떻게 하셨어요?
절에다 [맡겨 두었지].

어머님의 묘는요?
어머님은 [북에] 가서 세상 뜨셨어.

유골은 어떻게 하셨어요?
함흥에 있지.

함흥에 묘를 만드셨어요?
그래. 성묘도 갔다왔어.

아버님과 함께 합장하셨나요?
합장했어.

묘는 둥근 토묘인가요?

그렇지. 둥근 토묘지, 북에도 다 토묘야.

한 사람당 한 개인가요?

넓은 땅에 묘를 만들어 그게 생산에 무슨 기여를 하겠나?

그렇게 넓은 곳이에요?

한쪽 언덕 전부가 묘지야. 양지 바른 곳이야. 거기에 옥수수를 심어야지. 쌀농사도 가능한 곳이야. 거기다 묘지를 만든 거야. 그렇게 비경제적이고 비생산적인 일이 있을 수 있냐고?

한국도 마찬가지예요.

한국도 그렇지만, 더 심해.

평양과 제주에서

내가 평양을 방문했을 적에 하루는 윤이상음악당에 가고 싶다고 했어. 윤이상이라고 유명한 지휘자가 있어.

독일에 망명하신 분이죠?

그래. 독일에. 재미있었던 건 내가 묵은 곳이 고려호텔이야. 초일류 호텔이지. 쌍둥이 타워야. 거기서 1킬로 정도 떨어진 곳에 음악당이 있어서 이름을 물으니, 윤이상음악당이라고 하잖아. 그래서 내가 데려가 달라고 했지. 그랬더니 형님 부부가 데려가 주었어. 들어갔더니 지하에 가라오케 같은 밴드가 있어서 마음대로 노래를 불렀지. 평양에서도 일본 노래가 어느 정도 유행인가 봐.

엔카 같은 건가요?

그런 건 얼마든지 있었어. 거기 사람들도 다들 노래를 불렀어. 그것만으로도 깜짝 놀랐지. 그리고 밖으로 나왔어. 고려호텔로 돌아가는 길에 칠흑 같은 어둠 속에서 어디선가 어떤 여성이 나타나서 뭐라고 하는 거야. 나는 무슨 말인지 모르지. 그러자 뒤에 안내원이 바로 나서서 그 여성을 손으로 밀치고 발로 찼어. 그래서 안내원에게 무슨 일이냐고 물었지. 뭘 팔려고 했다는 거야. 그게 뭐였냐고 물으니, 북어를 팔려고 했다네. 그래서 그 여성을 손으로 밀치고 발로 찼다고. 윤이상음악당에서 고려호텔로 가는 길에 칠흑 같은 어둠 속에서 여성이 나타나서, 그런 일이 있었어. 그게 현실이야. 그걸 보고 또 깜짝 놀랐어. 형님 내외도 그런 일을 알고 있었는지 쓸쓸하게 웃더라고. 평양 한복판 번화가 한가운데서 벌어진 일이니까, 내겐 아주 충격적인 일이었지. 있어서는 안 될 일이지.

어떤 구실을 붙여서라도 가볼 필요가 있어. 그 번화가만이라도 볼 필요가 있어. 평양의 고려호텔 앞에 중앙도로가 있는데, 아주 폭이 넓어. '개장국'[보신탕]을 파는 가게도 있고 간판도 걸려 있고. 근데, [밤]8시만 되면 전기가 일제히 나가버려. 내가 갔을 때, '개장국'이라는 간판이 보여서 안내원에게 "저기로 먹으러 갑시다"라고 하니까, 안 된다는 거야. 내가 "왜요?”하고 물으니까, “문 닫았습니다” 하더라고.

8시에요?

그래. 완전히 [불빛이] 사라졌어. 일본의 위성텔레비전에서 조선반도[한반도]를 보면 북쪽만 새까맣잖아? 그런 장면이 이해가 돼. 그대로야. 아무튼 북에 가서 볼 가치가 있어. 그걸 보고 어떻게 판단할지는 여러분 마음이지. 내 경우는 친척들이 사는 걸 보고 판단하는데, 역시 친척들 집에도 가 볼 필요가 있어. 와, 충격이야. 충격. 너무 심했어. 제주에서 사는 것보다 훨씬 못했으니까. 제주도가 훨씬 더 자유롭지.

제주도가 더 발전했으니까요.

넷째형, 다섯째형하고 이번에 제주에 갔다왔는데, 넷째형이 그러더군. 그 시골에 1, 2미터 도로가 다 포장되어 있어서 깜짝 놀랐다고 말이지. 왠지 아시나? 평양 시내 한복판에도 비포장 도로가 많거든. 형님 집에 갔을 때, 평양 한복판의 길이 울퉁불퉁하고 물구덩이가 여기저기 패여 있었어. 그걸 보고 형이 연상한 거지. [제주도의]중앙도로도 울퉁불퉁할 거라고.

근데 제주도는 시골도 밭에 들어가는 데까지 포장이 되어 있었다고. 그런 현실을 목격한 거지. [제주에 사는] 우리 사촌 민복이의 집에 가 봤더니, 콘크리트로 지은 2층집인 거야. 그걸 보고 또 간이 떨어지게 놀란 거라. 농민이 이렇게 좋은 생활을 하는가, 박정희 덕분인가 하고. 그건 박정희와 관계없는 것 같지만, 박정희의 정치는 둘째 치고 좋은 점도 있었다고 봐. 그래서 형이 깜짝 놀랐다고 하더라고.

문제는 세종대왕도 그랬지만 백성들을 먹여살리는지 민중들을 잘 먹여살리는지 어떤지로 판단하는 거지. 민중을 먹여살린 쪽이 이기는 거야. 먹여살리지 못하면 언젠가 지는 거지, 지금 한국은 자유와 민주주주의가 보장되어 있고, 생활도 안정되어 있지. 우리 사촌 민복이의 집도 아주 훌륭한 저택이야. 귤농사만 지을 뿐인데 아주 유복하게 잘살아.

사촌 분은 신흥리에서 귤농사를 짓나요?
귤농사만 짓는데, 하우스 재배지. 마을에서 한라산 중턱으로 올라간 곳에 아주 넓은 귤밭을 가지고 있었어.

그러면 상당히 부자이겠네요.
아니, [원래는] 돈이 없었어. 일본에 돈 벌러 와서 좀 모아서 갔지. 오사카에 돈 벌러 왔었어.

오사카에 와서 돈 모아 귤밭을 사는 일은 [제주에서는] 흔한 일이에요.
그러니까 말하자면, 그게 생업인 거네요.
그렇지 생업이지. 또 다른 친척 한 명은 겸업을 하고 있었어.

민복이라는 분은 온전히 귤농사만 짓나요?
온전히 귤농사만 해. 아주 넓은 귤밭을 가지고 있었어. 한라산 중턱에 산으로 올가가는 곳에.

성공한 거네요.

농민들이 생활할 수 있는 게 제일 중요한 거야. 농민이 먹고살지 못하면 반란밖에 더 일어나겠어? 민란이 제일 무섭지.

졸업논문으로 '4 · 3'을 주제로

선생님은 왜 조선대학 역사학과에 가셨어요?

조선대학에 아주 재미있는 말이 있어. "바보 역지[역사지리학과]"라고. 조선 대학에 학과가 몇 개 있는데, 공부를 지지리 못하는 아이들이 역사지리학 과에 들어간다는 거지(일동 웃음). 좀 공부를 못하는 아이들이 역사지리학 과에 들어갔어.

정치학과는 역시 엘리트였어요?

그럼, 그렇지. 당시에는 그랬지(일동 웃음).

그래서 들어가신 거예요?

그런 셈이지. 이공계는 도저히 무리고. 그러면 교사와 연결되는 게 뭐가 있을까 생각하다가 역사가 있구나 해서, 거기면 "따놓은 당상"으로 들어갈 수 있겠다 싶어서 말이지(웃음). 이유는 그것뿐이야.

전에 뵈었을 때 졸업논문으로 4 · 3을 쓰려 했다고 하셨잖아요? 무슨 특별 한 이유가 있으세요?

4·3. 그게 졸업논문 주제였지.

네? 4·3이 졸업논문이세요? 대단하시네요.

졸업논문으로 4·3을 쓸 예정이었어. 졸업반에 올라가 4학년 때, 당시 지도교수가 박경식* 선생님이었어. 박선생님은 알고 지낸 지가 오래됐지. 고등학생 때도 우리 학교 교사였거든. 내가 조대에 들어오고 나서 박선생님도 조대로 오신 거야. 졸업논문을 안 쓰면 졸업 못 한다고 해서 뭘 쓸까 하고 박선생님을 찾아가 상의했더니, 고향이 제주도니까 4·3을 한번 해보라고 하셨어. 그게 아직 정리된 게 없다고 하시면서. 그거 재미있겠다 싶었지. 여름방학에 그런 이야기가 되었어. 내가 어디에 자료가 있느냐고 물으니까, 박선생님이 강재언* 선생님을 만나고 오라는 거라. 그래서 강선생님이 어디에 사시는지 물었더니 오사카라고 하시잖아.

그래서 어머니에게 기찻삯을 받아서 오사카로 찾아갔어. 찾아가니 강선생님이 아주 기뻐하셨어. 여름이었는데, 사모님이 아주 차가운 수박을 내주셨어. 그래서 그 사모님을 기억해. 아주 맛있었어. 내가 [졸업논문에 대해] 말씀을 드리니까, 4·3이 일어난 배경, 자료수집 등에 대해서도 조언해 주셨어. 강선생님이 가지고 계시던 자료를 한 상자인가 두 상자인가, 내게 주셨어. 지금 그 자료의 내용은 생각나지 않지만 자료를 전부 받아 온 거지.

미완으로 끝난 졸업논문

논문을 쓰기 시작했는데, 졸업할 때가 온 거야. 20쪽도 못 썼을 거야. 도중에 졸업해 버렸어. 3월 말이 돼서 박선생님을 찾아가 "선생님, 이것밖에 못 썼는데 어떻게 하죠?" 했더니, "할 수 없네. 지방에 교사가 부족하니까 졸업해야지"라고 하셔서 졸업논문을 완성하지 못하고 졸업해 버린 거야. 당시는 지방에서 조선학교의 학생 수가 굉장히 늘어나던 시기야. 그게 1962년인가 1963년인가? 아, 내가 대학을 졸업한 게 1963년인데, 각 지방에 있는 조선학교의 학생 수가 굉장히 늘어났어. 특히 조고의 경우는 교사 부족으로 고생했던 모양이야. 그래서 졸업논문을 완성하지 못했어. 나 혼자만 억지로 졸업시킨 거지. 조선대학교 역사지리학과 동기가 처음엔 20명 정도 있었는데, 졸업한 건 11명밖에 없어. 거의 스스로 학교를 그만 두었지. 북으로 간 친구도 몇 명 있었던 것 같고.

네, 그러세요.
그래도 역사와 지리를 아는 사람이 11명 있으니까 귀중한 존재지. 왜냐면, 내가 대학으로는 5기생이지만 역사지리학과로는 1기생이거든. 귀중한 존재인 거지(웃음). 그러니까 억지로 떠밀어서 졸업을 시킨 거지.

그러면 1948년에 소학생(초등학생)이셨던 거죠? 당시, 4·3에 관해서는 알고 계셨어요?
아무것도 몰랐지.

전혀요?
4·24도 몰랐어. 같은 4월에 있었던 일인데도.

4·3에 대해서는 언제 아셨어요?
대학에 들어온 뒤지.

어떤 경로로, 어떤 이야기를 어디서 들으셨어요?

누구한테 들었나? 누가 가르쳐 주었는지는 생각나지 않는데, 4·3이라는 게 제주도에서 있었다는 것, 그리고 여수·순천 반란*도 있었다는 건 역사시간에 배우지 않았을까?

당시에도 4·3이라고 말했어요?

그랬을 걸. 확실하지는 않지만. 그래도 내 고향의 문제니까 아마 기억속에 깊이 각인되지 않았을까? 그때 4·24도 있었다고 언뜻 들었으니까. 그래서 보니까 같은 1948년 4월이야. 그게 공통점이야. 제주도와 고베가 어찌해서 그리됐나, 골똘히 생각했지. 아무튼 박선생님이 4·3에 대해 써보라고 하셔서 강재언 선생님을 찾아가서 가르침을 받아 논문을 써 보려고 했었던 거지. 그게 완성되었으면 굉장한 논문이 됐을 텐데.

그 시기에 4·3에 대해서 쓰려는 사람이 누가 있었나요?

그땐 아무도 없었지. 지금은 누군가? 김석범*?

김시종* 선생님도 계시고.

김석범이 먼저 썼지.

『제주도 피의 역사』*가 나온 게 몇 년이죠?

그건 김석범이 아니라……, 김봉현이지.

〈사진 35〉 김봉현, 『제주도 피의 역사』

아, 네.

김봉현도 만났어. 그 일[논문]도 있고 해서 강재언 선생님을 만나기 전인 가 후인가는 확실하지 않은데, 4·3을 어떻게 부를 것인가 하는 걸로 논쟁을 했어. 김봉현이는 '사건'으로 봤어. 사건이라면 좀 안 맞지 않나? 사건이라는 말 자체가 사회적으로 나쁜 이미지를 주잖아. 그래서 4·3이 나쁜 것이었느냐, 잘 모르니까 좀 가르쳐 달라고 했지. 아무리 생각해도 나쁜 걸로는 보이지 않는 부분이 있다고 말이지. 그랬더니, [남한]단독정권을 반대한 건 좋은 면인데, 도중에 어찌되었건 서로 죽고 죽인 건 좀 문제라고 하더라고. 나는 잘 모르지만 그래도 사건이라는 말은 '진실'이 아니라고 의견을 냈지. 아주 격론을 벌였어.

1960년대부터 그런 이야기를 하셨어요?

그래. 그때 논문을 완성했으면 지금쯤 유명한 역사학자가 되었을 텐데 (일동 웃음).

'4·24'와 재회하다

유감스럽지만, 그렇게 대학을 졸업하고 고베조고[조선고급학교]로 부임해 왔어. 왜냐면, 형이 [고베에] 있었으니까. 대학에서도 전혀 연고가 없는 곳에 보내면 [내가] 힘들어하지 않을까 해서 고베로 보낸 모양이야. 고베에 와서 매년 4월 24일을 맞이하게 되잖아. 교장이 어느 날 4·24에 관해 학생들에게 가르치라고 하더라고. 그래서 4월 24일에 무슨 일이 있었나 보다 생각했지. "자네는 역사 선생이니까 그 정도는 공부해야지"라고 하셨어. 그래서 4·24에 대해 공부하기 시작한 거야.

1963년에 졸업하시고 바로 고베에 오셨어요?
그렇지.

왜 교사가 되려고 하셨어요?
왠지 사람을 만드는 일이라는 게 뭔가 즐겁지 않을까 해서. 폼 잡고 말하자면, 숭고한 일이 아닐까 해서 말이지. 그래서 교사가 되려고 했지.

형님들처럼 조직에 들어가는 것도 생각하셨나요?
그것도 좀 생각했지. 그래도 교사가 더 낫지 않을까 싶었어. 사람을 만드는 일이니까 물건을 만드는 것하고는 다르잖아. 사람은 흰 종이에 무슨 색을 칠하느냐가 중요하지.

선생님의 자제분들도 다 조선학교에 다녔나요?
우리 애들? 다 고베조고 [나왔지].

열심히 학교 일을 하실 때, 자제분들도 같은 학교에 다닌 거네요.
그렇지(일동 웃음). 지금 아픈 곳을 찌르네(일동 웃음).

결혼하신 건 도쿄에서예요? 고베에 오셔서예요?
고베에 와서 했지.

다른 곳에는 가지 않고 계속 고베에서만 교편을 잡으신 거죠?

그렇지.

고베조고[조선고급학교]에만 쭉 계셨나요?

아니, 한때 좀 다른 곳을 전전하기도 했지. 그래도 거의 고베조고에 있었던 셈이지.

조선학교에는 전근제도와 같은 건 없었어요?

있기는 있었지. 그래도 난 고베조고에만 오래 있었어. 담임을 맡으면 가정방문을 해야 하거든. 지금은 일본 학교도 그렇겠지만, 1년간 반드시 학생들 집을 전부 방문하게 되어 있어. 근데 효고현이 아주 지역이 넓잖아? 가스미(香住), 하마자카(浜坂)까지 동해에 인접한 지역까지 가야 했어. [내가 효고현 출신이니까] 그쪽 지리를 잘 알잖아. 학부모들하고 이야기하려면 왜 거기에 조선 사람들이 살게 됐는지. 그런 것도 물어봐야 하는데, 학부모들이 말을 잘 안 해줘. 먼저 술을 한 잔 마시라고 하지. 안 마시면 말을 안 해줘. 그래서 술을 마시면서 왜 아코(赤穂)에 살게 되었나, 언제 와서 뭐하며 살았느냐고 묻는 거지. 그러면 그 역사의 한 부분을 알게 되는 거지.

아, 그렇군요. 그렇게 해서 사사야마(篠山)의 이야기가 책으로 나왔군요.[4]

그렇지. 그 가운데 큰 주제가 4·24였지. 고베 사람들이나 한신(阪神)지역에 사는 동포들, 학부형들을 만나면 그 사람들이 아주 자랑스럽게 줄줄 늘어놓는 거야. "내가 4·24 때 이렇게 했지", "이런 일도 했지" 하면서 말이지. 와, 되게 잘난 체하며 말한다 싶었지. 교장의 지시도 있고 해서, 좌익 활동에 대해서도 물어 보고 그러다가 내 평생의 연구주제가 된 거야.

책을 내신 게 언제였지요?

실은 4·24 30주년을 기념해서 낼 예정이었어.

30주년이면 1978년이네요.

그렇지. 1978년. 당시는 조직에 몸 담고 있었으니까 원고를 써서 일단 총련 효고현 본부에 제출했지. 그랬더니 그게 중앙까지 올라간 거야. 중앙 [본부]의 교육담당이 당시 이진규 부의장이었어. 내가 대학에 다닐 때 [조대] 부학장하던 분인데, [나중에]학장까지 한 분이야. 그 부의장이 읽어보고는 내용이 괜찮으니 일본어로 번역해 보라고, 이렇게 이야기가 된 거라. 왜냐면, 나는 조선학교 학생들을 대상으로 생각해서 우리말로 썼는데, 부의장이 일본인들도 읽어야 한다, 4·24에 대해 일본인들도 알아야 한다고 한거지. 그래서 출판이 1년 늦어졌어. 일본어로 전부 번역했더니 내 원고를 일일이 교정해 주셨어. 10쪽 이상, 이진규 부의장이 이거 고쳐라, 저거 고쳐라, 이건 확인하라고 말이지. 그 책은 진정한 의미에서 내 책이 아니야.

꽤 많이 수정하셨나요?

아주 많이 고쳤어. 사실상 그 책은 이진규 부의장의 책이야.

한국에서도 2006년에 번역이 나왔지요? 그땐 어떻게 하셨나요? 원래대로 다시 고치셨나요? 아니면 그 책을 그냥 번역했나요?

다시 원래대로 한 부분도 있고, 그 이후에 대한 것을 추가로 좀더 쓴 부분도 있고. 그 책은 폭로본이야. …… 음, 이진규 부의장은 훌륭한 분이지. 나같은 아무것도 모르는 애송이한테 좋은 글을 썼으니까 분발해서 일본어로 번역하라는 말씀도 해 주시고, [이것저것] 가르쳐 주셨지.

원래 뭘 하시던 분인가요? 쭉 총련에 계시던 분인가요?

이진규 선생님? 그분은 전후에 조련 안에서 교과서 출판부터 시작해서 일관되게 교과서와 관련된 일을 담당하셨어. 아무튼 재일조선인 민족교육의 실무 쪽으로 외길을 걸어오신 분이지. 재일조선인의 교육문제를 논하려면 이진규 선생님을 빼고는 논할 수가 없어.

이진규 부의장의 기증 자료를 찾아

자주적으로 교과서를 만드신 분이라는 거죠?

[재일조선인의 교육문제를] 제일 잘 아는 분이지. 그래서 그 선생님을 찾아갔어. 4·24에 대해 조사하고 있다고 말씀을 드리니, 좋은 일을 하고 있는데 찾아오는 게 한발 늦었다며, 가지고 있던 교육관계 자료를 전부 평양으로 보냈다고 하시는 거야. 평양의 인민대학습당*에 보냈다고. [인민대학습당이라

〈사진 36〉 인민대학습당(평양)

면] 일본의 국회도서관에 해당하는가? 거기에 전부 보냈다고 하셨어.

그래서 그 이야기를 기억하고 있다가 북을 방문했을 때, 인민대학습당에 가서 모르는 체하고 재일조선인 관련 자료를 보여 달라고 신청을 했더니, 담당자가 잘 모르겠다며 불친절하게 대하더라고. 그래서 내가 아무튼 있을 테니까 보고 싶다고 했지. 내 책도 있을 텐데 한번 보고 싶다고 했지. 그랬더니 좀 기다리라고 하더니 열어 줬어. 일반열람실은 1층, 2층, 3층인데, 아무것도 없는 데를 보여 주더라고. 4층인가 5층에 가니, 담당자가 나와서 뭘 찾느냐고 물어서, 재일조선[인]에 관한 자료를 보고 싶다고 했지. 그랬더니 미심쩍은 얼굴로 자기들끼리 뭐라고 얘기를 하더라고. 그러더니 [목록]카드를 가지고 왔어. 이렇게 보니, 재일조선인에 관한 게 별로 안 보였어. 잘 알려진 사람들만 보이고. 그래서 내가 더 있을 텐데 더 가져오라고 하니, 다시 험악한 표정으로 또 [목록]카드를 가지고 왔어. 마침 내가 쓴 책이 나오더라고. "응, 여기 있네! 가지고 와라"라고 했지.

거기서는 명령조가 아니면 말을 안 들어. 그 사람들한테는 "가지고 와라" 그렇게 말해야 돼. "가지고 와 주세요" 하면 안 돼. "가지고 온나" 하면 딱 경례 자세가 되는 거야. 그 나라가 웃기는 나라야, [한참 후에] (손으로 가리키며) 이 책이라든가, 여러 종류의 일본사에 관한 책을 가지고 나왔어. 내가 다른 게 더 있을 거라고 했지. 그랬더니 담당자 얼굴이 험악해졌어. 그리고는 서너 권을 가지고 나오더니 그걸로 끝이라는 거야. 그래서 "아니다, 더 있다, 실은 이진규 부의장께서 기증하신 게 있을 거다. 내가 직접 들고 왔다"고 하니까, 담당자가 좀 놀라더니 "그런 것 없습니다" 하는 거라. 다시 내가 "볼 게 있어서 오늘 왔으니까 내놓으라"고 했지. 이렇게 명령조로 안 하면 일체 안 들어.

왜죠?
이진규 부의장 말로는 자기가 수집한 스크랩 자료에 전단까지 다 들어 있다고 했거든. 전봇대에 붙이는 그 전단, 아시나?

삐라 말인가요?
삐라. 전봇대 같은 데에 붙이는 거, 그것까지 수집해서 보냈다고 하셨거 든. 당시 전부 다 보냈다고.

그거, 대단하시네요.
나 같은 건 아무것도 아냐. 이런 신문자료를 수십 상자를 보낸 거야.

그거 공개하면 굉장한 연구가 나오겠네요.
그렇지. 이건 나 혼자 생각인데, 당시 것[자료]에는 김일성 만세 따위는 없었어. 아마 그게 문제였을 거야. 담당자가 미공개라고 하더라고. 이진규 선생님은 학자니까 솔직하게 전부 수집하셨겠지. 교육자니까 그렇게 하셨 겠지. [그걸 볼 수 없어서 아주]실망했어. "이진규 씨는 이름도 없습니다"라고 하 더라고. 정말 화가 치밀어 올랐어. 지금쯤은 [그 자료들이] 풍해와 수해로 다 썩고 있을지도 몰라.

보관 상태가 안 좋으면 곰팡이가 생기고 하니까요.
맥이 다 풀렸어. 그 컬렉션이 굉장할 텐데. 남아 있었으면 조선전쟁 전후부터 시작해서 감춰진 재일조선인 내부의 역사를 알 수 있었을 텐데. 삐라 한 장까지 다 수집했다고 하셨는데, 정말 안타깝게 됐어. 안타까워.

인민대학습당에서 자료를 한꺼번에 안 내오고, 조금씩 내온 건 권위주의 인가요?

권의주의도 그렇지만, 재미있었던 건 그 도서관까지 안내인이 계속 졸졸 따라온 거야. 술집을 가도 어디를 가도 따라왔어. 호텔에 가서 잠들기 전까지 24시간 감시야. 그래서 인민대학습당에 갈 적에 안내인에게 말했지. 지금부터 [인민]대학습당에 가고 싶다고. 그랬더니 왜 가냐는 듯한 얼굴이야. 공부하러 간다고 했더니, 할 수 없다며 택시를 불러줘서 갔어.

처음에는 1층 접수처에서 내 [저서]목록을 내왔어. 봤더니, 김경해 이름이 계속 나왔어. 그랬더니 안내인이 놀라는 거야. "김경해 선생님이 이런 분이셨군요"라며 말이지. 태도가 좀 바뀌었어. 이번에는 재일조선인에 대해 조사하고 싶으니, [자료가 있는 곳을] 안내해 달라고 하니까, 4층인지 5층인지 가보라고 해서 갔지. 파일을 이렇게 많이 가져 오더라고, [저서]목록을 쭉 보니, 내 이름의 책이 나왔어. 그걸 안내인이 읽다가 그대로 꾸벅꾸벅 졸더니 고개를 뒤로 젖히고 자더라고. 그게 내가 쓴 책이라고 하니, 이번에는 태도가 싹 바뀌었어. 그 도서관 담당자한테 명령하는 거야. "김경해 선생님이 말씀하시는 책을 가져와야지, 너."

그 나라가 웃기는 나라야. 관료주의도 보통이 아니야. 아주 철저해. 김정일이 곧 하늘이지. 거기[인민대학습당에] 갔다와서 일본돈 5000엔을 [안내원에게] 주었어. 그랬더니 그 이후에는 '프리패스'야. 개장국을 나 혼자서 먹으러 가기도 했지. [태도가] 싹 변하더라고. "선생님, 오늘은 어데 가시고 싶은

데 없습니까? 개장국 먹으러 갑시다. 내 택시 여쭙도록 하겠습니다." 그러면 운전수를 보내고 나 혼자 살짝 다녀오는 거지. 엉망진창이야. 그게 무슨 인민의 나라야.

큰형님은 언제 돌아가셨나요?

그게 언제였나? 1985년 12월. 내가 조선학교를 떠난 뒤지. 1980년인가 1981년에 그만두었으니까. 하와이에 간 게 문제가 돼서 그만두었어.

하와이의 가지야마 컬렉션

영화 같은 이야기네요.

영화야, 그 자체가 영화지.

하와이에는 무슨 일로 가셨어요?

가지야마(梶山) 컬렉션을 보러 갔었어. (손으로 가리키며) 이거야. 이게 전부 가지야마 컬렉션에서 가져온 자료야.

하와이대학에 가지야마 자료가 있나요?

그래, 그래. 아는가?

가지야마 스에유키(梶山季之)*. 소설가죠.

〈이조의 잔영〉, 〈족보〉 같은 게 있지.

가지야마 컬렉션이 하와이에 있나요? "조선인유력자명부"인가요?

그게 말이지, 1920년대에 만주에서 활동한 조선인 활동가의 명부야.

(자료를 보면서)아, 손으로 쓰셨네요? 필사하셨어요?

그건 손으로 쓴 거야. 원본이 어디 있을 텐데, 원본이 잘 안 보여서 손으로 일일이 써서 읽었어.

그땐 복사기 성능이 별로 안 좋았지요?
성능이 안 좋아서 정말 고생했어.

그것 때문에 하와이에 가신 거예요?
조선적으로 하와이대학에 갔어. 하와이가 미국이잖아? 내가 [조선적으로 미국에 간 게] 처음일 걸. 그때 큰 문제가 됐었어.

여권이 없는데 어떻게 가셨어요? 재입국은요?
재입국허가서를 받아야 했는데, 그전에 일본 외무성에서 말하기를, 미국 국무성의 입국허가서[비자]를 받으라고 하더라고. 당연하지. 그래서 고베의 미국영사관에 갔더니 처음에는 거절하더라고. "조선적은 적국입니다. 안 됩니다"라고 말이지. 내가 "꼭 가서 볼 게 있습니다"고 했지. 그랬더니 그게 뭐냐고 물어서 가지야마 컬렉션이라고 대답했지. 그랬더니 "가지야마 컬렉션이 뭡니까?"하고 되묻는 거야. 그런 건 영사도 모르지. 그래 내가 이래저래 설명을 했더니, 알았다고 하더라고. 그렇게 문의를 하고 고베 미국영사관에 수십 번은 더 드나들었을 거야. 이 패스포트[비자]를 받으려고 말이지. 최종적으로 패스포트[비자]가 나왔을 때, 영사가 "당신 자료가 이만큼입니다"라며 [두께가] 1센티 정도 되는 파일을 보여 주었어. [미]국무성과 왔다갔다 한 편지[문서]야.

그런데 가지야마 스에유키가 일생의 작업으로 〈적란운(積乱雲)〉이라는 소설을 쓸 예정이었다나 봐. 한여름에 생기는 구름 있지? 세 형제의 삶을 구상했었다고. 한 사람은 일본열도, 또 한 사람은 조선, 그리고 또 한 사람은 하와이, 세 형제가 각기 어떻게 살았는가를 쓰려고 하니 돈이 들잖아? 자료수집을 해야 하니까, 그래서 쓴 게 포르노소설이라나. 〈시주차(試走車)〉 같은 포르노소설을 쓴 거야. 포르노소설도 아주 많이 썼어. 그래서 처음에는 싫어했지. 가지야마 스에유키는 뭐 별것 없다고 생각했는데.

가지야마 스에유키에게 포르노소설가라는 이미지가 있었나요?

그걸로 아주 유명해. 그런 걸 알고 있어서 가지야마 스에유키가 그렇고 그런 사람이라고 생각했었는데, 그게 아니었어. 나중에 그 사모님을 만나서 들은 이야기인데, 아주 얇은 10쪽도 안 되는 자료를 사려고 수십만 엔을 줬다네. 그 자료를 팔러 오는 사람한테 10쪽도 안 되는 분량을 수십만 엔 주고 산 적이 있다고 하더라고. 그만큼 가치 있는 거니까 샀겠지. 근데, 가지야마 컬렉션이 하와이대학으로 갔다고 요미우리(読売)신문에 난 거야.

가지야마의 자료가 어떻게 해서 하와이대학으로 가게 됐어요?

그야 일본에서는 받아주는 데가 없어서겠지. 포르노작가니까 멀리했겠지. 그런데 그 사람이 수집한 조선관계 자료가 아주 대단해. 그게 어디에도 없는 거라.

교사를 그만두게 된 경위

선생님은 왜 학교를 그만두시게 됐어요? 자료수집 때문에요?

역사공부를 하고 싶어서지. 그 당시는 역사를 다시 공부하고 싶은 마음이 굴뚝같았거든. 재일조선인에 관한 자료가 있다는 걸 요미우리신문을 보고 알았잖아? 정말 어떻게 해서라도 보고 싶었어. [교과서 단원에] 〈1920년대 만주의 조선인 지도자〉라는 게 있었거든. [그걸 보고] 화가 울컥 치밀었어. 누군지 아나?

김일성이요?

그 아버지야. 1920년대 만주와 조선을 포함해 조선독립운동의 최고지도자가 김형직으로 되어 있어. 지금 북한의 역사에서는 말이지.

네, 그런가요?

그게 조선학교의 역사 교과서에 그렇게 쓰여 있어. 김형직이 1920년대에 최고 지도자로 되어 있거든.

그건 좀……

아니, 자네, 지금이니까 말할 수 있지만, 1970년대, 1980년대에는 아무도 의심하는 사람이 없었어.

그렇게 가르치셨어요?

그렇지만 의심은 품고 있었어. 김형직이 지도자인지 확인해 봐야겠다고 말이지. 그럴 때 마침 요미우리신문에 기사가 났으니까, 이건 꼭 봐야겠다는 생각이 점점 굳어졌어. 밤에도 잠이 안 와. 그래서 일단 [조고]교사니까 총련 효고현 본부에 조리 있게 전화를 했지. 하와이에 가서 가지야마 컬렉션을 보고 싶은데 허가해 달라고. [미]영사관에도 갔다왔는데 헛걸음만 치고 곤란한 상황이라고 말이지. 물론 총련 효고현 본부에서는 반대했어. 적국에 왜 가냐고 말이지. 나는 역사가 의식이 있으니까 꼭 가서 사실이 어땠는지 직접 확인해 보고 싶다고 했지. 총련 쪽에서는 침묵할 수밖에.

이번에는 하와이대학이 문제야. 영사가 말해 준 건 그 대학의 초대장이 있으면 생각해 보겠다는 정도였어. 한 발 물러선 거지. 그래서 [하와이]대학 총장에게 전화를 걸고 편지를 보냈어. 총장 밑에 강희웅이라는 사람이 있었어. 한국 사람으로 고려시대 연구자야. 이 연구자가 [내 전화를] 받고는 "총장님께 여쭈어 보겠습니니다" 하는 거야. 그러고는 총장 이름으로 초대장이 날아왔어. 너무 기뻤지. 그 초대장을 첨부해서 영사에게 제출했지. 영사도 반대할 구실이 없어진 거지. 그리고 또 워싱턴의 미국무성과 연락이 왔다갔다 했겠지. 최종적으로 6월인가 7월에 다녀오라며 패스포트[비자]를 내 주었어. 몇 개월 걸렸나?

강희웅 교수님도 대단하시네요. 잘 협력해 주셨네요.
강희웅 교수라고 아나? 하와이대학 역사학자인데, 아직 살아 계시나? 아무튼 그때 패스포트[비자]를 받아 가지고 총련 효고현 본부에 갔어. 그랬더니 마지막에 뭐라고 했는지 아나? 서약서를 들이밀더라고. 가도 좋은데 그 대신 가서 보고 들은 건 돌아와서 일체 발설하지 말라는 거지. 그래서 좋다고, 그렇게 된 거야.

뭐하러 가느냐고요? 그거 무섭네요.

그래. 일체 발설해서는 안 된다는 거지. 또 하나의 조건은 [하와이에] 가지 않으면 내가 하고 싶은 만큼 조선학교 교사를 해도 좋다는 거였어. 어느 쪽이든 하나만 선택하라고. 그때 나는 [연구에] 푹 빠져 가지고 역사공부를 하고 싶었으니까 가고 싶지. 총련은 김형직의 역사가 날조라는 걸 대충 감 잡고 있었던 것 같아. 나는 가고 싶으니 허가해 달라고, [가는 쪽으로] 마음을 굳혔지. 그랬더니 총련 쪽에서도 아무 말이 없더라고. 그래서 [하와이대학에] 갔다온 거야. 그 이듬해 3월에 사표를 내고 그만두었지. 그때 제일 고마웠던 건, 제자들이 말이지, 당시 돈이 얼마나 들었나?

네, 제자들이 여비를 보태 주었다고 말씀하셨지요?

지금은 수십만 엔이면 하와이에 갈 수 있지만 당시에는 그걸로는 어림도 없었어. 호텔도 싼 호텔은 위험하니까 비싼 호텔을 잡아야 했어. 제자들이 수십만 엔을 추렴해 주었지. 다들 기뻐해 주었어. 조선적으로 미국에 갈 수 있다고 말이지. 내가 [몸소] 증명했으니까, 그 이후에는 조선적인 사람들도 많이들 미국에 가기 시작했어.

그 방법으로 갈 수 있다고요?

그렇지. 그거였어. 내가 폼 잡고 사표를 탁 내던지고 나왔지. 이게 또 역사[인생]의 한 전환점이었지.

그래서 하와이에 가기 전에 오타니 아키히로(大谷昭宏)[전 요미우리신문 기자]하고 내 선배하고 히다 유이치(飛田雄一)[현 고베학생청년센터 관장]하고 셋이 [동석한 자리에서] 유언장을 작성했어. [내가] 돌아올 때가 지나도 돌아오지 않으면 이래저래 해서 뭔 일을 당했다고 생각해라, 그리고 가령 내 이름으로 전화가 걸려와도 의심해라, 전화가 없으면 더 의심해라, 그리고 구원활동을 해달라, 그런 유언장을 남기고 갔지. 그리고 갔다와서는 오타니 아키히로를 만나서 대낮부터 맥주를 마셨어. 그 사람은 근무 중인데 말이지(웃음), 그 친구가 술을 마시면서 이제 돌려주겠다며 유언장을 돌려주었어.

그거 지금도 가지고 계셔요?
한 번 찢었다가 이것도 기념이니 남기자고 테이프로 붙여서 두었지.
그때는 정말 목숨 걸고 간 거야. 조선적으로 갔으니까 엄청 두려웠어. [하와이에] 도착한 날부터 돌아올 때까지 신경이 곤두서 있었어. 한국 영사가 만나자고 했는데 거절했어.

하와이에서 본 동포들의 삶

강희웅 교수님은 만나셨어요?
그야 만났지. [하와이]대학총장도 만났지. 초대해 준 사람들이니까. 미리 선물도 준비해서 드렸지. 그래도 한국 영사나 한국계 사람들은 일체 안 만났어. 만나서 만에 하나 말꼬리라도 잡고 늘어지면 큰일이잖아. 다른 가능성도 있고. 근데 한국인 교회에는 갔어. 양로원에도 가 봤지. 그게 돌아오기 하루 이틀 전이었어. 만 엔이라도 기부하고 싶었는데, 돈이 다 떨어져서 한 푼도 못하고 돌아왔지. 그게 마음에 걸려. 하와이에 간 적이 있나?

네, 며칠간 갔다온 적이 있습니다.
아, 그래. 파인애플 농장에도 갔나?

거긴 못 갔는데요.
사탕수수 농장은?

그런 곳은 못 갔어요.
그런 데를 가 봐야지.

저도 하와이에 한 번 갔었는데 전혀 그런 곳은 못 가봤어요. 한국계 이민자가 간 곳이죠?

1900년대에 들어 1902년경부터 한반도에서 이민을 갔어. 사탕수수 밭이나 파인애플농장 같은 데는 가 볼 필요가 있어. 나는 양쪽 다 가 봤는데, 거기선 5분도 못 견뎌. 파인애플농장의 경우는 그늘이 될 만한 게 하나도 없어. 쨍쨍 내리쬐는 햇볕과 지열 때문에 숨이 헉헉 막혀. 사탕수수 밭에도 갔는데 거기도 말도 못해. 일하는 사람을 보니까 얼굴을 전부 가려서 눈만 보여. 덥지 않느냐고 물으니, 그게 시원하다는 거야. 햇볕이 닿지 않고 지열도 안 받으니까. 그게 5분 정도가 한계야. 그런 곳에서 일하는 건 노예노동이야.

이민에 대해선 알고 가신 건가요?

그렇지. 강희웅 교수가 데려가 주었지. 1세들이 어떻게 사는지 보라고 말이지. 정말 강희웅 교수는 대단한 분이야. 그 파인애플농장과 사탕수수밭은 하와이에 가게 되면 꼭 한번 가 볼 필요가 있어. 1세들이 얼마나 고생했는지 체험할 필요가 있다고. [고베]나가타의 고무공장에서 일한 것 따위는 비교가 안 돼. 그런 건 아무것도 아니야. [파인애플 농장에서] 몇 분인가 있었는데 땀이 줄줄 흐르더라고.

그런 곳에서 견디며 일한 사람들이 사는 양로원이 교회 바로 아래층에 있었어. 기부할 돈이 만 엔도 없었던 게 돌아와서도 계속 양심의 가책이 돼서 나중에 우편으로 보냈어. 1세들은 이제 다 주름투성이야. 허리도 굽었고. 아아, 이분들이 장하구나 하는 생각이 들었어. 그때, 정말 눈물이 나왔어. 내가 자랑할 건 하와이에서 제일 큰 교회와 연결된 양로원에 가서 그분들을 만났다는 거야. 하와이에 가서 그쪽 방면으로 아주 좋은 공부를 했어. 재일코리안[1세]들이 하던 일은 쉬운 일이지. 편한 일이야. 그런 건 비교가 안 돼. 정말 하와이의 1세들은 고생했지.

하와이의 이민 1세들은 식민지가 되기 전에 한국에서 간 사람들인데, 교회 사람들도 한국에서 간 사람들이었어요?

그렇지. 교회는 식민지시대 때부터 있었다고. 이승만, 박용만 등이 만들었지. 그 사람들은 항일운동을 지도하기 위해 교회를 많이 이용했었어.

조선적에다 조선학교 교사인 선생님이 가니까 교회 사람들의 반응은 어땠나요?

그건 모르지. 개방되어 있지는 않았으니까.

단순히 교포가 왔다는 정도였나요?

나도 마음의 준비도 그렇고 정신적으로 거기까지 여유가 없었어. 겁 먹고 있었지. 말도 못 걸었어. 그분들을 보고 있으려니 눈물이 나서 말이지. 기력을 잃은 노인들뿐이야. 무슨 이야기를 하겠어? 수녀하고 신부를 만났는데, 공식적인 이야기만 나눴어. 아니, 그 사람들하고 이야기할 때도 큰일이었어. 정말 나는 사탕수수밭과 파인애플농장을 보고 정말……

하와이에서 2세나 3세는 거의 못 만나셨어요?

그 사람들도 나이에 따라 다르지. 호놀룰루에서 거의 장사를 하고 있다고.

대부분 한국어도 못하고요?

못하지.

대부분은 전혀 한국계라는 의식도 없고요?

[한국인이라는 의식이] 있기는 있어.

공동체도 없다고 하던데, 나중에 1970년대에 [하와이에]간 한국인들은 공동체가 있다고 하던데요.

내가 1980년에 갔을 때 호놀룰루공항에 내려서 택시를 탔거든. 택시를 타고 옆 사람과 이야기를 나눴는데, [운전수가] 백미러를 보면서 "교포신가요?" 그러더라고. 깜짝 놀랐지.

그 사람은 한국에서 온 사람이었나요?

그랬어. 2세라고. 내가 젊게 보여서 "자네는 여기서 태어났나?"라고 물었더니, "네, 그렇습니다. 여기서 태어났습니다. 예순입니다" 하는 거야.

그러면 1930년대에 태어났다는 거네요. 그런데 하와이에 가셨을 때, 영어 선생님도 한 분 같이 가셨지요? 그 영어 선생님도 조선학교를 그만두셨나요?

그만뒀어. 나랑 같이 그만뒀어.

전환점이 된 1980년 전후

그 후에 그 영어 선생님은 뭘 하고 계신가요?

무슨 장사를 하고 있다지. 1980년 전후에는 재일조선인도 전환기였어. 총련에서 손을 털고 떠나는 분위기가 있었어.

김병식* 사건 등이 있었을 때인가요?

그 직후에 북의 정치가 잘못됐다는 것도 알게 됐지. 1970년대부터 재일조선인 교사들이 많이들 북에 가기 시작했어. 현실을 보고 오는 거지. 그리고는 지금까지 배우고 들은 것과 다르다고, 실제 자기 눈으로 보고 왔으니까. 고베조고의 선생들도 마찬가지야. 몇 명인가 [북에] 다녀왔지. 그 이후로 학교에서는 속마음을 안 드러내게 됐지.

고베조고에서 그리 멀지 않는 곳에 다루미(垂水)의 바닷가가 있는데, 거기 스마(須磨)까지 가서 거기 해안가에서 술 한 잔 하면서 속마음을 이야기하는 거야. 실은 조선신보에는 그렇게 쓰여 있고 공식적인 장소에서는 그렇게 말하지만, 자기가 [북에] 가서 보고 들은 것하고는 다르다고 말이지. 북이라는 나라는 이런 나라고, 김일성의 정치도 김병식이 하는 짓도 마땅 찮다고 말이지.

그래서 내가 그만둘 때 6, 7명이 함께 그만두었어. 그것도 다 베테랑 교사들만. 큰 타격이었겠지. 그건 고베조고뿐만 아니라 효고현 내에서도 마찬가지였지. 전국적으로 그런 경향이 있었어. 그때부터 평양, [북]조선을 떠나기 시작한 거야. 그 정치는 틀렸다, 재일조선인 운동은 문제가 있다고 말이지. 1980년대는 그런 시기였어.

그런 의미에서 말하면, 김병식이 그 이전에 총련 조직을 수직적인 형식으로 만든 것에 대한 반발이 아니었을까요?
그것도 있지만 김병식이 지은 제일 큰 죄는 김일성을 우상화한 거지.

김병식은 어떤 사람이었나요? 뭘 하던 사람이죠? 한덕수의 사위였지요?
[총련의] 제1부의장까지 지냈지. 김일성주의를 외국에서 선전한 게 김병식이 처음이라 그의 존재가치가 있었던 게지. 아직 북에서도 그런 말을 하지 않을 때에 주체사상이라든가 김일성주의를 선전한 게 김병식이야.

그 시대에는 김일성의 교시로부터 시작하지 않는 연구는 허용되지 않았으니까요.
그렇지. 그런 거지. 절간의 스님들이 경전을 읽는 것과 매한가지로 했어.

"김일성 주석께서 이렇게 말씀하셨습니다"라고 하고 나서 썼지요.

그걸 다 통째로 암기하게 했어. 선생들한테 그러면 어떻게 되겠어? 자기 전공을 공부해야지. 이과면 이과 공부를, 역사라면 역사 공부를 시켜야 하는데, 그건 뒤로 밀리고, [김일성의] 교시를 공부하게 하는 거야. 가령 신년사가 나오면 몇 천 자 되는 걸 통째로 암기시켰어. 그럴 여유가 있으면 수학 문제를 하나 더 가르쳐야 하잖아? 전부 안중에도 없어. 점점 조선학교의 교사들이 [학교를] 떠나게 되었지. 귀중한 두뇌가 유출되기 시작했어. 그때 노련한 선생들이 남아 있었더라면, 지금의 조선학교도 좀 다르지 않았을까? 굉장히 안타까워. 아까도 말했지만, 내가 그만둘 때 우리 선배들도 반쯤 그만두었어. 아주 두뇌가 명석한 사람들이었는데, 정말 훌륭한 두뇌들이었어.

학생들에 대한 열의도 대단했지요?

보통이 아니었지. 다들 사명감에 불타 있었거든. 그 사람들이 [총련에서] "김일성 만세"를 하니까 다 그만두고 떠나버리니 총련도 큰 타격을 입었지.

그만두신 분들은 그 뒤에 뭘 하시나요? 선생님처럼 글 쓰는 분도 있나요?

그런 사람도 있지만 그래도 많지는 않지. 쓰지를 못해.

빠찡꼬 점원을 하는 분도 있지요?

있지. 나도 빠찡꼬 점원을 했어.

저를 가르쳐 주신 선생님도 빠찡꼬 점원을 하셨거든요.

정말, 아주 귀중한 두뇌들인데, 안됐어요.

그것도 웃겼어. 나도 고베 시내에 있는 여러 빠찡꼬에서 일했는데, 내가 한 일은 거의 돈 계산 같은 일뿐이었어. 성실하게 보인다고(일동 웃음). 돈 계산만 했지.

돈을 속일 사람 같이는 안 보이니까 그런 거죠?

그렇지. 그런 의미야. 고마운 일이지. 조선학교 선생이란 그전에 순수하게 온실에서 산 사람들이니 돈이 어떻게 돌아가는지 모르지. 빠찡꼬에서 내가 일할 때, 내게 전혀 관심도 없었던 친구가 찾아왔어. 대학 동창인데, 찾아와서 내가 하는 일을 지켜봤어. 내가 때에 따라서는 단 10엔이라도 모자라면 열쇠를 들고 가게 안 여기저기 찾으러 다녀야 했거든. 밤이 되면 내가 돈 계산을 하는데 1엔이라도 차이가 있으면 안 되니까, 그걸 봤지. 이 자식, 뭐하러 여기까지 왔나? 화가 치밀어 올랐지. 완전히 [나를] 깔보는 거야. 나는 먹고 사느라고 악전고투하고 있는데, 사느라고 필사적인데, 그 친구는 그런 걸 모르지. 내가 빠찡코에서 일해서 아이들의 학비를 다 댔어.

그때는 참 힘들었어. 빠찡꼬에서 일할 때는 사회적으로 얼마나 무시를 당했던지 힘들었어. 십 몇 년은 했을 거야. 그때 제자들 부모들이 찾아와서 우리 아이한테는 잘난 체하며 가르쳐 놓고서 왜 이런 데서 있느냐는 말을 들은 적도 있어. 꾹 참고 살았지. 자식들을 먹여살려야 하니까, 그 생각 하나로 살았어. 그렇지만 난 고베를 떠나지 않았어. 이혼도 하고 많은 일들이 있었지. 제일 큰형하고 마찬가지로 고베를 떠나면 내가 지는 거니까 고베에서 버텼어. 그러면서 조금씩 한 일이, 신문, 일주일에 한 번 쉬는 날에 도서관에 다니면서 조선에 관한 보도기사를 하나하나 모았어. 그게 지금까지 모아졌어. (신문을 가리키며) 이 신문들이 [내게는] 제일 가는 보물이야.

〈사진 37〉 고베전철부설공사 조선인 노동자의 상 제막식에서 인사하는 김경해 씨(1996년 11월)

신문 컬렉션

굉장한 분량이네요. 19세기 자료가 대단하네요.
그래. 이게 조선이 개항하기 전부터 있었어.

진제이(鎭西)일보라면, 구마모토인가요? 히로시마인가요?
나가사키(長崎). 이 진세일보에는 조선이 개항하기 전의 기사가 있어.

나가사키라면 어업 관련 기사 같은 게 실려 있나요?

조선을 먹으려고 일본인이 얼마나 많이 조사와 연구를 했는지가 나오지.

진제이일보나 모지(門司)신보에도 가셨어요?

나가사키까지 갔지. 복사비가 얼마 들었는지 아나? 그 당시에 한 장에 100엔이야. 일주일간 거기서 숙박하면서 돈을 얼마나 썼는지. 그런 고생은 모를 거야. (책을 가리키며) 이 자료로 쓴 제주도에 관한 책이 이거야. 이거 전에 쓴 건 바로 이거고. 2배 이상 되지.

이걸 한국어와 일본어 양쪽으로요?

(책을 가리키며) 이거 2배 이상이 여기에 들어 있어. 제주에 대한 기사, 이재수의 난*이라든가 그런 것도 한국에서 나온 논문보다 여기 있는 게 더 많아. 일본의 신문은 철저하게 조사했어. [한국이나 일본에서] 얼마나 엉성하게 연구를 하는지. 그야 일본에 관한 기사도 반할 정도지. 정말 훌륭해. 좋은 연구가 많아. 식민지시대에 제주도의 기상관측 기사도 여기 있는데, 제주도 사람들은 아무도 몰라. 정말 일본인들은 철저하게 조사했어. 조선이 개항 하기 전부터 [한반도에] 가 있었으니까.

나의 컬렉션, 이게 정말 보물이야. 이걸로 기뻤던 일이 있어. [한국에서는] 최근까지 이 자료의 존재가치를 몰랐던 거야. 그런데 2, 3년 전에 친일파진상규명위원회[친일반민족행위진상규명위원회]*라고 있지? 거기 사람한테서 연락이 와서 나를 찾아오겠다는 거야. 좋다고 했지. 내가 친일파 연구를 하고 있거든. 박영효에 대해 연구하고 있었지. 여기까지 찾아왔어. 흔치 않은 친구라고 생각했지. 그래서 명함을 보니까 친일파진상규명위원회 조사위원인 거야. 내가 친일 연구하고 박영효 연구도 하고 있는데 자네하고는 입장이 다르지 않을까 하니, 입장이 다르다고 해. 그러고는 이걸 쭉 보더니 전부 친일파진상규명위원회에 줄 수 없느냐고 하는 거라. 그래서 좋다고 가져가라고 했지. 좀 고민하다가 사인해 버렸어. 전부 다 [복사해서] 가져갔어. 일본에서 복사하려면 복사비가 비싼데. 자기가 직접 하니 싸지. 서민교라는 친구야.

친일파진상규명위원회에서 가져갔다는 거죠?.
그렇지. 그 친구가 찾아와서 두 번 보더니 전부 [복사해서] 가져가겠다고 해. 계약이 240만 엔 정도인가? 이거 복사비는 받은 거지. 어떻게 할 거냐고 물었더니, 외부에서 다른 사람이 오면 복사비를 받는다고, 그전에 내게 허가를 받는다고 했어. 그렇지 않으면 복사 못 한다고 말이지. 고맙다고 했지. [내게] 경의를 표해 주었어(웃음).

한국도 좀 나아졌지요?(일동 웃음).
좀 나아졌지. 저작권[법] 그런 게 있다지만 일단 내가 소유자니까. 그렇게까지 경의를 표해 주어서 나야 기뻤지. 전혀 무명인 내게 말이지.

친일파진상규명위원회가 가져간 건 이거 전부인가요?
그렇지. 175권을 가져갔어. 그 뒤로 190권째가 됐어. 15권이 새로 늘어난 거지. 모지(門司)신보하고 그 위에 있는 지지(時事)신보는 못 가져갔어.

그 뒤로는요?

그 뒤로도 내가 수집하고 있어. 지지신보는 지금 도중까지 했으니까 전부 수집하면 200권은 넘을 거야. 거기에 한국병합 전의 근대 한일관계사의 이면이 다 나와. 재미있어. 그야 가슴이 설렐 정도지.

그거 선생님이 돌아가시면 어떻게 하실 건지 확실히 써 놓으세요. 갑자기 돌아가실 수도 있으니까요(일동 웃음).

죽을 수도 있지(일동 웃음).

청구문고*에 기증하신다거나, 그렇게 써 주세요(일동 웃음).

그건 아들한테 말해 두었어. 내가 죽으면 전부 고베시립도서관에 기증하라고.

이거 복사비가 얼마나 들었는지 몇 천만 엔은 들었을 거야. 나도 모르는 사이에 말이지. 처음에 모은 자료가 고베신문이고, 두번째가 오사카아사히 (大阪朝日)신문이야. 고베신문은 정말 엄청났어. 복사가 빠진 부분이 있어서 몇 년인가 걸쳐서 전부 다시 수집했지. 이제 거의 완벽해. 지금은 오사카아사히신문을 다시 점검하고 있어. 거기 쓰여 있듯이, 보다 보면 빠진 부분이 많아. 그래서 지금 다시 수집하는 중이야. 역시 빠진 데가 있어. 5분의 1 정도 더하고 있어. 지금.

박영효 연구

의식적으로 1910년까지를 연구 대상으로 삼으신 거예요?

그렇지. 박영효를 조사하고 있으니까. 지금 나의 연구대상은 박영효 뿐이야. 왜 그가 친일파가 되었는가 하는 거지(웃음).

〈사진 38〉 박영효 적거 터(제주시 이도2동)

왜 친일파가 됐는냐는 이유 말인가요?

그래. 그걸 계속 파고 있지. 여러 가지가 있는데, 아무리 봐도 1910년쯤이 박영효에게는 중요한 전환점이었던 것 같아. 그래서 모든 신문자료를 1910년까지 모아서 조사를 했지.

〈사진 39〉 박영효 적거 터 표지석

박영효의 손녀딸하고 조선왕조의 왕손이 결혼했지요?

그래, 이우가 박영효의 사위가 되지. 그런데 이우는 히로시마(広島)원폭 때 죽었어.

피폭자이군요.

그렇지. 나는 몰랐지. 내가 그 경위를 알고 나서 다시 한번 히로시마에 갔지. 그랬더니 평화공원 옆에 있는 기념비에 이우의 이름이 새겨져 있었어. 육군중좌였어.

이우라는 분은 조선의 고종, 순종하고 어떻게 되나요?

고종 아들의 아들이지. 고종의 손자인 이우하고, 박영효의 딸이 결혼한 거지. 고종의 아들이 의화군(義和君)*인데, 한자로는 정의의 '의', 평화의 '화'라고 쓰지. [박영효가] 의화군하고 같이 일본에 와 있었어. 두 사람은 아주 사이가 좋았어. 박영효가 나이로는 좀 위인데, 의화군이 왕족이니까 깍듯이 모셨더라고. 박영효는 철저했어. [관련]기사를 쭉 읽어 보니까 의화군이 박영효보다 나이가 좀 어린데 박영효한테 좀 거만하게 대해.

의화군의 아들이, 그러니까 박영효의 사위인 거죠?

그렇지. 사위지. 박영효는 철저하게 군주론자야. 죽을 때까지 왕을 철저하게 받들었지. 흥미로운 이야기가 있어. 1907년에 박영효가 마지막으로 귀국을 하거든. 가서 고종을 만나는데, 그때가 고종이 헤이그 밀사사건*으로 밀려나기 직전이지, 박영효가 모자를 쓰고 나갔어. (손으로 가리키며) 여기에다 모자를 고정을 시키는 게 비취였어. 비취로 고정을 시키는 거지.

[처음에는] 그게 무슨 의미인지 몰랐어. 일본의 신문에 그 기사가 난 거야. 그래서 경복궁에 있는 민속박물관의 연구원에게 물었지. 비취에 무슨 의미가 있느냐고. 그랬더니 히죽히죽 웃으면서 알려주더라고. 아주 중요한 문제[의미]가 있었던 거야. 왕족은 귀금속으로 [모자를] 고정한다고 해. 귀금속은 왕족밖에 못 한다고. 비취는 뭐냐면, 그게 단단한 정도로 [등급을] 정한다는 거야. 왕족만이 비취를 사용한다고 해. 박영효는 애초에 부마[군주의 사위 또는 공주의 남편을 칭하는 말]였어. 왕의 딸하고 결혼했으니까 왕족인 거지. 고종의 위가 누구더라. 고종의 위가 철종이지. 그래, 철종의 딸하고 결혼했거든.

철종에게 딸이 있었군요. 아들이 없어서 고종이 들어온 거죠?

그렇지. 영혜(永惠)라는 딸이 있었어. 그 영혜공주를 아내로 맞았으니까 박영효는 왕족에 가까운 대접을 받은 거지. 그러니까 비취를 달고 고종을 만난 거야. 고종이 [그걸] 보고 뭘 그런 걸 달았냐고 했겠지. 그러고 고종의 마음이 확 바뀌어 버리는 거야. 박영효는 위계를 중시했어.

그런데 2, 3일 사이에 상황이 바뀌어서 고종이 왕위에서 밀려나게 되지. 박영효도 직위에서 물러나 제주도로 잠시 귀양을 가. 왜냐면, 이토 히로부미(伊藤博文)가 협박해서 고종이 퇴위를 당하잖아. 헤이그 밀사사건을 유야무야 처리하려고 했으니까. 그런데 고종은 자신은 관계하지 않았다고, 그 밀사단을 보내지 않았다고 주장했잖아? 실제로는 어떤지 모르겠지만, 그 뒤에 궁내대신 박영효가 있었어. 박영효가 도장을 가지고 도망을 간 거야. 도망을 다니다가 이토 히로부미에게 들켜서 같은 죄목으로 고종과 박영효가 유배를 당한 거지. 그래서 제주도로 유배를 간 거야.

내가 제주에 갔을 때 그 사실을 확인하고 싶었지. [박영효가 살던] 집을 찾아봤어. 박영효가 어디에 살았었나 궁금해서 말이지.

제주에 지금도 남아 있나요?

집터가 남아 있어. 집터도 아마 여기보다 작을 거야.

돌에 번듯하게 새겨져 있나요?

남아 있어. 내가 제주에 간 이유가 그거였어.

처음으로 찾은 제주도

처음에 제주도에 가신 건 언제죠? 그게 2001년인가요?

그렇지. 그때 4명이서 갔어. 내가 하루만 따로 떨어져서 성묘를 갔지. 그리고 고모의 딸을 만나기 전에 시간이 좀 남아서 제주 시내의 지하상가에 갔어. 인적이 드문 곳을 다니면 좀 위험하겠다 싶더라고(웃음). 그래서 사람들이 많은 곳이면 괜찮겠지 싶어서 지하도를 왔다갔다 했어. 10미터쯤 가다가 뒤돌아오고, 10미터쯤 가다가 또 되돌아오고, 그런 식으로 왔다갔다 했어.

뭐가 위험하다고 생각하셨어요?

체포되지 않을까 싶어서. 생각해 보게. [제주]공항에 자동소총을 지닌 경찰관이 걸어다니는 거야. 쫄았지. 조선적이니까. 게다가 [한국에 가기 전에] 영사관에다 내 이력을 전부 써서 제출했거든. 그러니까 조선적이라는 게 다 드러나 있고, 북쪽이라는 게 다 드러나 있잖아.

형님도 총련 간부이고, 북에 가 계시니까요?

그래. 긴장, 긴장, 긴장의 연속이었어. 오줌을 지릴 정도였다니까. 정~말 긴장했어. 내가 2001년에 갔을 때는 정말 목숨 내놓고 간 거야.

그래도 성묘 갔을 때 다들 따뜻하게 맞이해 주었다고 좋아하셨잖아요?

그건 기뻤지. 김경해 집안이라면 철저한 공산주의자로 활동했는데, 그 집안사람인 내가 간 거잖아. [그런데도] 친척들이 얼마나 반갑게 맞아 주던지, 정말 기뻤지.

역시 직접 만나서 이야기하는 게 좋았지요?

4군덴가 5군덴가 묘를 쭉 데려가 주었어. 일정은 힘들었지만 기뻤어. 선조들의 묘를 성묘한 건 아주 귀중한 경험이었어. 그게 가슴이 찡해. 이번에 내 바로 위의 형이 가서 기뻐한 것도 바로 그거야. 충분히 이해할 수 있어. 그 줄기에서 갈라져 나온 친척들이 이렇듯 열심히 살아 주니까, 기쁘지. 성묘한 적이 있나?

〈사진 40〉 가족묘지를 찾은 김경해 씨와 형 김경오 씨(2007년 7월)

네, 있습니다. 그동안 선생님이 처음으로 제주에 가기 전까지는 제주와는 연결되는 것이 전혀 없었나요?

없었지. 오사카민단의 단장밖에 없었어.

그 친척 분이요?

나하고 팔촌인가 십촌인가 될 거야. 그 사람이 제주도 일이라면 뭐든 다 알고 있거든.

그분이 가족묘지를 세우고 비석을 세웠다는 그분인가요?

그래, 그래.

그분이 함께 묘를 만들었다지요? 신흥리 고향사람들과 민단 사람들이 같이요.

그 사람이 땅 수백 평을 사서 친족들의 묘를 만들어 주었어. 신흥리에 초등학교인지 중학교인지, 학교를 세울 때도 기부하고. 그래서 그 사람의 이름이 새겨져 있어. 김창해라고 오사카에서 살았는데, 그 사람이 없었으면 인연이 다 끊어졌지. 우리 어머니의 인덕에 감동했는지, 총련이라면 진저리치며 싫어하던 사람이었는데, 우리 어머니하고는 연락을 하고 지냈었어.

〈사진 41〉 신흥리 공덕비(오른쪽 두번째가 김창해 씨 비)

김창해 씨는 계속 오사카에 살았나요?

계속 오사카에 살았지. 고무공장을 했었어.

선생님의 집안사람들은 아무도 신흥리의 재일친목회와 관련이 없으신가요?

없어. 관계가 없었어. 김창해 씨를 통해서만. 그 사람이 돈이 많으니까 제주도 여기저기에 돈을 많이 뿌렸어. 신흥리에서는 무시하지 못하는 존재지. 또 한 사람 아주 먼 친척인데, 김봉각이라고 부자가 있어. 조천의 3·1기념관 동상이 있는데[4], 가본 적이 있는가? 거기 탑을 세울 때 수백만 엔을 냈어. 이번에 형이 가서 보고 깜짝 놀랐다고 하더라고 .

김봉각 선생이 기부했다는 표식이요?

그렇지. 우리 친척들은 다들 애향심이 있어.

총련계에서 쭉 활동했지만, 고향에 초등학교를 세울 때 돈을 기부하신 분이 많아요?

그럼, 그럼.

저희가 조사로 갔던 마을에서도 본 적이 있어요.

김봉각도 총련의 열성 활동가니까 본인은 못 가잖아? 사람을 통해서 기부한 거지. 3·1 독립기념관이라면 명목이 좋잖아. 그래서 돈을 냈겠지. 가서 봤는데, 확실히 김봉각이라고 새겨져 있더라고. 한국에 가서 여러 가지 일이 있었어. 정말 공부가 됐지.

〈사진 42〉 조천3·1독립운동기념탑

〈사진 43〉 김봉각선생공덕비를 바라보는 김경해 씨

제주도 친척들과의 관계

친척들은 아직 제주에 있나요?

나의 직계 친척은 없지. 우리집이 종손 집안이니까. 외가[방계]는 다 있고.

외가라면 어머님 쪽인가요?

아니, 어머니 쪽이 아니라, 내 2대 3대 위로 형제가 2명 있었어. 우리집은 그 중에서도 종손이고. 거기서 갈라져 나온 사람들이 지금 제주도에 살고 있지. 그 사람들이 묘도 봐주고 있는 거지.

그러면 꽤 먼 친척이네요.

꽤 먼 정도가 아니라 팔촌 십촌이지.

그런데도 묘를 잘 봐주고 있네요.

고맙지. 그 사람들은 농민이라도 잘사는 농민이야. 아주 착실한 농민이지. 얼굴이 새까맣고. 주먹을 쥐면 울퉁불퉁해. 이런 내 주먹하고는 달라. 아주 굵어(웃음).

농가로서는 아주 성공했다고 할 수 있나요?

[그만하면] 성공한 거지.

그 마을이 신흥리에서 꽤 중심이 되는 모양이던데요?

이번에 내가 가서 보니까, 김민복이라고 내 조카뻘인데, 집 현관에 "김만

희* 선조문중"이라는 간판이 걸려 있더라고. 김만희라는 사람은 나의 20대인가 21대 위로 제주에 들어온 시조야. 그 자손이라는 간판을 내걸었더라고. 기뻤지. 그 사람들이 있고, 그 윗대 사람들이 있어. 나보다 나이를 먹었어도 일단 내가 종손집 자손이니까 그쪽에서 먼저 예를 갖춰 주는 거지. 좋기도 하고 좀 창피하기도 하고. 잘 모르겠어.

선생님의 집은 전혀 손을 안 대고 그대로 있었나요?
그대로 있었어.

그렇겠지요. 종손 집안 사람들이 다 일본에 가 있으니까, 그 사람들이 어떻게 할 수가 없었겠지요.
자기들은 방계 쪽이니까 그건 절대로 건드리지 못하지. 손을 못 대지.

[종손 집안이] 총련계였는데도…….
그렇지. 잘 지켜 주어서 고맙지. 초가집은 우리집밖에 없었어.

그간 신흥리의 친척들하고는 연락하고 지내셨어요?

안 했지.

전혀요?

자네하고 같이 갔을 때, 그때가 처음이었으니까.[5]

그때까지 완전히 연락이 두절되었던 거예요?

[제주에] 가기 몇 개월 전에 알았으니까, 간다고 편지를 보냈지.

그게 처음이세요?

실제로 간 것은 자네하고 같이 간 그때(2001년)뿐이야. 그때가 처음이었지.

그러시군요. 그러니까 어머니가 북으로 가시고, 전혀 왕래가 없었군요?

전혀 교류가 없었지. 내가 장손 집안의 가족으로는 처음 제주를 방문했다고 하더라고.

어머니가 북으로 가신 건 언제쯤인가요?

형을 뒤따라서 갔으니까…….

1970년대인가요?

그럴 거야.

그 뒤로는 어머님도 [제주에] 연락을 못 하셨지요.

그렇지.

그럼, [제주도 친척의] 연락처는 누가 가지고 있었나요?

그게 이런저런 사정이 있었어. 우리집안하고 제주도 친척들 사이에서 연락을 해준 게 민단 오사카본부 단장을 했던 사람이야.

그 친척 분이요?

친척인데, 방계 쪽으로 팔촌인가 십촌인가 될 거야. 그 단장이었던 사람이 중간에서 주선을 했나 봐. 그래 가지고 이런저런 일을, 묘 주변의 풀을 깎거나 하는 일을 시켰나 봐. 내가 제주에 가기 전에 그 사람을 만나러 갔어. 묘가 어디에 있는지, 누구를 만나면 좋을지 물었지. 그랬더니 그 형님이 아주 크게 화를 냈어. 이제 와서 무슨 묘 타령이냐고 불같이 화를 내서 처음에는 그냥 돌아왔지. 그런데 아무래도 성묘는 해야겠다 싶어서 다시 찾아갔지. 그랬더니 이런 사람을 만나라고 가르쳐 줬어. 아무렇지도 않게 말해 주더라고. 그 사람이 김민복이야. 그래서 이름을 알았으니까 주소를 알아봤지. 어렵게 알아냈어. 그 형님은 주소나 전화번호 같은 건 안 가르쳐 줬거든. 그래서 제주에 도착해서 전화를 걸어 성묘를 간다고 했지. 그랬더니 그쪽에서 깜짝 놀라더라고.

수십 년간 소식이 없다가 갑자기 나타났으니까요.

그러니까 40년 만이지!!

놀란 만도 하네요.

그 조카 되는 사람이 깜짝 놀라서 나왔더라고. 그때 성묘를 갈 때도 내가 가는 방법을 모르니까 아침에 버스터미널에서 친척을 만나기로 했었어. 누구냐면 고모의 딸, 아버지 여동생의 딸이야. 버스터미널에서 나를 보자마자 처음에 뭐라고 했는지 아나? "니들 빨간 새끼 때문에 우리 아이들이 애먹었단요……"라고 하더라고. 출세를 못한 거야. 가슴이 덜컹 내려앉았어. 그런 이야기를 듣기는 했지만, 실제로 우리 친척이 그런 일을 당했으리라고는 생각하지 못했지. 아주 푸대접을 하더라고.

특히 제주에서는 그렇지요.

아주 심하게 퍼붓더라고. 그래도 꾹 참고 다 들었어. 그 아들이 와서 "어머니, 이제 그만, 그만 하세요" 하더라고. 그 사람들 차를 타고 신흥리에 갔지. 그랬더니 [그 조카와 친척들이] 맞아주었어. 기뻤지. 정말 눈물이 났어. 1시간이나 쭉 묘를 안내해 주더라고. 묘지는 전부 풀을 뽑아 깨끗하게 정리되어 있더라고. 이건 뭔가 생각했지. 묘에서 큰절을 올릴 때마다 눈물이 흘렀어. 정말 기뻤어. 그때 일본에 있는 형들은 아무도 안 갔을 때니까. 내가 처음 간 거지. 돌아와서 형들에게 보고했더니 형들도 울었어. 와, 정말 그때는 마음을 빼앗겼어.

제주도의 재산상속 문제

이야기가 좀 앞으로 돌아가는데요. 큰형님이 1985년에 [북에서] 돌아가셨지요?

그리고 이번에 제주에 다시 가셨잖아요. 그러면 큰형님이 돌아가신 건 호적에 올라 있나요?

호적에 안 올라 있지. 안 올라 있어.

아직 안 올라 있어요?

북에 가서 죽었으니까 증명할 길이 없잖아. 한국은 북의 서류를 일체 인정하지 않거든.

행방불명으로 몇 년 이상 연락이 안 된다든가, 그런 식으로밖에 못 하겠네요.

그렇지. 그런 거지. 제주도에서 상속은 안 된다고 하더라고.

제주도에서요?

제주시청에 갔었어.

네, 시청에요.

시청에서는 조선적이면 상속을 못 받는다고 하더라고. 그 이후에 서울에 갔어. 상속할 수 있다는 기사가 났거든. 서울의 법원 여기저기 돌아다녔어. 여기 가라, 저기 가라고 해서 말이지. 그런데 성과가 없었어. 서울 가서 여기저기 돌아다닌 끝에 [대한]법률구제공단*이라는 데를 갔더니, 이걸 주더라고.

"일본국 관공서가 발행한 외국인등록증의 국적난에 '조선'이라고 기재되어 있는 자가 재외국민등록법*의 등본을 첨부하지 않았을 경우 부동산등기용 등록번호의 부여 여부에 대한 확인" …….

이걸로 재일조선인이라도 부동산을 상속할 가능성이 있을지도 모르겠다고 서울의 법원 사람이 말해 주었어. 1퍼센트일지는 모르겠지만 가능성은 있다고 하더라고.

이게 법무부에 조회한 결과 받은 대답이죠? "상속자가 부동산등기용 등록번호의 부여를 신청할 때, 신청서에 재외국민등록부등본이 첨부되지 않은 경우에는 위의 부동산등기용 등록번호를 받을 수 없다 ……".

아주 복잡하게 표현해 놓았어.

"'조선'이라고 기재된 상속자의 경우에는 상속자가 우리나라의 국적을 가지고 있는 재외국민이다"고 하는 것과 결국 같은 거네요. 그러니까 조선적도 한국국민이니까 재외국민등록을 하라는 것은 한국적으로 하라는 거네요. '조선[적]'인 상태에서 국적을 바꾸지 않고 재외국민등록을 하면 되겠네요.

그래서 지금 해보려고.

그럼, 재외국민등록을 하면 그야 재외국민등록은 할 수 있겠지요.

그러면 유산상속을 할 수 있겠지.

고베는 어디예요? 오사카인가요?

고베에도 [영사관이] 있어. [그래도] 고베 사람은 별로 잘 모르니까. 다섯째 형이 도쿄에 사니까 형한테 [도쿄영사관에] 가서 알아봐 달라고 했지. 그랬더니 한국대사관에는 가기 싫다네. 유산상속하려고 하면 [싫어도] 가야지.

어쩌겠어.

상속을 하지 않으면 그 다음 일도 전혀 진행을 못 시키니까요.
그렇지.

일본에서 재외국민등록을 하면, 한국정부로서는 그 번호만 있으면 된다는 거죠? 아까 문서로는 그걸로 된다는 거죠?
그렇지. 한국적이면 무조건인데, 문제는 조선적의 경우에는 어떻게 하느냐는 거지.

[조선적]사람이 일본에서 재외국민등록을 할 수 있느냐는 거죠. 아직 등록을 한 사람은 없을 걸요.
그 담당자가 없다고 그러더라고.

그렇지요. 대개 재외국민이 되기 위해 한국적으로 바꾸고, 재외국민이 된 다음에 그런 절차를 밟는 사람이 많지요. 조선적 상태를 고집하는 사람은 별로 없었으니까요. 그런데 여기에 "조선적이라고 쓰여 있는 재외국민"이라고 명기되어 있으니까, 재외국민등록의 가능성은 있는 거네요.
가능성이 1퍼센트 있는 거지.

역시 그 방면의 전문가에게 물어봐야겠네요.
그 전문가도 재미있었어. 그 법률구제공단에 갔더니 처음엔 담당자가 왜 제주도에서 해결하지 않았느냐고 하더라고. 제주도에 가서 물어봤더니 여기로 가라고 해서 왔다고 했지. 그 뻔뻔스럽고 오만한 태도라니. 조선적 재일[코리안]에게는 아주 복잡한 문제가 많아. 좋은 공부를 했지.

1. 형제들의 이름과 출생연도는 다음과 같다. 첫째 경환(慶煥, 1918년), 둘째 경능(慶能, 1922년), 셋째 경보(慶寶, 1928년), 넷째 경철(慶喆, 1931년), 다섯째 경오(慶五, 1934년). 족보에는 경오와 경해 사이에 경대 (慶台, 1936년) 이름이 올라 있는데, 김경해 씨가 말한 어려서 죽은 형인 듯하다.

2. 정확하게는 〈미타미(みたみ)신문〉. 전시기의 재일조선인 통제조직인 중앙협화회 및 그 후신인 중앙흥생회의 기관지.

3. 니시고베 조련초등학원은 1945년 9월에 만들어진 국어교습소를 전신으로 해서 같은해인 11월 18일에 문을 열었다(교원 2명, 아동 수 약 50여 명). 그런데 여기서 김경해 씨는 재일조선인연맹계 민족학교에 들어갔다고 이야기했지만, 다른 분에게는 입학한 학교는 같은 건물 안에 있었던 조선건국촉진청년동맹계 학교라고 말씀하신 모양이라 어느 쪽이 옳은지 불분명하다.

4. 篠山市人権同和教育研究協議会 편,『데칸쇼 마을의 아리랑』(2006).

5. 제주시 조천읍의 제주항일기념관 부지 내에 3·1독립운동기념탑이 있는데 그 탑 주변에 '김봉각선생공덕비(金奉角先生功德碑)'가 세워져 있다.

6. 김경해 씨가 2001년 처음으로 제주를 방문했을 때 '생활사를 기록하는 모임'의 멤버가 한 사람 동행했다.

세번의 밀항 끝에 39살에 일본으로

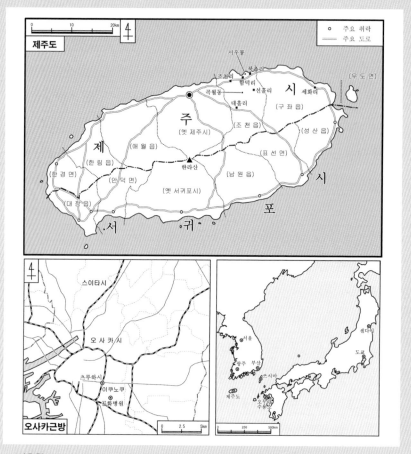

■ 김옥환

세번의 밀항 끝에 39살에 일본으로

1938년 일본 오사카부 미시마(三島)군 스이타(吹田)정(현 스이타시)에서 태어나 어린 시절을 일본에서 보냄. 본적은 제주도 조천면 대흘리(현, 제주특별자치도 제주시 조천면 대흘리). 아버지가 해방 전에 일본에서 북으로 간 뒤, 10살 되던 1947년에 어머니와 오빠, 남동생과 함께 제주도 함덕으로 돌아가 4·3을 목격함. 4·3의 와중에 아버지가 북에서 돌아와 산으로 들어갔다가 다시 일본으로 밀항함. 21살에 결혼했으나 이혼한 뒤, 39살경부터 일본으로 세번 밀항을 시도하는 과정에서 부산교도소에 두번 오무라수용소에 두 번 수용됨. 세번째 밀항 후 오사카에서 정착해 생활함.
인터뷰는 2008년 7월 12일, 히가시오사카(東大阪)시에 있는 '데이서비스 사랑방'에서 이루어졌다.

♣♣ 해방 전후 일본에서의 생활

아버지가 일본 스이타에서 평양으로

[할머니의] 아버님과 어머님은 제주에서 일본으로 오신 건가요?

[해방 전에] 스이타에서 우리 아버지와 큰아버지가 큰 공장을 맡아서 했었다고 해. 아버지가 오야카타(親方)로 있었는데, 북에서 사람이 와서는 북에 가서 오야카타로 일을 좀 가르쳐 달라고 했다네. 여기 일본에선 월급 천 원을 받았는데, 거기 가면 3천 원을 주겠다고, 돈을 많이 준다고 하니까 아마 간 모양이야. 이건 내가 어릴 적에 들은 이야기야. 그래서 그때 아버지가 [북으로] 가 버렸어. 우리 동생하고 오빠하고 나, 삼남매를 두고.

아버님이 북으로 가신 게 해방 전인가요? 전쟁 중이었나요?

전쟁 중이지. 일본하고 미국이 전쟁할 때야.

〈사진 45〉 김옥환

아버님은 일본에서 무슨 일은 하셨어요?

그때는 헌옷을 모아서 파는 일이지. 난 그때 뭘했나 [잘 모르겠네].

스이타에서 어머님은 무슨 일은 하셨어요?

헌옷이지. 그걸 한 달간 모았다가 팔면 월급보다 더 많이 벌었다고 해. 그때 우리 어머니는 돈 때문에 고생은 안 하신 모양이야.

스이타에서 태어나서 제주도로 가기 전까지의 이야기를 좀 해 주셨으면 하는데요. 스이타에서 [태평양]전쟁이 끝나기 직전에 [미군의] 공습이 심하지 않았나요?

내가 그때 소학교 2학년에 올라가기 전이야. 9월에 [제주도로] 갔으니까 그전이지. 2학년에 올라가서 바로인가. 공습경보가 울리면 선생님들이 친구들하고 방공호를 파 놓은 데에 들어가라고 했어. 그러면 신발도 벗어 던지고 가방도 내 던지고, 막 울면서 방공호에 뛰어 들어간 적이 있어. 또 학교에서 돌아오는 길에 똥이 마려워서 똥을 옷에 싼 채로 걸어온 적도 있고. (웃음)

학교 이름은 기억나세요?

생각이 안 나네. 거길 한번 찾아가 보려고 했는데 못 가 봤어. 스이타의 강 건너편인데, 스이타의 강을 건너면 공원이 있었어. 공원이 있고 그 공원의 용머리에서 물이 나왔었거든. 그건 알겠는데, 그 옆에 학교가 있었다는 건 생각이 나는데, 혼자선 찾아가질 못해.

그때 성함은 뭐라고 하셨어요? 김옥환이라는 이름이셨나요?

가네후쿠, 가네후쿠 다마코. 그건 스이타 [소학교]에 가면 있을 거야. 선생님이 안경을 쓴 이와이라는 선생이었어.

학급에 한국 사람도 몇 명 있었나요?

그건 잘 모르겠네. 아마 없었던 것 같아. 우리 고모 딸이 5학년이었고, 또 나랑 동갑내기 아이가 있었어.

오빠 되시는 분은 일본에서 태어나셨지요?

그렇지. 오빠도 동생도 다 [일본에서 태어났지].

아버님과 어머님은 제주에서 태어나 일본으로 오셨나요?

어머니는 제주도지.

할아버지와 할머니는 일본으로 안 오셨어요?

친할머니는 제주에서 돌아가셨다지. 친할아버지는 내가 8살 때까지 살아 계셨던 모양이야. 내가 어릴 때 아주 작았대. 할아버지가 어린 나를 보면서 "자랑 자랑 윙이 자랑" 하시면서, 독수리아저씨가 그러는데 뭐라더라? "네 몸은 족아도(작아도) 턱이 있지요, 까마귀는 털은 검어도 속은 고웁니다", 그런 노래가 있었다고 해. 그 노래를 흥얼거리며 나를 흔들어 주셨다고. 그래서 친할아버지는 어렴풋이 생각이 나.

소학교 때 생활은 뭔가 생각나는 게 있으세요?

일본에서 생활은 그땐 먹을 것도 있고, 뭐든 먹었으니까 불편한 건 없었지.

해방 후 제주도로

그러다 [아버지가 북으로 가 버려서] 우리만 있다가 전쟁이 끝나고[해방되고] 나서 처음으로 제주도 함덕으로 간 거야. 그러니까 그게 9월이야. 가 보니까 마침 가을이었어. 조밭에 가서 조이삭도 따 오고, 콩도 마당질 하고, 고구마도 캘 때여서 새 고구마를 캐다 쪄서 먹고 그러더라고.

함덕에 가실 땐 오사카에서 배로 가셨어요?

오사카에서 대마도로 가서, 거기 해녀 집에서 한 달간 살았어. 거기 해녀 집에서 배를 고쳐 가지고, 제주도에 들어갔던 모양이야.

배에는 가족분들만 타셨어요?

아니, 아니지. 배가 갈라질 정도로 짐을 실었어. 살던 짐들을 싣고, 사람들을 싣고, 뭐 배 한 가득이지. 정말 죽기 아니면 살기로 [제주로] 간 거지.

오빠하고 동생들도 다 같이 가셨나요?

다 같이 갔지. 아버지가 평양으로 가 버려서 우리만 대마도의 해녀 집에서 한 달간 있다가 제주로 들어갔어. 가을에 들어가니까 곡식을 한창 수확할 때였어. 그런데 나는 제일 걱정이 되는 게 변소였어. 통시가 있잖아? 똥 마려우면 그게 걱정이 돼서 말이지. 똥 누러 가서 큰 돼지가 나오면 깜짝 놀라서 울곤 했어. 겁쟁이였지. 그래서 곡식을 해다 놓고 나무를 모아 놓는 데가 있었는데, 내가 할머니 몰래 거기 틈바기에다 변을 보고 오면,

아이고 할머니한테 욕도 많이 얻어먹었어. 진짜 걱정이 변소 가는 거, 그 것밖에 없었어. 먹는 건 일본에서 쌀밥을 먹다가 거기 가서는 조밥도 먹고 그랬지. 그래도 그땐 진기했지. 이것저것 먹으니까 콩도 두어 먹고, 이런 거 저런 거 다 먹으니까 재미도 있고 맛도 있어 보이고. 그때는 철이 없었 지.

청년들의 노래

그런데 살다 보니 이 시국이 일어나는 거라. 내가 10살 되던 해에 조금씩 철이 들 때지. 10살, 11살, 12살 때야. 우리집이 이렇게 좀 비탈진 곳에 있었어. 노인들이 와서 놀고, 청년들도 놀고 그랬지. 거기 우리집에서 내가 어릴 때인데, 밤에 밖에 나와서 이렇게 있으면, 그 청년들이 어린 것이 15살, 16살, 17살, 18살, 19살, 스물, 나이 많은 사람은 스물까지였어. 청년들이 머리띠를 동여매고, 붉은 띠를 두르고, 서로 어깨동무를 하고 "우리는 이깁니다"라는 노래를 불렀어. 사람들이 지나가면 "우리는 이깁니다, 우리는 이깁니다"라고 노래했지. 어릴 때니까 내가 이렇게 보고 있었지. 그렇게 보고 있으면 노래를 했어. 그 노래가 무슨 노래냐 하면, 그걸 잊어버릴 수가 없어.

그 노래 좀 불러 보세요.

이리 하면서 "높이 들어라, 붉은 깃발을. 그 아래서 종사(從死)하리라. 비겁한 자야, 갈라 먹어라. 우리들은 붉은 기를 지킨다. 시체가 식어서 죽기 전에 우리들은 붉은 기를 지킨다." 이런 노래를 청년들이 막 불렀지[적기가]*. 또 하나는 "죽음의 쇠사슬 풀리고 삼천만 가슴에 새봄이 오르고, 삼천만 가슴에 새봄이 오면 아아, 동무야" 하는 노래야. 그 사람들은 동무라고 했어. "아아, 동무야, 우리들은 지킨다. 시체가 식어서 죽기 전에 우리들은 붉은 깃발 지킨다."

노랫말이 좀 빠져, 잊어버렸으니까. 다들 그런 노래를 했어. 근데 그 청년들이 몽땅 다 죽어버렸어. 이 청년들은 다 산에 올라가버렸어.

할머니는 1948년에 11살이셨지요? 마을 분위기가 점점 이상하다고 느낀 건 그 머리에 붉은 띠를 두른 사람들이 모여서 들고 일어나자는 그 무렵에 이상하다고 느끼셨나요?

그때도 뭐 폭도인 줄은 알았지. 아, 이게 산폭도 청년들이구나 했지.

청년들이 시위했던 게 4·3이 일어나기 전인가요?

전이지. 4·3사건 일어날 적에, 처음이니까 막 싱싱해 가지고 우리는 이긴다고, 그때 막 노래도 하고 싱싱했어. 근데 조금 있다가 하나씩 하나씩 죽어나갔지.

그 젊은이들이 왜 모여서 있었는지 그런 얘기는 들은 적이 없으세요?

그야 전쟁하는 거, 활동을 연구하는 거지, 같이 모여서 우리는 이렇게 하자, 저렇게 하자, 그런 상의를 하는 거라.

무슨 전쟁인지는 못 들으셨어요?

듣지는 못했는데, 그건 북조선과 관련된 거지.

시위대를 보면서 동네사람들은 뭐라고 했나요? 잘 하라든가 그런 말은 없었나요?.

　아, 말할 때 착하다, 영리하니까 잘 해라. 열심히 해라. 우리도 응원해 주겠다. 우리는 뭐든지 다 해 줄테니까 하라고 했지.

　그때 청년들이 나라를 상대로 해 가지고 싸워서 이길 것 같았어요?

　아이고, 밤에 싸우는 데 이길 수 있겠어? 내가 어릴 때 아무 것도 몰라도, 숨어서 싸우는 사람하고 나와서 싸우는 사람하고 상대가 될 리가 없지. 사람 수도 적고 저쪽 산폭도는 이쪽[경찰]보다 적지. 그리고 기구(무기)도 없고. 첫째로 기구(무기)가 있어야, 총이라도 있고 총알이라도 있어야 싸움이 되지. 죽창으로 어떻게 싸울 수가 있겠어? 그때 청년들이 싱싱했으니까 한번은 막 이길 것 같이 "걱정마세요, 곧 통일이 됩니다. 곧 통일이 됩니다. 그러면 우리가 살기 좋습니다." 라고 말했는데, 깨끗이 싹 다 죽어버렸어.

　그때 할머니는 어렸지만 이거 큰일났다는 걸 보고 아셨나요?

　그렇지. 그야 그렇게 생각했지. 이거 질 거라고 알았지. 산폭도는 사람 수가 점점 줄어들었으니까. 또 굴 같은 곳에 숨어 있으면 [토벌대가] 나오라고 해서 안 나오면 무슨 폭탄을 갖다가 던져 버려. 그러면 안에서 다 죽는 거지. 그래서 죽은 사람이 많아. 그러니까 이왕에 죽을 바에는 거기서 그냥 죽겠다고 안 나와서 그 안에서 죽는 사람도 많고, 또 목숨이 아까워서 죽을 때 죽더라도 나오겠다고 이렇게 두손을 들고 나온 사람은 살아난 사람도 있고 그래.

서북청년단이 들어오고 오빠는 일본으로

데모가 있을 때 거기에 서북청년단이 들어와 있었나요?

아니, 그때는 서북청년단이 안 들어왔을 때야. 그 뒤에 서북청년이 들어와서 크게 전쟁이 난 거지. 그때 제주도 사람의 반이 죽어 나갔어. 한번은 서북청년이 한라산에 올라가 한라산 폭도들 쪽에 붙었는데, 여기서 밀고 들어가니까 자기들끼리 또 싸움을 해 버렸어. 기구(무기)가 없으니까 기구(무기)도 산폭도들에게 줘 버리고. 여기서 보니까 자기들끼리도 싸워 몽땅 개미처럼 다 죽어 버렸어. 그때 서북청년들을 배로 몇 척 싣고 왔다고 해. 그때 북[서북청년단]에서 전부 붙잡아 갔어. 농사 짓는 사람, 선생 하는 사람, 병원에 있는 사람 할 것 없이 나이를 기준으로 싹 뽑아 가지고 그냥 쏴 버렸어. 고생들 하다가 다 죽어버렸어.

서북청년단 군대가 막 들어와서는 마을을 싹 다 조사했지. 조금만 젊은 사람이 있으면 그냥 잡아갔어. 안 그러면 또 산에서 내려온 사람에게 붙잡혀가고. 그때는 산사람도 무섭고, 아랫[평지] 사람도 [무서웠어]. 여기저기서 저 우엣사람은 폭도라고 그렇게 얘기할 때라. 그때 우리 오빠가 집에 있었는데, 이제 조사를 나온다니까 겁이 나서 "어떵 허믄 조코(어떻게 하면 좋지)?" 했어. 다른 곳으로 가 버려서 사람들이 없었어. 다 어디론가 가 버렸어. 다 도망가 숨었지. 그래 오빠가 "어떵 허믄 조코, 어떵 허믄 조코?" 했어. 그때는 짚신을 만들어 신을 때인데, 손에 일도 안 잡히니까 짚신이라도 만드는 척하면서 앉아 있겠다고 했어. 그래서 우리 남동생도 이리 앉고, 여기가 오빠고, 난 여기 앉고, 세 오누이가 앉아 있었어.

[서북청년들이] 왈칵잘칵 왈칵잘칵 몰려와서 "너네 아버지 어디 갔느냐?"

고 물었어. 그래서 "아버지 없습니다"라고 했더니 귓싸대기를 후려쳤어. 이래저래 문을 다 열어보고, "아버지 산에 올라갔지?"라고 물어서 "아니요, 아버지 없습니다"라고 대답했지. 그랬더니 또 이쪽 뺨을 세게 때렸어. 그러니 우리 오빠가 죽을 지경이지. 우리도 막 겁이 나서 오빠 손만 잡고 있었어. 그런데 그 사람들이 간 뒤에 보니까 어느새 오빠도 도망가 버리고 없었어. 그래 우리 오누이만 집에 남아 있으니까, 밤중에 오빠가 돌아왔어. 우리가 어디 갔다 왔느냐고 물으니, 바닷가에 가서 큰 언덕에 숨어 있다가 왔다고 해. 너무 겁이 나고 깜짝 놀라서 큰 돌이 있는 데 거기 가서 숨어 있다가 이제 왔다고.

그리고 나서 어머니한테 [오빠가] "아이고, 어머니. 나 일본 보내줍써. 나 이디 이시믄 정신 돌아정 나 살지 못허켄." 그러면서 일본에 보내 달라고만 하더라고. 하도 그러니까 우리 이모네가 왔어. 공화(共和)병원* 원장의 어머니야. 우리 이모님이 일본에서 제주도에 왔어. 어머니가 "아이고, 성님 우리 재완이 데려다주랜" 하고, 우리 오빠도 "이모님, 날 데려다줍써. 나 이디서 죽어지쿠다" 하니까, [이모가] "나가 늘 어떵 행 데려 가느니. 나도 밀항으로 와시녜게. 나가 늘 어떵 데령 가느니게"라고 했어. [그래도 오빠가] "나 어떵 행 데령갑써, 난 데령갑써" 하니까 할 수 없이 이모가 [일본에] 데려간 거야. 잘됐지. 그리고 얼마 뒤에 우리 아버지가 [제주에] 왔어.

오빠 분은 청년단에서 같이 노래를 부르거나 활동은 안 했나요?
안 했어. 안 했지.

오빠 분은 몇 살이에요?

나보다 3살 위지.

그때 오빠 분은 무슨 일을 하셨어요? 학교는 졸업했었나요?

그때가 5학년이었는데, 함덕국민학교는 없었고. 대대본부로 사용되고 있었어[함덕의 대대본부 참조].* 학교는 없었지.

할머니는 학교에 다니셨어요?

난 처음부터 일본어밖에 못했어. 학교에 가서도 한국말을 못했지. 우리 어머니가 여자애니까 학교에 안 다녀도 된다고 오빠만 학교에 보냈어.

여기 일본에서 태어나 자라셨잖아요? 한국어, 제주말은 제주에 살 때 배우셨어요?

내가 [제주에서 친구들하고] 놀 때 일본에서 놀던 놀이를 하면서 놀았어. 놀이를 가르쳐 주면서 아이들을 이렇게 모아 놓고 앉아서 "주먹산의 너구리야, 젖 먹어라"라는 노래를 부르면서 놀았지. [제주에서] 가르쳐 주니까 다들 좋아하면서 "아이고, 다마 짱, 그거 좀 해봐."라고 했어.

남동생 분은 학교에 안 갔나요?

남동생은 그때 7살인가, 나보다 6살 아래야. 오빠가 3살 위고. 아버지가 [북에서 제주로] 돌아왔는데, 바로 산에서 [사람들이] 내려와 데려갔어.

제주에 돌아온 아버지, 그리고 도일

아버님이 함덕에 돌아오자 산에서 데려갔다고요?
그래, 그러지만 않았으면 여기[일본]서 고생 안 했지.

아버님이 돌아온 건 오빠 분이 일본에 간 뒤의 일인가요?
그렇지. 오빠가 일본에 가고 나서, 아버지가 우리 있는 곳으로 찾아온 거야. 그런데 산에 폭도로 가 버렸어.

연락은 왔었고요?
연락은 자주 왔지.

언제쯤인지 기억나세요?
그게 내가 12살인가, 13살 때야.

겨울인지 봄인지 계절은 생각나세요? 더울 때인지 추울 때인지.
그게 가을쯤이었나? 눈은 안 쌓였었어. 여름이었을지도 모르고, 가을이었을지도 몰라. 겨울은 아니었을 거야.

아까 말씀하신 함덕국민학교에 군대가 주둔하면서 낮에는 군대가 활개를 치고 밤에는 산사람에게 된장을 퍼 주던 때에, 아버님이 돌아와 산으로 들어가셨다는 말씀이군요. 아버님은 그 뒤에 어떻게 되셨어요?
산에 가서 돌아오지 않았어. 어머니가 [낮에는] 군대에 가서 [군인들] 밥을 해 먹이고, 밤이 되면 허벅(물항아리), 제주도에 물 긷는 허벅이 있잖아? 그걸로 물을 길어다가 된장이며, 바늘, 실 같은 걸 다 싸서 [산에] 가져다 주었다고. 우리 아버지가 산으로 가서.

우리 어머니가 아무리 생각해 봐도 이건 아니다 싶었는지 부잣집을 찾아가, "오빠, 돈 천 원만 빌려 달라, 집이 있으니까 집 문서를 줄 테니까 천원 빌려 달라"고 했다고. 그랬더니 "아이고, 우리를 못 믿어서 그러냐, 이거 쓰고 아무 때라도 갚으라"며 돈 천 원을 꿔줬다네. 그래 돈 천 원을 빌려서 아버지를 일본에 보내려고 한 거야. 우리 아버지도 일본에 가겠다고 하고.

일본 가는 걸로 돈 천 원을 주머니에 넣고, 우리 외할머니가 떡 친 거 이만큼 뭉치 해 놓고, 쌀 두 되를 허리춤에 메고. 함덕 서모봉(서우봉) 아래서 배를 탄 거야. 그 작은 배로 일본까지 가는 걸로 해 놓고. 이건 아버지한테 들은 얘기인데, 그 배를 타고 보니 산폭도 3명이 타고 있더라네. 깜짝 놀라서 "아이고, 형님"하고 말을 거니까, '쉿!' 아무 말도 하지 말라고 해서 얘기도 못했다고. "아이고, 형님, 왜 여기 계십니까?"하니, '쉿!' 하더라고.

〈사진 46〉 서우봉

모르는 사람처럼 하라는 거지요?

그렇지. 모르는 사람처럼 하라는 거지. 그래 그 3명에 아버지하고 여자 1명, 5명이 같이 배를 타고 가서는 [일본] 어디 산 밑에 내려 주었다고 해. 다 내리자 배를 가진 사람이 돈 20원을 주면서 "이걸로 도시락 사 먹고 저 전차 타는 곳과 반대쪽으로 타라"고 해서 헤어졌다고. 거기까지 가서 배에서 내려 산에 쭉 밭 있는 데를 걸어갔는데, [같이 배를 타고 온] 여자가 "아이고, 아주버님. 날 살려줍써게. 나도 같이 따라가쿠다"라고 하길래, "그러면 먼 길로만 따라옵센" 그렇게 했다고. 그 역에 도착해서 그 사람들 셋이 오사카 쪽 기차를 타길래 쫓아가서 전철을 타려고 했더니, 그 세 사람이 타지 말라고 했다고.

그 전철을 타지 말라고요?

그래, 타지를 못하게 했다네. 뱃사람이 전차를 탈 때 반대 방향으로 타라고 한 것도 의미 있는 이야기라서 [아버지가] "날랑 거꾸로 타주" 했다고. [3명이 탄] 그 차는 오사카로 가고, [아버지는] 반대 방향으로 가는 차를 타고 한 정거장, 두 정거장, 세 정거장을 가서 내려 거기서 좀 쉬었다가 오사카 방면으로 가는 기차를 탔다고 해. 나중에 우리 이모님네 집에 찾아갔더니 그 3명은 잡혀갔다고 하더래. 잡혀가면 그 사람들은 총살이야. 산폭도 오야붕들이니까. 숨어서 일본까지 잘 왔는데 그만 잡혀갔다네.

우리 외할머님은 "아이고, 잡혔잰 햄져. 상수도 죽었나. 아이고, 어떵행 좋으코. 아이고, 다 잡혔잰 햄져게"했다고. 우리 어머니는 말도 못 하고 속상해서 이렇다 저렇다 말을 못했다고. "아이고, 이거 어떵허믄 조으코.

상수도 죽었져, 죽었져. 아이고, 오꼿(즉시) 다 그 배에 간 사람 5사람 다 잡혔잰 햄져."

근데 조금 지나서 소식이 온 거야. 우리 이모님이 연락을 한 거지. "아이고, 아주방은 잘 완에(왔어). 우리집에 왕 이서(와 있어)." 그러니까 막 기뻐서 "아이고, 참말로 어느 천운이 살려 줬구나" 그랬다고.

이모님은 그때 오사카의 어디 사셨었나요?
이쿠노(生野)구, 지금도 그 집에 살고 있어. 근데 이번에 돌아가셨어.

이모님은 일본에 계속 계셨나요?
그렇지. 얼마 전에 구십 몇에 돌아가셨어.

아버님은 그 이모님 집을 어떻게 아셨나요?
그 전부터 [오사카에] 있었으니까, 아버지가 쭉 있었으니까.

함덕에서의 생활

동굴 같은 데서 산 적이 있으세요?
우리는 한번도 산에 올라간 적이 [없어]. 어머니가 천식이 있어서 '쿵쿵' 기침을 하셨거든. "나가 어디 가서 기침 허믄 딴 사람도 다 잡힐 거니까 나는 아예 집에서 죽겠다"고 해서, 우린 오누이는 집에만 있었어. 결국은 집이 있던 사람이 잘 됐어. 산에 올라간 사람들은 많이 죽었거든.

함덕은 본래 어머님의 고향이지요?

그렇지, 우리 어머니 친정이지.

아버님은 어디 분이세요?

아버지는 곱은달리(곡월동, 대흘2리의 속칭). 함덕에서 좀 올라간 곳인데 시골이지.

그때 함덕대대본부에서 미국 사람은 못 보셨어요?

본 적 없는데.

다른 마을에서 사람이 죽었다는 얘기는 못 들으셨어요? 옆마을 북촌리라든가.

북촌리는 뭐 절명해 버렸지[북촌사건].* 그 북촌에서는 왜 그렇게 됐느냐면 신작로에 차가 들어가지 못하게 성[성벽]*을 쌓은 거야. 그랬다고 [토벌대개] 부아가 나서 그 마을에 들어가 하나도 없이 그냥 몽땅 죽이고 다 불질러 버렸어. 그 바람에 북촌은 절명해 버린 거야. 요번에 갔을 때도 그 북촌에서 죽은 [사실을] 다 가르쳐 주더라고. 봤어. 참말로 그때 북촌 사람들이 많이 죽었어. 제일 많이 죽은 건, 북촌 사람이 많이 죽었어. 아이고 어른이고 할 것 없이 그냥 보이는 대로 다 죽여 버렸으니까.

오빠 분이 일본으로 가고, 그 뒤에 아버님이 일본으로 가신 거네요? 그 뒤에는 어떻게 지내셨나요?

그 뒤에 또 함덕대대본부에 관뒷모살*이라고 넓은 모래밭이 있어. 거기서 여러 마을에서 차로 끌려와 다들 죽임을 당했어. 영화에서 보는 것 이상으로 [참극이 벌어졌어]. 그걸 봤는데, 삽으로 땅을 파라, 각자 파라고 하니까 다들 땅을 판 거야. [군부대에서 연행해 온 사람들에게] 담배 한 개피씩 주고 담배 한 대 피게 한 뒤에 '차렷' 하고 대장이 작은 대포를 '팡' 쐈어. '팡팡 팡팡' 쏘니까 이렇게 하고 죽은 사람도 있고, 어떤 사람은 '우리 조선 만세'를 외치며 죽은 사람도 있어.

또 어떤 사람은 좋은 사람을 만났어. 어떤 군인 하나가 "아주머니 제일 혼(한) 끝에 삽서(서세요). 나 총 맞히는 걸로 해도 맞히지 안 허크메(맞지 않도록 할 테니까), 죽은 체로 허영 엎더정(엎드려 있다가) 살아납서양(살아나세요). 나 총 안 맞히쿠다(안 맞힐 테니까)" 한 거야. 그래도 그게 거짓인 줄 알고 "무사(어떻게) 그럴 수가 이시랴(있겠어요)?" 그랬대. 그때 그 사람이 시골, 선흘 사람이야. 곱닥한(예쁜) 사람이었어.

모두 줄줄이 세워 놓고 한 사람에 하나씩 총을 다 챙겨서, 하나가 '팡' 하면 [뒤따라서] '팡팡팡팡' 쏘는 거지. 그냥 [그 여자도] 쓰러졌어. 총 바람에 그냥 날아가 버려. 그러면 밤에 [사람들이] 와서 시체들을 다 가져가 버려. 어느새 그렇게 하는지. 그 여자가 보니까 다리에만 총을 맞았더래. 그래 살아나서 산에 올라가 버렸어. 산에서 그걸 얘기하니 자수하라고 해서 나와서 자수했다고. 다리를 조금 절룩거려도 살아났으니까. [그 군인이 하는 말이] 거짓말인 줄 알았는데 말이지.

우리 외삼촌이 그때 결혼하기 전인데 잡혀갔어. 어머니가 "저 삼촌 얼굴더레(얼굴 쪽으로) 봐레지(보지) 말라", "이 사람 친척인가?" [토벌대가] 물으면 "친척 아니옌(아닙니다). 모릅니다, 몰라요" 하라고 했어. 그래서 "여기 있는 사람 일가친척 없어요?" 하고 물어도 [친척이라고] 말하는 사람 하나도 없지.

고개들만 다 숙이지. 보지도 못해. 근데 그 삼촌은 우리 어머니의 얼굴만 헤뜩헤뜩 이래 보고 있었어. "친척 없어요? 친척 없어요?" 물으면 친척 있어도 없는 체했어. 그냥 그랬어. 사람 죽는 거는 많이 봤어.

그런 학살 장소에 나오라고 했나요? 보라고요?
그렇지. 눈치가 좀 빠르냐? 먼 친척이라도 되면 붙잡아 놓고 "이 사람 아시요? 친척이요?" 그렇게 물어. 대답을 안 하면 죽는 거지. 그때는 한마디 아뜩 잘못 고르면 그냥 뭐 총살이야.

외삼촌은 산에 들어가셨나요?
산에 들어간 건 본 적이 없어. 근데 잡혀서 여기저기 얻어맞아 온 몸이 피멍투성이였어.

외삼촌은 그 뒤 어떻게 되셨나요?
그때 어떻게 했는지 모르겠는데……, 지금 살아 계셔. 일본에 와서 20년 정도 살다가 지금은 [제주에] 돌아가 함덕 해수욕장에서 크게 하고 있어.

식당인가요?
그래, 식당.

어머님은 끌려가시지는 않으셨나요?
어머니는 거기 대대본부에서 밥 해주고, 밤에는 [아무도] 모르게 산에 갔지. 그리고 또 성 같은 데, 마을에 담을 쌓잖아? 거기 보초막에서 순찰을 돌았어. 암호를 사용해서 '당(땅)' 하면 '암(바위)' 하고. 그런 걸 우리 어머니가 공부해 가지고, 여자 3명씩 순찰을 도는 거야.

여자한테도 그런 일을 시켰어요?
그래. 우리 어머니가 그때 30살 때, 밥 해 먹이고, 산에 올라가고, 또 밤에는 그 순찰을 돌았지.

할머니는 그런 건 안 하셨어요?
어릴 때니까 [난 안 했지]. 어머니는 총은 없으니 죽창, 왕대로 만든 죽창, 그 죽창을 한 사람이 하나씩 가지고 무슨 일이 있을 경우를 대비했어. 여자가 무슨 힘이 있겠어?

훈련도 시키고, 성을 만들 때 돌 나르는 일도 하셨어요?
돌은 전부 다 날랐지. 돌을 나를 때도 사람이 많이 죽었어. 돌에 치여 다리를 [다쳐서] 말이지. 그 성을 지을 때는 아무 말도 못 했어.

경찰이 하라고 했나요?
그렇지, 경찰이.

그때, 가령 성을 만들 때 사람이 죽어 나가면 장례를 치렀나요?
뭐, 죽으면 끝이지.

묻기는 했나요? 그 성을 만든 바깥 쪽에 묻을 수는 있었나요?

그럼. 누가 죽었다고 하면 바로 누군가 와서 가져갔어.

가져 간다고요? 친척이 와서요?

그렇지. 어느 틈에 와서 가져 가는지 누가누가 죽었다 하면 어느 틈에 없어져 버려.

먹는 건 어땠나요? 먹는 건 밭에 따러 갈 수 있었나요?

그게 성을 쌓은 뒤로는 농사도 못 짓고 해서 먹을 것도 없었어. 그러니 바다 것뿐이지. 바다에는 먹을 게 많으니까 톳도 해다 먹고 미역도 해다 먹고. 그때는 보말(자그마한 고둥), 구젱기(소라) 그런 것도 많았으니까. 거의 바다에서 나는 걸 먹었지. 그 성 밖으로는 나가지 못 했으니까.

바다에 가는 건 자유로웠나요?

그렇지. 아이고, 또 한 사람은 그때 한 스물몇 된 사람인데 붙잡힌 거야. 어떤 사람이 그 여자를 잡아 가지고. 우리가 물허벅에 물을 길어 먹는 길 옆에 모래밭이 있었어. 무서워서 이렇게 보지도 못해. 안 보는 척 하면서 이렇게 보면, 물 [길러] 갔다왔다 하면서 보면, "옷 벗어!" 그러는 거야. 정말 예뻐. 참말로 그때 두루막(외투)을 입는 여자가 없었어. 서울서 살다 온 사람인지 옷 차림새도 예쁜 여자였어. 옷 벗으라고 하니까 두루막 하나 벗으려다 [다시] 입고 했어. 하도 심하게 매를 때리며 벗으라고 하니까 두루막을 벗었어. 이제 조금 지나니 아래 거 벗어라, 위 거 벗어라, 막 그랬어. 나중에는 젖통을 철창 칼로 이렇게 찢어 버렸어. 결국은 반지고 시계고 뺏고는 죽였어. 두루막 덮어 두고는 가 버렸어.

그리고 조금 있으니 어머니가 찾아와서 막 울면서 "아이고, 불쌍한 애기야. 느(네) 반지는 누가 빼감광(빼갔느냐?), 느 시계는 어떵 허연 빼가부러시니" 하며 막 우는 걸 보니까 참말로…… 그리고 어떻게 해서 가져가는지 시체가 곧 사라졌어. 그런 일도 있었어. 그러니까 총을 '팡' 맞아 죽는 게 제일 행복한 거지. 철창으로 찔리고 이리 찔리고 저리 찔리면 아파서 못 견디지. 그렇게 해서 죽은 사람도 있어.

그건 누가 그랬는지 모르세요?

군인들이 왔어. 군대도 서북청년들도 많이 왔었어. 우리집에 한 5명이 와 있다가 넷은 말없이 나가고, 한 사람은 우리 난간에 이렇게 앉아서 우리를 보고 "성이 뭣입니까?"[하고 물었어]. 그래 "김해 김씨요"[답하니] "저도 김해 김씨요. 난 내일 장가 가는 날인데 군인으로 잡혀왔습니다. 그래 [결혼할] 여자가 어떻게 됐는지도 모르겠고. 죽었는지 살았는지도 모릅니다." 그러면서 한숨만 푹푹 내 쉬었어.

그러면서 [우리 어머니한테] "어머니라고 하겠습니다." 하는 거야. 아주 인정도 있고 착한 사람이었어. 우리 어머니가 뭐 먹고픈 거 있으면 와서 얘기하고, 배 고프면 와서 뭐 먹어라. 감자 찐 거 있는데, 가져가서 나눠 먹겠느냐고 [하니까], "감자 찐 거 있어요?"[되물었어]. 그래 있다고 이만한 자루에 담아 주니까 "아이구, 감사합니다. 아이구, 고맙습니다. 어머니라고 하겠습니다." 그러더라고.

그리고 이틀, 사흘째에 또 찾아왔어. "우리는 어디 딴 데로 가게 됐습니다." 라고 인사하고 딴 데로 갔는데, 그 부대 사람들이 다 죽은 거야. 그

부대 사람이 전부 다 죽어 버렸어. 오다가다 좋은 사람도 있고, 몽니를 부리는 나쁜 사람도 있고. 막 악질로 '이놈 자식, 저놈 자식' 하면서 다 나쁜 놈, 이 개같은 거니 짐승같은 거니, 그런 욕을 하는 사람도 있고, 또 간혹 마음씨 좋은 사람도 있고 그렇지.

공출해 간 것도 있었나요? 곡식 같은 걸 갖다 바친 게 있었나요?
그거는 산에서 와서 가져갔지.

부대에서는 뭘 가져갔나요?
부대에서는 쌀로 밥을 해 주니까 군인들은 먹는 건 걱정 없지. 그런데 산에 있는 사람들은 굶기도 하고 먹기도 하니까 [마을의] 소도 잡아먹고 말도 잡아먹고 그런 거지. [산사람들이] 주로 그 고기를 삶아 가지고 먹었어. 마음대로 먹을 게 없어서.

양민증* 같은 건 없었나요? 증명서 같은 거요.
그런 건 잘 몰라.

자유롭게 왔다갔다할 수 없었지요?
그러니까 어디 친척집에 제사 음식을 먹으러도 못 다녔지.

잡혀간 삼촌은 그 후에 어떻게 되셨어요?
그 후에 어떻게 했는지 모르겠는데 나중에 보니까 나왔어. 나와서 결혼해서 얼마 있다가 일본으로 와 버렸어.

아버님도 산에 들어갔다가 그때 운 좋게 일본으로 도망치셨네요?

그래. 우리 아버지는 운이 좋았어. 일본에 안 나왔으면 우리도 다 죽었지. 아버지 하나 때문에 폭도 가족이라고 해서.

아버님이 일본으로 가신 뒤에 그 일로 어머님이 조사를 받지는 않으셨나요?

없었어. 어디 가셨냐고 물으면 딱 잡아뗐지. "개추룩(처럼) 발 돋은(달린) 사람 어디사 가부러신디, 나보고 어디 가겠다고 허지 안 해서(말하지 않고) 나가버리니까 나 모르겠댄." 그렇게 둘러댈 수밖에. 어디 간다 온다는 말도 없이 나가버리니 알 수가 있느냐고. 일본에 보내놓고 [그렇게 말했지].

다시 한번 확인하는데, 오빠 분이 일본에 갔을 때, 할머니가 몇 살 때인가요? 12살인가?

12살이요? 그럼 아버님이 [일본에 갔을 때는] 몇 살 정도였나요?

아버지가 함덕에 있을 때 [내가] 아마 13살쯤이야. 함덕에 살 때 아버지가 서모봉(서우봉)에서 [일본으로] 갔으니까 13살쯤이야. 14살에 우리가 조천으로 이사했거든.

조천으로 옮겨가

조천으로 가신 건 무슨 이유가 있으신가요?

우리 큰아버지가 처음에 [일본에서] 돌아와 네거리에 있는 큰 기와집을 샀어. 그때 돈으로 250만 원 주고. 그때는 큰 돈이지. 250만 원을 주고 그 집을 사서는 우리들한테 다 그 집에 들어가 살라고 해서 조천 집을 들어가 살게 되었어.

그 뒤에는 큰아버지네와 함께 살면서 농사도 짓고 그러셨나요?
조천에 간 후에는 그 집에서 살았지. 아버지가 그때는 [제주에] 인편으로 자주 돈을 부쳐 주셨으니까 아무 걱정 없이 살았었어.

아버님이 돈을 항상 보내줬어요?
그렇지. 그때는 참말로 돈놀이도 하고 또 농사도 다 병작을 주니까 [수확] 갈라 오면 농사도 많았고. 먹는 사람이 별로 없으니까 그때는 우리가 부자 소리를 들었어. 아무 걱정 없이 내가 공부는 못 했어도 우리집이 참말로 일본집같이 지은 집이라서 아주 깨끗하니까 지서 주임이나 면서기, 선생 같은 사람이 오면 우리집에 와서 살았어. 우리집에만 왔었어.

광주에서 온 순경이 와서 살았는데 곱닥한 18살 난 계집아이를 각시로 삼아서 살았어. 결혼식도 안 올리고 살았는데, 한번은 광주에서 그 어머니가 찾아왔어. 앞가르마를 번듯하게 가르고 비녀를 꽂고 옷 입은 것이랑 보통이 아니야. 와서는 며느리한테 친정어머니, 친정아버지는 무슨 일을 하느냐, 병이 있느냐 없느냐, 폐병이 있느냐 없느냐, 농사는 얼마만큼 짓느냐, 집이고 밭이고 다 있느냐. 형제는 몇이냐? 아이고, 덩치가 이래 가지고 화가 나면 ‘휙휙’ 휘파람을 씩씩 불면서. "이 문둥이 이놈의 새끼야, 너보고 이 더러운 순경질 누가 하라 했어. 이 더러운 순경, 사람이 할 짓이

아닌 더러운 순경을 뭐 하러 이걸 하느냐"라고 했어. 데려가서 대학에 보
낸다고 했어. "대학도 가지 않고 어디 이거 하라고 누가 그래서 여기로 왔
느냐"고. 막 욕을 하면서 아들을 데리고 가 버렸어. 근데 그 각시는 임신
을 했었는데 돈 한 푼 없고 먹을 것도 없잖아. 얼마나 불쌍하던지.

할머니는 당시에 학교에는 가셨어요?
학교는 못 다녔지.

친구들은요?
친구들? 내가 함덕에 살다가 14살에 조천으로 와 버렸잖아. 그래 조천
에 오니까 이젠 나이가 소학교에 다닐 나이가 아닌 거야. 암만 그래도 14
살이면 졸업할 나이인데 그러지도 못하고. [제주에] 와 3년은 일본말만 했
어. 우리 제주말을 못 했었어.

야학에도 안 가셨어요?
그러고 나서 야학에 다녔지. 야학에 다니면서 '가갸거겨'도 배웠지. 내가
배운 것 중에 구구법을 외운 게 제일 좋은 걸로 생각돼. 구구법은 그때
배운 거야. 지금도 수십 년이 지났어도 일본어로 이 이는 사, 이 삼은 육,
이 사 팔, 이 오 십, 그건 한국어로밖에 못해. 일본말로는 못해.

그때 야학에서 누가 가르쳐 주었나요?
선생이지. 낮에 가르치는 선생이 [와서 가르쳐 주었지].

몇 살 때 배우셨어요?

14살인가, 15살 때에.

나라가 어떻고 군인이 어떻고, 이런 얘기는 없었나요?

그런 얘기는 아무래도 못 하지. 근데 머리에 하나 외우고 있는 건 국어 책에 "쿵쿵 우르릉 쿵쿵 멀리서 들려오는 대포소리가 처량하게 들립니다. 산이 울리고 들이 울리고 창문도 울렸습니다. 영철이는 그것이 무서웠습니다." 국어 책에 나와 있는 그거 하나는 여기 머리에 있어. (웃음)

야학은 조천에서 다니셨어요?

그렇지.

🔸 도일 후 아버지와 오빠의 생활

오사카에서 도쿄로

오빠 분은 밀항으로 일본에 가서 오사카 이모님 댁으로 가셨나요?

오빠는 이모와 같이 일본에 왔으니까 아무래도 며칠은 [이모네에] 있었던 모양이야. 그러고는 도쿄로 갔어. 도쿄에 사는 우리 큰아버지가 일등 부자였거든. 전쟁이 끝난 뒤에 유리 공장을 했었어.

뭘 만드는 공장인가요?

유리 공장인데, 도쿄에서 제일 큰 유리 공장이지.

[큰아버님이] 함덕 출신인가요? 함덕 사람이 도쿄에서 제일 큰 공장을 한 사람이지요? 물어보면 알 수 있나요?

알 수 있지.

오빠 분이 거기 가서 지내셨나요?

거기 가서 대학까지 나왔어. 아버지도 거기 유리 공장에 가서 일했지.

도쿄에 가서요?

[아버지가] 도쿄에 가서 일을 했는데 월급을 안 주더래. 우리 아버지가 돈을 빚지고 갔거든. 그 돈을 갚아야 하는데 돈을 안 주니까 돈 달란 말은

못하고.

그래서 [아버지가] 따로 나가 살아야겠다고 생각했다고. 따로 나가서 일본 여자를 만나 "너 나하고 살겠느냐?" 하고 물으니까 살겠다고 했대. 그래 "너 뭐 있느냐?"하고 물으니 기모노(옷)하고 경대밖에 없다고 하더래. [아버지가] "나랑 같이 살 마음이 있으면 그거라도 팔아서 우리 장사라도 하자"고 하니까, [그 여자가] 좋다고 했대. 그래서 기모노를 팔았는데 그때 기모노 값을 비싸게 쳐 줬다고. 기모노를 팔고 경대를 팔아서 그걸로 옷을 서너 가지 사다가 포장을 해서 [가판에] 두었다고. 그땐 옷이 귀할 때니까 옷을 떼어다가 파는 거지. 그럼 돈이, 가령 옷을 천 원어치 사다 팔면 3천 원이 남고, 또 3천 원어치 사다 팔면 5천 원이 남아. 5천 원어치 사다 놓으면 또 만 원이 되고, 만 원어치 사다 놓으면 2만 원이 되고. 그렇게 취미를 붙여서 장사를 하다가 시장에 자그마한 가게 하나를 내서 장사를 했대. 그런데 좀 눈치가 있는 사람 같으면 값을 좀 잘해 주잖아. 몇 개 달라고 하면 조금 싸게 주기도 하고. 근데 일본 여자니까 값을 붙이면 꼭 그 값대로만 받는 거야. 그래서 살다가 이 여자하고 살면 장사가 안 되겠다 싶어서 그 여자를 떼어 버렸대.

그 여자와 갈라선 뒤에 육지 여자가 왔는데, 그 여자가 참말로 보통 짝까리(깍쟁이)가 아니었어. 장사도 잘했어. 장사를 시작해서 참말로 돈도 벌고 그때는 성공을 했지. 근데 그때 [일본에 와 있던] 어머니가 병이 나서 정말로 형편이 없었어. 그 찰나에 우리 이모님이 왔어. 이모님이 와서 "아이고, 정신차리라. 니네 아주방(남편)은 요새 돈을 많이 벌었어. 이거 돈 가져왔지." 그러면서 그때 돈을 많이 갖다줬어. 그랬더니 우리 어머니가 그 돈을 보고 막 기운이 나가지고. 참 병이라는 게 사람이 다 그런지. 돈이 없으면 막 죽을 것 같다가도 돈을 보고는 기운이 퍼뜩 난 거야. 그래 그때 그 돈으로 성공해서 우리 남동생하고 나도 좀 살게 됐지. 아버지는 센다이(仙台)에서 살다가 돌아가셨어.

도쿄에서 센다이로

왜 센다이로 가셨나요?

센다이로 가서 살게 돼서 우리 오빠도 센다이로 가서 결혼을 했지. 지금 아들 삼형제 딸 하나가 있는데, 아들 셋은 다 병원 원장이야. 다 도호쿠(東北)대학을 나왔어. 근데 우리 오빠는 32살에 죽어 버렸어. 그래서 새언니가 자식들을 키우느라 고생했지. 새언니가 나랑 동갑이야.

지금도 센다이에 사세요?

다들 센다이에 살지.

아버님은 계속 센다이에 사셨어요?

우리 아버지는 77살에 돌아가셨고, 어머니는 85살에 돌아가셨어.

어머님이 다시 일본에 오신 게 언제인가요?

그게 언젠가? 칠십 몇에 왔나? 어머니는 센다이에 사는 아버지한테 다른 여자가 있는 줄 몰랐지. 어머니는 그게 화가 난 거야. 결혼해서 고생하

면서 살았는데, 일본까지 왔는데도 자기를 안 찾아본다고 막 부아를 냈
어.

계속 떨어져 사셨나요?
그렇지. 일본 와서도 어머니는 오사카에 살고 아버지는 센다이에서 다
른 여자를 얻어서 살았지. 그런데 창숙이 삼촌이 센다이에서 세번째 가는
큰 부자였어. 그 창숙이 삼촌이 그런 말을 듣고 [아버지한테 가서] "영 허믄(그
렇게 하면) 안됩니다." 그런 거야. 그 삼촌이 우리 어머니의 친척이지. 그래
이젠 할 수 없으니까 [아버지가] 그 여자하고 헤어지고 어머니와 같이 살게
되었지.

어머니와 김옥환 씨의 도일

어머니의 밀항

어머님하고 같이 일본에 오셨나요?
어머니가 몇 달 먼저 오고, 그리고 나서 내가 왔지.

그럼 할머니가 그때 몇 살 때신가요?
40 넘어서지. 처음에 39살 때 왔다가 잡혀 가지고······.

할머니의 어머님이 일본에 오신 건 언제쯤인가요?
나보다 1년 먼저지.

그것도 밀항인가요?
그렇지. 밀항이지.

할머니가 39살에 오셨으면 어머님은 거의 60살이지요? 그건 누구 아는 사람한테 부탁해서 돈을 내고 오신 건가요? 제주에서 누구한테 부탁하면 된다는 걸 아셨어요?
그때는 사람을 숨겨서 밀항시키는 걸 알선하는 사람이 왔어. "일본 가쿠가(갈 건가요)?"하며. 발각 나면 알선한 사람을 잡아가지. 우리도 [잡혀가] 매를 막 맞았어. 그러니까 그 알선하는 사람이 몰래 왔어. [무사히] 잘 가면 돈은 우리 어머니가 일본에서 물겠다고 약속을 했어. [사람에 따라] 제주도에서 돈을 물 사람은 제주도에서 물고, 일본에서 물게 한 사람은 일본에서 문다고 약속을 하지. 어머니는 아무래도 일본에 가서 돈을 물겠다고 했던 모양이야.

제주에서 그런 이야기를 했나요? 아니면 부산에 가셔서 했나요?
제주도에서 했지. 그러면 데려가는 사람하고 알선하는 사람이 있어. 알선하는 사람이 한둘이 아니야. 여기로 건너와 만나서 얘기하는 사람, 데려가는 사람, 배에서 소개하는 사람, 사람 하나 데려가려면 세 사람 손을 거쳐 일본을 오는 거지.

김옥환 씨의 도항

몇 년생이세요?
1938년생. 소화(昭和) 13년.

결혼은 제주도에서 몇 살 때 하셨어요?
21살 때지.

39살에 일본에 가려고 하셨잖아요? 무슨 이유가 있었나요?
이혼도 했고 해서, 일본에 와서 살 요량이었지.

남편 분하고는 제주에서 헤어지셨나요? 혼자 되셔서 일본에 가자고 생각하신
건가요?

그렇지. 오다가 [처음에는] 잡혔어. 그 다음에 또 와서 5년 좀 지나서 걸렸
지. 그래 내가 세 번을 왔어. [처음에] 39살 때, 배에 53명이 타고 대마도까
지 와서 잡혔어. 그 배는 소금을 실은 배처럼 위장했어. 배 갑판 위에만
소금을 올려 놓고 그 아래에 50여 명이 숨어서 왔지.

제주도에서부터요?

그게 부산 영도에서부터지. 부산 영도에서 배를 탔는데 8월에 오죽 더
워? 그걸 소금 가마니로 딱 막아 놓았으니. 그 갑판 아래 바케스에 토한
거, 똥 싸 놓은 게 그냥 있는 거야. 그 자리서 기절해서 죽을 지경이라. 참
말로 "3일만 지나면 다 오난 걱정허지 말앙. 이제 낼모리(내일모레) 8월 멩질
(명절)이 이시난에(있으니까) 8월 멩질은 일본 강(가서) 곤밥(흰밥) 먹게 되어수
다, 걱정맙써" 그래서, "아이고, 게메(그래 말이야). 그 고생 허고대고 촘아야
주(참아야지)." 했어.

그런데 [조사를 나와서] 한 곳은 콩콩 두드렸는데 그냥 넘어갔어. 한 곳은
넘어갔는데 "아이고, 멩심덜 헙써양(명심들 하세요)" 그러더라고. 또 갔는데,
콩콩, 여기 와서 콩콩, 저기 가서 콩콩, 이거 소금 실은 게 틀림없는가 하
면서. 한 곳만 지나면 되는데, 배를 통통 두드리고, 또 통통 두드리는 거
야. 우린 알지. 이렇게 기대어 있으면 이리 와서 두드리면 콩콩 하는 소리
가 나지. 막 쥐처럼 '와다닥' 하니까 "이 안에 뭔가 있다! 돼지가 있어!" 그
러면서 확 걷어차고 널판지를 딱딱 떼어보니 똥내가 [진동을 하고] 진짜 돼지
인 거야. 돼지 냄새가 독해. 갑판으로 나오면서 사람들이 배멀미를 하지.

겁 먹고 막 물만 먹는 거야. "물 줍써, 물 줍써" 하면서, 물 먹고 설사 하지. 거기서 혼불 다 죽어났어. 그리고는 그쪽 배를 갈아타고……

그렇게 해서 대마도 구치소로 [가서] 내릴 때 첫번째로 내리면 1번, 두번째로 나가는 사람은 2번. 난 다섯번째로 내려가니까 5번이라고 쓰더라고. 그때는 이름을 모르니까 기호를 불렀어. 5번, 3번. 처음에 붙은 번호를 불렀어. 그리고 [대마도]구치소에서 며칠 살다가 오무라(大村)수용소* 로 갔어. 내가 밀항을 세 번 했으니까 안 가본 데가 없어. 부산교도소 두 번, 오무라수용소 두 번. 그걸 얘기하려고 하면 [끝이 없지].

오무라수용소에 갔다가 거기서 되돌려 보내서 부산교도소로 간 건가요?

그렇지. 오무라수용소는 사람이 차면 배를 태워서 [우리나라로] 돌려 보내. 거기 오무라수용소에서는 먹고 싶은 거 먹고 노래도 하고 놀기도 하고 뭘 하든 자유야. 뭐든 할 수 있었어. 음식도 "뭐 드시고 싶은 게 있어요?" 하며, 나이 든 할아버지 같은 분이 와서 "지내기는 어떤가요?" 친절하게 묻기도 하고. 그런데 부산에서는 교도소에 들어가니, 밥을 물에 말아 먹는데 딱 요만한 벌거지가 나와. 쌀벌레지. 그걸 보면 먹지를 못했어. 그러면 외식을 조금씩 시켜서 먹어. 요만한 벌거지가 한두 개가 아니야. 물에 말면 벌거지가 둥둥 떠올라.

부산교도소에서는 취조 같은 걸 받으셨나요?

취조가 또 무서워. [친척 중에] 총련 사람이 있으면 막 매로 두들겨 맞어. 한번에 죽여 버려. 나도 거기 가니까 "[일본에] 친척이 있지요?"라고 물어서 "친척은 아무도 없습니다"라고 대답했지. 그랬더니 다짜고짜 "있잖아요? 당신 이모가 있지요?" 하는 거야. 내가 이모님은 본 적도 없고 들은 적도 없다고 했어. 아주 거짓말을 했어. 이모가 있는데 말이지. 우리 이모가 총련에서 대장이야(웃음). 공화병원 원장의 [어머니]. 일본에서도 잡혀가서 취조를 받을 때도 "당신 이모 있지요?" 해서, 내가 "이모는 없습니다"라고 하니까, 취조관이 "응? 있는데, 있잖아" 하더라고.

그런데 교도소에서 징역을 살 때 옷을 벗기고 무슨 약이 없는지 머리부터 다 옷을 벗겨. 이렇게 들어갈 때 주사를 놓아. 춥고 아픈데 말이지. 거기 유치장에 들어가면 봉사원이라고 그 방에 오야붕(대장)이 있어. 그 여자가 오래 [유치장에서] 있으니까 오야붕이야. "이름은 무엇입니까?" 묻길래 "김옥잡니다" 대답했지. 또 "뭣 때문에 들어왔어요?" 묻길래 "밀항죄입니다" 하니까, "응, 밀항죄는 곧 나가요. 그러면 노래 한 가지 하세요" 하는 거라. 나와 같이 간 사람 중에 사흘 먼저 들어간 아이가 있었는데, "언니, 잡타령양. 민요 불러봅써. 민요 헙써양. 꼭 민요 헙써양." 하는 거야. "아이고, 이런 데는 이렇게 부어서 아픈데, 빨리 노래하라고 해서 내가 노래를 했지. 무슨 노래냐 하면 "4월이라 초파일날에는 석가모니 탄생일이요.

집집마다 등불을 달고 자손만복을 빕니다. 잠을 자야 꿈을 꾸지. 임 없는 나야 소용 있나. 얼씨구 절씨구 지화자야 좋네. 아니 놀지는 못하리라. 7월이라 칠석날은 견우 직녀 만나는 날. 오작교 머나먼 길 1년에 한 번씩 만나는 날. 얼씨구 절씨구 지화자 좋네. 아니 놀지는 못하리라" 이렇게 했지. (일동 박수)

이 노랠 네 곡절 불렀어. [사람들이] 깜짝 놀라서 "이 방에는 어째서 노래 잘 부르는 사람 들어왐시니 이 방이 또 1등 하겠네. 그 사람 나가버리니까 또 노래 잘 부르는 사람 들어왔댄." 그랬어. 그리고 크리스마스가 왔어.

교도소에 얼마나 있으셨어요?
한 달. 밀항으로 잡힌 사람은 한 달이야.

밀항할 때 돈은 얼마나 지불하셨어요?
한국 돈으로 100만 원, 여기(일본) 돈으로 20만 엔이지.

할머니가 일본에 오실 때 마지막으로 성공했을 때 주는 돈은 제주에서 한 번 지불하고, 일본에 와서 또 지불하셨나요?
[처음엔] 잡혔으니까 돈을 되돌려 줬어. 그리고는 괜찮다면 또 [밀항을] 소개시켜 주겠다며.

두번째 밀항도 실패하셨잖아요? 그때 잡혔을 때도 [돈을] 돌려 주었나요?
그때는 잘 모르겠네. 첫번째 잡혔을 때는 돈을 다 준 돈이니까 "허영 걱정허지 말면 또 갈 때 우리가 알선 잘 해드리크메(해 드릴 테니까) 염려 말렌

(마세오)." 그랬어.

세번째도 같은 사람이었나요? 같은 사람한테 부탁하셨어요?

같은 데, 한 군데인데 얼굴은 바꿔야 되지. 가령 내가 그 사람의 얼굴을 알면 안 되지. 얼굴을 모르는 사람으로 자꾸 바꿔. 얼굴을 아는 사람은 [만약 잡혔을 때] 취조가 심하면 얘기해 버린다고.

그러니까 사람은 달라도 길을 하나라는 거지요?

뿌리는 하나라도 가지는 여러가지인 셈이지.

출발하신 데는 제주시 산지[항]인가요?

제주도에서 다 약속을 하지. 부산에서 같이 온 일행한테서 전화가 와. 전화가 와서 "야, 다마짱아(김옥환 씨를 칭함), 오널(오늘) 글라(갈래)?" 하면, 이 젠 배를 타고 영도로 가는 거야. 영도에 가면 어디 찻집에 있으라고 하지. 그래 어디 찻집에 가서 앉아 있으면 모르는 사람이 살짝 와서 앉아. 그러 면 눈치를 채지. 그래도 모른 척하고 다 떨어져 앉아. 뭉쳐 앉으면 안되니까, 다 떠어 앉아 모른 척하고 있다가, 한 사람이 윙크를 해. 한 사람이 나 가면 뒤따라 오라고. 뒤를 보면서 나가지. 뒤를 보며 나가서는 어느 집에 들어가는 거야. 이런 [가구를 넣어 놓는] 골방 속에 다 숨겨 줘. 앉아 있으라 고, 누가 와도 대답하지 말라고 그래. 거기 있으면 밥 같은 건 막 맛있게 좋은 음식으로 가져다 주었어. 먹는 거는 잘 줘. 잘 먹었으니까.

오늘밤에 출발하니 몇 시에 갈 테니까 그리 알아라 해. 그때 6시에 남 자 하나하고 여자 한 사람이 꼭 놀러가는 것처럼 부둣가에 놀러가는 것처럼 해 가지고, 말하기 싫은 얘기도 친한 척 이러쿵저러쿵 얘기하고 웃으면서 가는 거야. 그러면 배 하나가 떠나고, 또 배 하나가 떠나고. 세번째 배에 [탔지]. 그러니까 구두소리가 나면 안 되니까 구두는 다 벗어서 손에 쥐고. 가방 하나 들고 갈 때는 기어서 들어가. 이렇게 기어서 들어가면 누군가 손을 꽉 잡아당겨. 그러면 아래로 푹 떨어져. 겁이 나서 보면 깜깜한 방이야.

거기 떨어지면 "누게꽈?(누구세요?)" "어디서 옵데가?(왔어요?)" 하면 "난 조천서 오랐고(왔고)", "난 함덕이우다(입니다)." 그래. 김녕 사람도 있고, 애월 사람도 있고. 컴컴한 데서 누가 손을 꽉 잡아당기면 아래로 푹 떨어지는 거야. 밀항이 사람 죽이는 거라. 참말로 밀항 올 때 [사람이] 물에 빠지면 건져내지도 않고 내버려 둬. 그냥 가 버려.

그 제트기를 닮은 비행기 같은 배가 있어. 쐭쐭 그냥 날아다니는 배. 거기 다섯 사람씩 타고 달리는 거야. 그땐 대마도에 가려면 위험했어. [대마도로] 들어갈 때 우리한테도 맨 마지막에 갈 때는 이 배에서 큰 배로 갈아탈 거라고 거짓말을 한 모양이라. 그 쪼끄만 배에 일곱 사람이 탔어. 대마도 간다며, "아이고, 어떵 허민 조코, 어떵 허민 조코. 이 배로 건너가질 건가(건너갈 수 있겠나)?" 했어. 배에 들어가 갑판 안을 열어보니까 물이 위로 올라와 있었어. 큰일났다, 큰일났다. 그러면서 탔지. "관세암보살 관세암보살" 하면서 난 막 울었어. "관세암보살 관세암보살" 하면서 가다 보니까 대마도 바다를 건너갔어. 그래서 살아난 거야. 그땐 아이고 겁나지. 바다를 보면 그때는 원 이거 살아서 갈 거라고는 생각하지 못했어. 조그맣고 낡은 배였어. 배에서 보면 물이 다 보여. 출랑출랑 출랑출랑. 플라스틱으로 만든 배니까. 근데 그렇게 빨라. 쐭쐭쐭쐭 날아가.

대마도 어디에 도착하셨나요?

어느 불빛이 있는 데 부두에 [도착했어]. 또 어디를 가더라든 둘이서 손을 잡고 막 없는 말도 이러니저러니 얘기하면서, 아니 울 일도 웃으면서. (웃음)

그때 같이 간 사람은요?

부산에 있어. [밀항으로 왔을 때] 난 일본말을 [다 잊어버려서] 못했어. 한국말 밖에 모르잖아? 무슨 말을 하든 '하하하' 웃기만 했지. 웃는 흉내만 냈어. 그리고는 숨어 들어간 데가 거미줄이 잔뜩 쳐진 곳인데, 거기서 있으려니까 선장이 잡혔다고 하더라고. 선장이 잡혀서 조사를 나오면 어떡하나 하고 "어떵허민 좋고, 어떵허민 좋고." 하며 걱정했었어.

거기서 이제 안심하라며 저녁밥을 맛있게 해 줘서 그걸 다 먹었어. 다 먹고 나니 배가 잡혔다고 여기로 조사 나올 거라고. 뭐 창고 같은 곳에 들어가 다 숨으라고 해서 거기 들어가 숨었어. 아침에 세수할 겨를도 없이 아침 차를 타야 한다고 했어. 이번엔 또 둘이 같이 가더라도 아무 말도 하지 말래. 그래서 조금 멀리서 서로 보면서 역까지 갔어. 역에 들어가 거기서 세수하고 조금 화장해서 좀 사람을 만들어 가지고 전차를 타고 오사카까지 갔지.

당일 안에 오사카에 도착하셨나요?

그렇지.

오사카에 도착한 곳은 쓰루하시(鶴橋)였나요?

쓰루하시는 아니고 이쿠노쿠(生野区)쯤인가? 쇠로 만든 계단이 있었어. 당글랑 당글랑 소리를 내며 계단을 올라갔어. 거기 가니 사모님이 "이젠 마음 놓으세요."라고 했어. 거기가 야쿠자 그런 사람들이 하는 가게야. 사모님이 나와서 육지 말로 "안심하고 마음 푹 놓으세요. 밥도 먹고 이제 걱정 없어요." 그렇게 말했어.

어떻게 해서 거기로 가셨나요?

거기로 가면 내 이름으로 전화해서 돈을 받는 거지.

아 거기까지가 밀항의 세트군요.

거기 앉혀 놓고 밥 먹여 놓고 안심하라고 해 놓고. 이젠 전화를 거는 거야. "누구 누구씨 알겠습니까?"라고 물으면 "네, 알아요." 하면 "여기는 어디어디니까 찾으러 오세요." 하는 거지. 그러면 찾으러 와서 돈을 주고 데려가는 거야. 거기가 밀항 장소인 거지.

누가 데리러 왔었나요?

우리 어머니가 사람을 보냈어.

가지야마 스에유키(梶山季之, 1930~1975)

소설가이자 저널리스트. 서울 출생. 히로시마고등사범학교를 졸업하고, 1950년대 말 주간지 창간이 붐이던 시기에 이른바 '탑야'(ㅏㇷ゚屋 : 주간지에 뉴스가 될 만한 사건을 취재해서 잡지사에 기사를 파는 일을 하던 사람)로 활약했다. 그 뒤에 경제소설을 써서 베스트셀러 작가가 되었고, 추리소설, 시대소설, 포르노소설 등을 썼다. 한편 평생 관심을 가지고 수집한 조선, 이민, 원폭 등에 관한 장서 7천여 점은 사후 1977년에 하와이대학 도서관에 기증되어 '가지야마 스에유키 기념문고'가 설치되었다. 식민지 조선을 그린 작품으로 〈족보〉(1952), 〈이조의 잔영〉(1963) 등이 있다.

강재언(姜在彦, 1926~   )

역사가. 제주도 출생. 1946년 동국대학교 정경학부 제1기생으로 입학해 좌우 합작 운동에 참여했다. 1950년에 일본의 오사카상과대학(현 오사카시립대) 연구과에서 공부했다. 수료 후 조선통신사를 거쳐 민전, 총련의 전임활동가로 일했다. 1968년에 총련을 떠난 뒤로는 역사연구에 전념해, 주로 민족운동사와 사상사 분야에서 많은 연구성과를 발표했다. 1971년부터 교토대학 인문과학연구소 연구반에 참가했으며, 1974년에는 『계간 삼천리』의 창간 편집위원으로 참가했다. 1984년에 하나조노(花園) 대학의 촉탁교수가 되었다. 저서로는 『강재언 저작선』전 5권 외에 『조선근대사』(1986), 『서울』(1992), 『만주의 조선인 빨치산』(1993)[개정판 『김일성 신화의 역사적 검증』 1997], 『조선 유교 2천년』(2001) 등이 있다.

건국학교

학교법인 백두학원이 경영하는 민족학교로 오사카시 스미요시(住吉)구에 소재. 1946년 3월에 한신(阪神)지방의 조선인 친목단체인 백두동지회가 중심이 되어 건국공업학교로 개교했다. 초대 교장은 김경태 씨이며, 뒤에 건국중학교로 개편되어 소학교, 고등학교, 유치원 순으로 병설되었다. 당초부터 조련·조총련계에도 민단계에도 속하지 않고 독자적인 교육적 입장을 견지해 왔으며, 1979년부터 한국의 국고보조를 받게 되었다. 1951년에 일본의 학교교육법 제1조에 규정한 '학교'(소위 '1조교') 인가를 받은 사립학교이다. 졸업생들은 재일한국인사회뿐 아니라 한국과 북한에서도 활약하고 있다.
'

고등공민학교

해방 후인 1948년부터 49년까지 한국에서는 불충분했던 공교육을 보완하기 위해 국민학교 이외의 초등교육기관으로 공민학교가, 중등교육기관으로 고등공민학교가 교육법에 의해 제도화되었다. 고등공민학교는 초등교육 기관을 졸업한 후, 중학교에 진학할 수 없었던 사람들 중에 연령이 많은 사람을 대상으로 중학교 교육과정을 실시했던 교육기관이다. 2010년 현재, 한국 전국에는 공민학교 1교와 고등공민학교 4교가 운영되고 있다.

고왕경

정식 명칭은 '불설고왕관세음경(佛説高王観世音経)' 또는 '고왕관세음진경 (高王観世音真経)'이라고 한다. 중국 동위의 천평(天平) 연간(534~537)에 한문으로 필사되어 유포된 위경(偽経). 내용은 관세음보살을 비롯한 여러 부처와 보살에의 귀의와 관세음보살의 권능을 열거한 것이다. 천 번을 외우면 죄가 사라진다고 전해진다.

공화(共和)병원

1968년, 외과의 유순봉이 중심이 되어 설립한 의료법인 동우회를 경영 모체로 하는 종합병원. 당시 국민건강보험에 가입할 수 없었던 재일한국인이 안심하고 의료를 받을 수 있는 병원으로 구상되었다. 오사카시 이쿠노구 신이마자토(生野区新今里)에서 개원한 당초에는 의사, 간호사, 환자 모두가 재일한국인이었다고 한다. 1978년에 현재의 이쿠노구 카츠야마미나미 (生野区勝山南)로 이전해, 지역의 핵심 병원 역할을 담당하고 있다. 2012년 3월 현재 진료과목은 내과, 외과, 호흡기내과, 소화기내과, 소화기외과, 순환기내과, 신경내과, 소아과, 정형외과, 비뇨기과, 피부과, 항문외과, 정신과, 방사선과, 재활의학과, 인공투석 내과가 있으며, 병상수는 242개이다. 관련 시설로서 양로원 〈하모니 공화〉와 방문간호 스테이션 〈협화〉를 두고 고령자를 보살피는 방문 간호 등의 사업도 전개하고 있다. (『재일 코리안 사전』, 아카시(明石) 서점, 2010년, 오광현 집필 '공화병원' 등 참조.)

관덕정

1448년에 병사훈련장, 무예수련장으로 건설된, 제주에서 가장 오래된 건조물의 하나. 제주성내지역의 중심에 위치해 관민이 공사를 논하거나 연회장으로도 사용되어 도민에게 친숙한 곳인데, 1947년 3월 1일 이 건물 앞 광장에서 일어난 비극이 4·3사건의 직접적인 계기가 되었다.

관뒷모살

4·3 사건때 조천면(현·제주시 조천읍) 함덕리에 주둔하던 한국군 부대가 주민을 학살한 현장의 한 곳. 당시는 모래로 덮인 낮은 구릉이었다고 한다. 1948년 12월 1일, 함덕리 주변에 숨어 있던 청년 6명이 무장대 협력자라는 이유로 제9 연대 소속대대의 병사에게 잡혀가 여기서 주민들이 보는 앞에서 총살당했다. 병사들이 떠난 후, 이 조치에 항의한 2명의 나이든 남성도 서북청년

단 출신의 응원대원에게 총살당했다. 또 1949년 1월 19일에는 제2 연대 제 3
대대가 주민 10여 명을 도피자 가족이라며 여기서 총살했다. 현재는 소나무
와 잔디로 뒤덮인 아름다운 언덕이 되어 있다.

구다라(百済) (마을 이름)

백제를 일본어로 '구다라'라고 한다. 1889년 오사카 남부에 위치한 스미요시
(住吉)군의 이마바야시(今林), 구와즈(桑津) 등 4개 마을을 합병해 기타 구다라
(北百済)촌이 생겨나고, 타카아이(鷹合), 스나고(砂子) 등 4개 마을을 합병해 미
나미 구다라(南百済)촌이 생겨났다. 그후 1925년에 오사카시 스미요시(住吉)구
로 편입됨에 따라 행정상의 이름은 소멸됐다. 그러나 현재까지도 JR구다라
역(화물), 구다라 버스정류장, 미나미 구다라소학교, 구다라역전 교차점, 이
쿠노(生野)구 하야시지(林寺)의 구다라혼도오리 상점가 등의 이름이 남아 있
다. 구다라라는 지명은 7세기 후반부터 8세기 초엽까지 한반도에서 건너온
도래인이 현재의 오사카시 동남부에 많이 거주해 7세기에 구다라군이 설치
된 역사적 경위와 관련이 있다고 한다.

국기 게양 사건

1948년 9월 9일 조선민주주의인민공화국의 수립에 따라 일본에서는 조련계
의 각 단체와 학교에서 동년 9월 중순부터 북한의 국기를 게양하게 되었다.
이에 대해 10월 초순, 미군정부는 국기 게양을 전면 금지한다는 명령을 내리
고 게양한 자에 대한 처벌을 통고했다. 각지의 조련 조직이 개최한 정권수립
경축대회에 무장 경찰대가 출동해 게양된 국기를 몰수하고 관련된 다수의 활
동가를 체포해 점령정책을 위반했다는 이유로 군사재판에 교부해 엄벌에 처
했다. 국기 게양을 둘러싸고 경찰대와 충돌이 일어나 다수의 부상자를 냈다.

귀국운동(이른바 '북송사업')

1955년 9월에 북한의 김일성 수상이 재일조선인 귀국 희망자를 받아들이겠다는 성명을 발표하자, 창설된 지 얼마 되지 않던 총련도 이를 계기로 귀국운동을 적극 추진하게 되었다. 당초 비협조적이었던 일본정부는 1959년 2월에 귀국을 양해했다. 한국정부와 민단측이 강하게 반발하는 가운데, 같은해 8월에 귀국사업을 직접 담당하는 조일 적십자간 협정이 체결되었다. 1959년 12월 제1차 귀국선을 시작으로 1984년까지 9만 3천 명이 귀국했는데, 귀국자의 8할 이상이 초기 3년간에 집중되어 있다.

금강(金剛)학교

학교법인 금강학원이 경영하는 민족학교로 오사카시 스미노에(住之江)구에 소재. 1946년 4월, 니시나리(西成)우리학교로서 개교함. 1950년 3월, 당초는 재단법인 금강학원의 설립과 함께 금강초등학교의 설립이 인가되었다. 이후, 금강중학교, 금강고등학교를 설치해, 1961년 2월에는 한국문교부로부터 최초의 재외 한국학교로 인가되었다. 일본의 학교교육법 제1조에 규정한 '학교'(소위 '1조교') 인가를 받은 사립학교이다.

기미가요마루(君が代丸)

식민지기에 일본의 '아마사키(尼崎)기선부'에서 운항한, 제주도와 오사카를 잇는 정기항로의 선박명. 제주에서는 한자 발음으로 '군대환'이라고도 부른다. 1923년 3월에 취항한 초대 기미가요마루가 1925년 9월에 제주도 동남부에서 좌초한 뒤, 1926년 중반부터 두번째 기미가요마루가 취항해, 1945년 4월 미군의 폭격으로 오사카의 아지가와(安治川) 치부내바시(千船橋) 부근에서 격침될 때까지 운항을 계속했다.

김달삼(金達俊, 1926-1950?)

4·3이 발발한 당시의 유격대 사령관. 본명은 이승진. 제주도 대정면 영락리 출생. 교토의 중학교를 거쳐 도쿄의 중앙대학에서 수학함. 해방 후인 1946년 말에 고향으로 돌아가 대정중학교의 사회과 교사를 하면서 남조선로동당의 대정면 조직부장으로 활동함. 1948년 들어 당조직에 대한 탄압이 잇따르는 가운데 강경노선을 주장해 군책임자로서 무장투쟁의 지시를 내림. 1948년 8월 초에 제주도를 탈출해서 21일부터 해주에서 열린 남조선 인민대표자대회에 출석해 제주도의 투쟁 성과를 보고했다. 1949년에는 남한으로 내려와 태백산맥에서 빨치산 투쟁을 지도했으며, 1950년 3월경에 전사한 듯하다.

김만유와 니시아라이(西新井)병원

의사 김만유는 1914년 제주도 출생. 소년기부터 독립운동에 참가해 1931년 정치범으로 투옥된 적이 있다. 1936년에 일본으로 건너가 1941년 도쿄의학전문학교를 졸업하고 아라카와(荒川)에 병원을 개업함. 1945년 재일본조선인연맹 결성식에 참가, 중앙총본부 상무위원이 됨. 1953년에 니시아라이병원을 세워 도쿄 도내의 굴지의 의료기관으로 발전시킴. 1977년 조선인 과학자를 지원하는 김만유과학진흥회를 설립하고, 1986년에는 평양에 김만유종합병원을 세움. 2005년 사망.

김만희(金萬希, 1314~1404)

본관은 김해. 고려왕조 말기의 문관으로 도검의좌정승(都僉議左政丞, 현재의 장관 급)에 올랐던 인물. 1392년 조선왕조를 개국한 태조 이성계의 임관 권유를 거절해 제주도로 유배되었다. 제주도 애월읍에서 후진교육을 하며 유유자적한 생활을 보냈다고 한다.

김명식(金明植, 1938~　)

도쿄 후카가와(深川) 출생. 도립조선인고등학교 1학년에 재학중이던 1955년에 제33회 전국고교축구선수권 대회에 첫 출전해, 전국 3위를 차지했다. 주오(中央)대학에 진학해서는 천황배 준우승, 전일본대학선수권 2년 연속 우승을 했다. 졸업 후에는 도쿄조선중급학교에서 교사를 하면서 "환상의 일본 최강팀"이라고 불리던 '재일본조선축구단'의 에이스 FW(공격수)로 활약했다. 현역을 은퇴한 뒤에는 조선대학교, 도쿄조선중고급학교에서 후배를 지도하면서 연습경기 등을 통해 일본의 축구에도 많은 영향을 끼쳤다.

김병식(金炳植)**사건**

김병식(1919~1999)은 총련 의장인 한덕수의 인척(조카의 남편)으로 출세가도를 달려 1958년에 조선문제연구소 소장, 1959년에 인사부장, 1963년에 사무국장 등을 거쳐 1966년에 부의장에 취임했다. 총련 비주류파(민대파)를 제거하고 김일성-한덕수의 독점적 지도체제를 확립하는 데 수완을 발휘했다. 그러나 1972년에 한덕수와의 대립이 표면화되고, 김일성이 한덕수를 지지하자 실각한 후 북한으로 소환되었다. 김병식이 행한 경쟁자와 비판자에 대한 감시, '자기비판' 강요 등으로 총련 조직은 경직화되어 큰 타격을 입었다.

김석범(金石範, 1925~　)

소설가. 제주도 출신의 부모님 밑에서 오사카 출생. 1948년 교토대학 문학부에 입학함과 더불어 재일조선인학생동맹에서 활동하면서 일본공산당에 입당. 1951년에 교토대학을 졸업한 후, 오사카조선문화협회의 설립과 기관지〈조선평론〉창간 등에 관여함. 1952년에 일본공산당 탈당. 1957년에〈간수 박서방〉〈까마귀의 죽음〉을 발표한 이래, 당시 말하는 것조차도 금기시되던 제주도 4·3 사건의 추구를 평생의 작업으로 삼음. 그 집대성이 초대형작〈화산도〉다.〈화산도〉의 제1부는 오사라기 지로(大佛次郎) 상(1984년)을, 전7권은 마이니치예술상(1998년)을 수상했다. 또 2015년 4월에는 한국에서 제1회 제주 4·3 평화상을 수상했다. 주요 소설 작품은 〈김석범 전집〉2권, 〈'재일' 문학 전집〉 제3권 등에 수록되어 있으며, 〈말의 주박〉(치쿠마서점(1971), 〈'재일'의 사상〉(1981), 〈전향과 친일파〉(1993) 등 다수의 평론집이 있다.

김시종 (金時鐘, 1929~)

시인. 부산에서 태어나 원산, 광주, 제주에서 자람. 해방 후 남조선로동당에 입당해 4·3사건 당시에 봉기에 참가. 1949년에 일본으로 밀항. 일본공산당에 입당하는 한편, 민전에서 민족학교의 재건에 종사하며 오사카조선인문화협회의 결성에 참가함. 1953년 동인시집 〈진달래〉를 창간. 이후 일본어로 시를 쓰면서 '재일론' 등의 집필활동을 이어감. 1973년 효고현립 미나토가와(湊川) 고등학교의 교원이 되어 일본의 공립학교에서는 처음으로 정규과목으로 조선어를 가르쳤으며, 오사카문학학교 이사장 등을 역임했다. 평론집『'재일'의 틈새기에서』(1986년)로 마이니치출판문화상을, 시집『들판의 시』(1991년)로 오구마히데오(小熊秀雄)상 특별상을, 또 시집『잃어버린 계절』(2010년)로 제41회 다카미준(高見順)상을 수상했다. 그밖에 시집으로『니이가타』(1970년), 『광주시편』(1983년) 등이 있으며, 번역 시집으로는『윤동주 시집 하늘과 바람과 별과 시』(2004년), 『재역 조선시집』(2007년) 등이 있다. 한국어로는『광주시편』(2014년, 푸른역사), 『니이가타』(2014년, 글누림), 『경계의 시』(2008년, 소화) 등이 번역 출판되었다.

김주열(金朱烈, 1944-1960)

1944년 전라북도 남원 출생. 경상남도 마산상업고등학교에 입학한 직후인 1960년 3월 15일, 마산 시내에서 열린 이승만독재정권의 부정선거에 항의하는 대규모 시민집회에 참가했다가 시청 부근에서 경찰대가 발사한 최루탄에 오른쪽 눈을 맞아 목숨을 잃었다. 16세였다. 사체는 증거인멸을 위해 마산항

앞바다에 버려졌으나 4월 11일 어부에 의해 발견되어 전국 신문에 사체의 사진이 보도되었다. 이를 계기로 반이승만운동이 전국적으로 급속히 확대되어 4월 18일 이후 서울시내의 학생을 중심으로 이른바 4·19 학생혁명으로 파급됐다. 매년 3월 15일에 마산에서 추도식이 열리며, 사후 50년 째인 2010년 4월 11일에는 사체가 발견된 마산 중앙부두에서 범국민장이 개최되었다.

김행돈

수원리 출신. 한림면 인민위원회 서기국장 및 한림면 민청(민주청년동맹) 위원장을 지냈다. 그의 아버지 김현국은 건국준비위원회 한림면 위원장이었다. 남동생 김한석과 더불어 한림지역 청년운동의 리더였다. 1930년대 일본에서 노동운동에 참가해 옥중 생활을 보냈다. 1948년 10월 30일, 서북청년단이 수원리를 포위해 청년들을 고문해 총살했는데, 이때 살아남은 사람이 다음과 같이 회상했다. "김행돈씨 등은 청년들에게 큰 존경을 받았습니다. 그들의 영향으로 누구나 건준과 인민위원회에 참여했지요. 청년이나 부인들의 활동도 활발했습니다. 그런데 이는 곧 총살극의 이유가 됐습니다. 나를 포함해 그날 총맞은 세 명 모두 청년운동을 열심히 하던 사람들이었습니다."(제민일보 4·3 취재반, (김창생 역)『제주도4·3 사건』6〈초토화 작전(하)〉, 신간사, 2004년, 97~98쪽. 이 책의 한국어판은 미간행임.)

남조선로동당 (남로당)

남조선로동당은 1956년 11월 23일에 공산당, 신민당 및 인민당의 일부가 합당해서 결성된 사회주의 정당이다. 과감한 반미항쟁과 빨치산투쟁을 전개했는데 미군정의 탄압으로 주요 간부는 북으로 피신했다. 북한 정부가 수립된 뒤 1949년 6월에 북조선로동당과 합쳐 조선로동당이 되었고, 남로당 최고지도자인 박헌영은 부위원장에 취임했다(위원장은 김일성).

남조선 단독선거

1948년 5월 10일, 남한에 단독정부를 수립하기 위해 실시된 대의원 선거를 가리킨다. 제2차 미소공동위원회가 결렬된 뒤 미국이 조선독립 문제를 유엔에 상정해, 임시한국위원단이 구성되어 정부수립을 위한 선거를 감시하게 되었다. 그러나 선거는 38선 이남에서만 실시되었고, 선출된 대의원들은 헌법을 제정하기 위한 의회를 구성했다(제헌국회). 제헌국회에서 이승만이 대통령으로 선출되어 같은해 8월 15일 대한민국 수립이 선포되었다. 제주도에서는 도민이 한라산에 들어가 선거를 보이콧하는 등의 수단으로 저항해, 대의원 선거 3선거구 중 2선거구의 투표율이 50%를 못 미쳐 무효화되었다. 재선거는 유격대에 대한 탄압이 수그러든 1949년 5월에 실시되었다.

닥모루(오름)

제주시 한경면 저지리에 위치한 오름. 저지악(楮旨岳)이라고도 한다. 해발 239.3미터로 야트막한 원형 산이다. 또 저지리의 마을 자체도 '닥모루'로 불리었다.

대한법률구조공단

한국 국민의 기본권 옹호, 법률 복지증진을 내걸고 1987년 9월에 설립되었다. 법률지식이 부족하거나 경제적으로 어려워 법적 보호를 받을 수 없는 사람들에게 무료로 법률상담과 소송대리 등을 지원하고 있다.

도립조선인학교

조련(재일본조선인연맹)이 강제로 해산된 뒤, 1949년 10월 12일 일본정부는 조련이 설치한 모든 학교에 대해 폐쇄명령을 발표했다. 도쿄도교육위원회는 1949년 11월 20일 '도쿄도립조선인학교설치규칙'을 제정하여 도내의 조선학교 14개교를 도립화했는데, 도립조선인고등학교는 그 중의 하나다. 도교육위원회는 교육방침으로 교육용어는 일본어로 한다, 민족교육 과목은 과외로 한다, 한국어는 외국어로 취급한다, 교원자격이 없는 조선인 교사는 강사로 취급한다는 등의 4원칙을 세웠다. 도립조선인학교는 1949년 12월 20일부터 운영되기 시작했으며, 도에서 파견된 일본인 교장과 교사가 조선인 강사와 함께 재일조선인의 자녀교육을 담당했다. 그러나 1952년 4월 샌프란시스코 강화조약의 발효로 법무부가 재일조선인의 일본국적 이탈을 통지하자, 도교육위원회는 태도를 바꿔 1954년 도립조선인학교를 사립학교로 이관한다는 방침을 표명한다. 이에 따라 조선인 측은 학교법인 도쿄조선학원을 설립하고, 1955년 4월 1일자로 도립조선인학교의 자산을 인수했다.

도쿄조선제2초급학교 부지 문제

도쿄 고토(江東)구 에다가와(枝川)에 소재한 도쿄조선제2초급학교의 부지를 둘러싼 경위는 다음과 같다. 원래 1941년 도쿄시(당시)가 건설해 주변의 조선주민을 강제로 이주시킨 간이주택 인보관(隣保館, 복지시설)이 있었다. 해방 후 1945년 12월 조련은 인보관을 이용해 조선인 자녀들의 교육의 장인 '후카가와(深川)초등학원'을 개설했다. 1949년 조련이 설치한 학교가 일본정부에 의해 강제로 폐쇄되면서 이 학교는 '도립제2조선인소학교'로 개편되었다. 1955년에는 학교법인 '도쿄조선학원'으로 운영이 이관되어, 도쿄 조선제2초급학교가 되었다. 1964년에 교사(校舍)를 신축하면서 그 전년도(1963년)에 교사 부지를 불하받았다. 운동장 부지에 관해서는 1972년에 1970년부터 20년간 무상으로 사용한다는 계약을 도쿄도와 체결했다. 그 후 기한이 만료된 1990년 이후, 불하에 대한 협의가 진행되었지만 매각금액을 둘러싸고 교섭이 결렬되어 협상이 중단되었다. 그런데 2003년 갑자기 제기된 '주민감사청구'를 계기로 도쿄도 측이 토지의 인도와 공작물(교무실, 현관 등)의 철거 및 땅값에 상당하는 금액 4억 엔을 지불하라는 소송을 일으켜, 학교가 존망의 위기에 처하게 되었다. 이러한 도쿄도의 정책에 대해 학교 관계자는 물론 일본의 시민들로부터도 비판의 소리가 높아지자, 결국 2007년 3월 도쿄조선학원 측이 1억 7000만 엔을 지불하고 도쿄도가 토지를 양도하는 것으로 화해가 성립되었다. 한·일시민단체가 화해금 모금에 협력했다.

똑딱 할머니

'보살'은 여성 점쟁이를 존칭해 부르는 말로 사용되었다. 남성의 경우는 '법사'라고 한다. 굿을 하는 무당(제주에서는 '심방'이라고 함)과 달리, 주로 점을 본다. 여기서는 수원리에 살던 '보살'을 마을 사람들이 '똑딱 할머니'라고 부른 것 같다.

마토메

양복을 봉제하는 과정에서 소매나 단추를 달고 바짓단을 공그르는 일 등 수작업을 하는 일을 가리킨다. 보합제(步合制)여서 일을 한 양이 많을수록 벌이도 많게 된다. 집밖으로 나가지 않고 집안식구가 전부 일에 매달릴 수 있어서 식민지기 이래 1세를 중심으로 많은 재일조선인 여성이 이 일에 종사했다. 한국어도 일본어도 충분히 배울 기회가 없었던 재일조선인 여성들에게 생계를 지탱하는 중요한 수입원 중의 하나였다.

모국방문단

1975년에 민단이 총련계 동포를 대상으로 시작한 모국(한국)방문사업을 가리킨다. 성묘단이라고도 한다. 일본의 외국인등록 상 '조선'적으로 되어 있는 사람에게도 임시여권을 발급해 한국에 입국할 수 있게 했다.

모스크바 삼국외상회의

1945년 12월, 모스크바에서 영국과 미국, 소련의 외상이 만나 조선 문제를 포함한 전후 처리 문제에 대해 협의해, 합의사항이 모스크바협정으로 발표되었다. 조선에 대해서는 미소공동위원회 설치와 미국과 영국, 중국, 소련의 4개국에 의한 신탁통치를 거쳐 독립정부를 수립한다는 것이 주된 내용이었다. 이 신탁통치안에 대해 남한에서는 "소련의 제안으로 즉시 독립이 방해되었다"고 이해되어 반대 여론이 높아졌다. 한편, 미소 양군의 철수에 대해서는 1947년 9월에 미소공동위원회가 결렬되자 미국이 조선 문제를 유엔에 상정한 것에 대해, 소련은 미소 양군이 1948년 초까지 동시에 조선에서 철수하자고 제안했다. 실제로 철수가 완료된 것은 소련군은 1948년 12월 말, 미군은 1949년 6월 29일이었다.

문동건(文東建, 1917~1988)

사업가, 활동가. 경남 출생. 13세에 단신으로 일본에 건너가 호쿠신(北神) 상업학교(현 고베시립 효고상업고등학교)를 졸업함. 일본대학 전문부 상과에 재학 중에 치안유지법 위반으로 3년 6개월간 복역했다. 해방 후에 간사이가쿠인(関西学院)대학 경제학부에 편입학해 졸업. 조선건국촉진청년동맹(건청)에서 활동, 효고현본부 위원장을 역임했다. 그러나 재일본조선거류민단(민단)에는 참가하지 않고, 1948년에 결성된 조선통일민주동지회 부위원장에 취임한다. 나중에 재일본조선인총연합회(총련)에 참가하지만, 노선전환의 평가에 의문을 가진 활동가들이 모인 조선연구소의 설립준비위원도 했다.

상공인으로서는 1946년에 미에(三栄)고무공업소를 설립한 것을 시작으로 다양한 사업을 펼치는 한편, 1947년에는 효고현 조선인상공회 부회장, 뒤에 재일본조선상공회연합본부 부회장을 맡았다. 이후 조선화보 사장, 효고현 조선상공회 회장 등을 역임했다. 1983년 랑군사건 때 일본의 일부 언론이 북한 군인 수송에 사용된 화물선을 그가 북한에 기증했다고 보도했지만, 본인은 전면 부정했다. 또한 김일성 주석과 함께 찍은 사진이 북한의 일본어 광고잡지에 게재되어 큰 화제가 된 적도 있다. 1986년에 전연식(全演植, 재일본조선인상공연합회 회장)과 함께 상공인으로서는 처음으로 총련 부의장이 되었다.

미군에 의한 한림면 공습

1945년 7월 한림항의 지뢰창고가 미군에 의해 폭격되어 민가 피해 400호, 사망자 30여 명, 부상자 200여 명이 발생했다(『제주의 마을시리즈 10 한림리』 도서출판 반석, 1989년). 그 밖에도 배가 폭격되거나 기뢰에 의해 폭파되는 사건이 이 지역에서 빈번히 발생했다. 한림항은 제주도의 주요 항구 중의 하나인데, 같은 해 4월 이후 일본군이 미군의 공격에 대비하기 위해 진지를 구축한 것이 공습의 배경이 되었다. 다만 모든 공습이 기록된 것은 아니어서 이성호 씨가 말한 3월의 공습은 그 규모 등을 자료에서 확인할 수 없었다.

미군정 아래서의 미곡 공출

해방 후에 남한을 점령한 미군정은 1945년 10월에 식민지기의 식량공출제도와 배급 제도를 폐지했다. 그러나 미곡시장 자유화와 해외 재류자의 귀환으로 식량 수요가 증대하자 수급 균형이 깨지고, 이에 더해 급격한 인플레와 지주·미곡상의 투기적인 매점매석으로 인해 심각한 식량부족을 초래했다. 결국 미군정은 다음해인 1946년 1월에 공출·배급제도를 부활시키지 않을 수 없었고, 1946년에 생산된 미곡의 공출 실적은 목표의 82.9%에 이르렀다. 그러나 시장가격보다 훨씬 낮은 가격에 공출하도록 강요해 미군정에 대한 농민의 불만은 높아만 갔다.

민보단

향토방위를 명목으로 조직된 지역주민의 단체. 1948년 4월, 남한지역을 점령하고 있던 미군정청이 만 18세 이상 55세 이하의 남자를 강제적으로 가입시켜 '향보단'을 조직하기 시작했다. 향보단은 사실상 경찰보조기관으로 경찰서 단위로 편성되었으며, 동, 리에 그 분단이 만들어졌다. 조직을 만들게 된 배경에는 1948년 5월 10일로 예정된 남한의 단독선거를 원활하게 실시할 목적이 있었다고 보여진다. 향보단은 선거 후에 해산되는데, 제주를 비롯한 일부 지역에는 민보단으로 이름을 바꾸고 재편해서 활동을 계속했던 모양이다. 특히 제주에서는 유격대의 공격을 막을 성벽 건설이나 야간 보초, 군경에 의한 토벌작전 시의 보조원 등에 동원되었다 (제민일보 4·3 취재반, 『4·3은 말한다』2, 전예원, 1994년, 85-90쪽 등을 참조)

민주주의민족전선(민전)

민주주의민족전선은 1946년 2월 15일에 서울에서 조선공산당, 인민당(여운형계), 신민당(연안파) 등의 좌파 정당과 전평(조선노동조합전국평의회), 조선민주청년총동맹, 조선부녀총동맹 등의 대중단체에 의해 결성된 통일전선조직으로 재일본조선인연맹도 여기에 참가했다. 미군정에 의해 부정된 건국준비위원회와 조선인민공화국의 흐름을 이어받는 좌파·중도 세력의 결집체로서 인민공화국에 대한 미군정의 해산 명령, 보수파에 의한 '남조선 대한국민대표민주의원' 결성 등의 정세에 대응했다.

민전은 신탁통치를 실시한 뒤 조선의 독립을 정한 모스크바협정을 지지하는 운동을 전개했는데 머지않아 조선공산당이 미군정과 대결하는 쪽으로 기울자 그 활동이 위축되었다. 1949년 9월에 북조선민전(민주주의민족 통일전선)으로 통합되어 조국통일 민주주의민족전선으로 흡수, 소멸됐다.

제주도에서 민전 조직은 1년 정도 늦어져 1947년 2월 23일에 '제주도 민주주의민족전선'이 결성되었다. 당시는 박경훈 도지사가 축사를 하는 등 결코 고립된 조직이 아니었다.

박경식(朴慶植, 1922~1998)

역사가. 재일조선인 역사 연구의 개척자. 경상북도 봉화군 출생. 1929년에 부모와 함께 일본 오이타(大分)현으로 건너감. 해방 후 한때 건청(조선건국촉진청년동맹)에서 활동하다가 뒤에 조련(재일본조선인연맹)으로 옮겨가 활동했다. 1949년에 도요(東洋)대학 문학부 사학과를 졸업하고 도쿄조선중고급학교의 역사 교사가 되었다. 한때 역사연구에 전념하려고 조선연구소의 선임연구원이 되었지만 머지않아 조선학교로 복귀했다가 1960년에 조선대학교의 교수가 되었다. 1965년에 『조선인 강제연행 기록』을 간행했는데, 이 책은 강제연행 연구의 효시로 중요한 의의를 가진다. 총련을 떠난 뒤 1976년에 재일조선인운동사연구회를 발족시켜 연구자 육성에 힘썼다. 만년에 재일코리안의 역사관 건설을 위해 분주히 활동하던 중 불의의 교통사고로 사망했다. 저서로는 『일본 제국주의의 조선지배』(1973), 『조선 3.1 독립운동』, 『재일조선인 운동사』(1979), 『해방 후 재일조선인 운동사』(1989) 등이 있다.

벌초

'소분'이라고도 한다. 음력 8월의 추석 이전에 조상의 무덤에 난 잡초를 베어내고 무덤 주위를 청소하는 풍습. 전 국토에서 볼 수 있으며 벌초를 위해 향토의 친인척뿐 아니라 외지에서도 귀향해 참가한다. 특히 제주도에서는 추석에 필적하는 중요한 전통 행사로 여겨지지고 있다. 일찍부터 음력 8월의 벌초 날을 지정해 당일은 친인척이 집합해 많은 조상의 무덤을 하나 씩 벌초하고 청소한다. 근래에는 전동식 벌초기계를 사용하거나 벌초대행업도 증가하고 있다. 제주도 출신인 재일동포에게도 중요한 행사로 인식되어 2000년대 초까지는 벌초기간에 제주도 출산이 집중 거주하는 오사카에서 제주까지의 임시항공편이 운행되기도 했다.

북촌사건

1949년 1월 17일 아침 조천면(현·제주시 조천읍) 북촌리에서 한국군이 저지른, 4·3 사건 중의 대표적인 대규모 학살사건. 이날 아침 구좌면(현·제주시 구좌읍) 세화리터에 주둔하고 있던 제2 연대 제 3대대의 일부 병력이 대대본부가 있는 조천면함덕리로 이동하던 중에 북촌리 오기고개에서 무장대의 기습을 받아 병사 2명이 사망했다. 흥분한 제2 연대의 병사들은 보복을 위해 '폭도'

와 내통하고 있다며 북촌리를 포위해 300여 동의 전 가옥에 불을 지른 후, 주민 수백 명을 북촌국민학교(현·북촌 초등학교) 운동장에 집결시켜 부근 농지에서 총살했다. 그 이튿날에는 함덕리에 피난 와 있던 주민 일부도 살해되어 이틀간 400여 명의 북촌리 주민이 희생되었다.

2009년 3월, 북촌초등학교 부근의 너분숭이에 4·3 기념관이 개관되었고, 그 주변에 희생자를 위령하는 기념비와 기념 시설물 등이 설치되었다.

삼반(三反)투쟁

1953년 여름부터 일본공산당이 내세운 투쟁방침. '삼반'이란 "반미, 반요시다(吉田) [당시 요시다 시게루(吉田茂) 수상], 반(反)재군비"이다. 당시 일본공산당의 영향 아래에 있던 민전(재일조선통일민주전선)은 여기에 "반이승만"을 더하여 '사반투쟁' 방침을 세우려 했지만, 일본공산당이 이를 '민족적 편향'이라 비판하고 '삼반투쟁'으로 되돌렸다. 이 일을 계기로 재일조선인 활동가들이 일본공산당의 방침을 따르는 것에 대해 의문을 품게 되었고, 일본혁명보다 조선혁명을 우선해야 한다는 '민족파'가 대두되는 요인이 되었다.

삼별초(三別抄)

고려시대 무신정권기에 만들어진 사병 조직. 1196~1258년에 정권을 장악했던 최씨에 의해 조직되었다. 좌별초, 우별초, 신의별초로 삼별초를 이루었다. 원래 도적 단속을 목적으로 만들어졌는데 뒤에 수도의 수비를 맡았다. 13세기 몽골의 침공을 받아 고려왕조가 항복한 후에도 삼별초는 이를 거부하고 진도로, 나중에는 제주도로 근거지를 옮겨 항몽운동을 계속했다. 1273년에 몽골·고려연합군에게 전멸했다.

삼성혈

제주시 중심부에 숲과 잔디로 덮인 평탄한 장소에 3개의 구멍이 패여 있고 그 주변의 넓은 지역은 신성한 곳으로 되고 있다. 제주도에 일찍기 존재한 독립왕국 탐라국의 개국신화에 의하면, 각각의 구멍에서 땅 밑에 살고 있던 고씨, 양씨, 부씨를 자칭하는 3명의 신인이 지상에 나타나 탐라국의 시조가 되었다고 한다. 국립문화재 사적 제134호로 지정되어 있다.

『새조선(新朝鮮)』

조국방위대의 상부기관인 조국방위전국위원회의 기관지.

서북청년단(서청)

조선 북부지역의 사회주의화와 친일파 처벌 정책이 진전되면서 남쪽으로 피난 온 우익청년의 반공단체. 정식 명칭은 '서북청년회'인데, 제주도에서는 일반적으로 '서북청년단'으로 부른다. 1946년 11월 조선 북부 출신자 지역별로 우익청년단체를 결합해서 결성되었다. 이듬해인 1947년 9월에 결성된 대동청년단에의 참가를 둘러싸고 분열, 잔류파는 같은 해 9월말에 재건대회를 개최했다. 최종적으로는 1948년 12월 이승만대통령의 지시에 따라 경찰보조기구에 투입되기 시작했다. 서청의 테러행위는 도민의 감정을 자극해 4·3사건이 발발하는 한 요인이 되었다고 지적되고 있다. 4·3사건 발생 후 봉기 진압을 위해 서청이 추가로 파견되었는데, 이 단계에서는 서청 단원 자격이 아니라 경찰이나 군의 구성원으로 부임한 사람이 많았다.

성벽

4·3이 일어난 뒤 유격대와의 연락을 차단할 목적으로 주민들에게 마을 외곽에 돌담을 쌓도록 하는 강제노역이 부과되었고, 완성한 뒤에는 성벽 호위의 임무가 주어졌다. 특히, 경찰과 우익 등의 박해를 피해 한라산에 몸을 숨겼다가 '투항'한 주민들은 '폭도' 혐의자로 박해를 받으며 종종 성벽 쌓기나 보초 등에 동원되었다.

소개과 인양

공습이나 화재에 대비해 한 곳에 집중된 주민이나 시설물을 분산하는 일. 제 2차대전 말기의 공습을 피해 오사카에서 고향으로 피난 간 제주도 출신자가 많았을 것으로 보이는데, 정확한 숫자는 알 수 없다. 한편 1945년 3월, 대본영은 '본토 결선'을 향해 미군의 공격이 예상되는 제주에 3개 사단 5만명 이상의 병력을 파견했으며, 제주도민은 난을 피해 한반도 본토로 피난을 가는 상황이었다. 해방 후에 제주도로 귀환한 사람은 어림잡아 6만명이라고 하는데, 공식통계상의 제주도 인구는 1944년에 219,548명, 1946년에는 266,419명이었다.

소중기

소중의, 소중이라고도 한다. 무명이나 삼 등으로 만든 제주도의 전통적인 여성 속옷. 어깨 끈이 한쪽 면에만 붙어 있다. 폭이 넓어 입기 편하고 임신 등 체형 변화에 대응하기 쉬운 이점이 있다. 해녀들이 맨몸으로 바다에 들어갈 때 입는 경우도 많았다.

수장

제주4·3 당시 토벌대에 의한 학살방법의 하나로 배를 타고 바다에 나가서 검거자의 몸에 돌을 매달아 바다에 떨어뜨리거나 선상에서 총살해 그대로 바다에 내던지는 등의 방식이 있었다. 특히, 1948년 11월부터 진행된 초토화작전과 한국전쟁 발발 직후의 예비검속 시기에 많이 행해졌다.

수장은 거의 정식재판을 거치지 않고 실시되어 살해 이유를 파악하기 어렵다. 또 사망일이 확실하지 않고 유해도 발견되기 어려운 점 등, 유족에게는 고통이 크다. 이성호 씨가 말한 "시청 직원의 수장"도 확실한 사건으로 분류하는 것은 어렵지만, 제민일보4·3 취재반은 수장 사례를 소개하면서 1948년 11월 당시 제주읍에서 행해진 대학살의 희생자 중에 재물을 취급하던 관리가 많았음을 지적하고 있다(제민일보 4 · 3취재반 편,『4 · 3은 말한다』3권, 전예원, 1995, 184~187쪽.)

스이타(吹田)사건

한국전쟁 발발 2주년을 맞이한 1952년 6월 25일 새벽에 군수수송 분쇄를 내건 데모대가 국철(현 JR) 스이타 조차장 부근에서 경관대와 충돌한 사건. 도요나카(豊中)시 시바하라(芝原)의 오사카대학 운동장에 오사카, 효고 지역에서 한국인과 일본인 학생과 노동자 등 약 1000여 명(그 중 한국인은 500명)이 결집해 도보와 전철을 타고 온 두 그룹으로 나뉘어 다음날 아침 스이타 조차장에 도착했다. 이들의 데모행진으로 조차업무가 일시 정지되었다. 해산한 데모대가 통근전차를 타려고 할 때, 경찰대가 급습해 혼란과 충돌이 일어나 부상자가 발생하고 200명 이상이 검거되었는데, 이 중 111명이 소요죄로 기소되었다. 1심과 2심 판결에서도 소요죄는 인정되지 않자 검찰이 상고를 단념해 (1968년), 피고측의 승소로 끝났다.

알뜨르(모슬포) 비행장

일본 해군은 1920년대 후반에 제주도에 항공기지를 만들 계획을 세우고, 1931년부터 제주도 남서부의 모슬포에 면적 약 20만평의 알뜨르비행장의 조성 공사에 들어갔다. 1937년 완공 후에도 전쟁 확대에 따라 주변 주민을 비행장의 확장공사에 강제동원해, 1945년에는 80만평까지 확장했다. 활주로 외에 격납고, 대공고사포진지, 지하진지 등이 건설되어 지금도 일부가 방치된 채 남아 있다. 아시아 · 태평양전쟁기에 이 비행장에는 사세보(佐世保) 해군항공대가 주둔했으며, 수송기와 전투기 25대가 배치되어 있었다고 한다.

야학

식민지 조선에서 아동의 취학률이 20%를 넘는 것은 1935년 전후로, 1942

년에도 50%를 넘지 않았다. 공교육에서 배제된 빈곤층의 아동·청년·성인을 대상으로 많은 야학이 열려 기초적 교육을 실시했다. 한반도의 다른 지역과 마찬가지로 제주도에서도 민족주의적인 유식자나 청년이 강사를 맡았으며 그 외 많은 사회주의 활동가도 야학 운동에 적극적으로 관여했다. 취학 아동수가 급증하는 해방 후에도 노동자·농민 등을 대상으로 여러 가지 사회운동의 일환으로 계속되었다.

양과자 반대운동

남한에서는 1947년초 해방 후 미국으로부터 대량 수입된 초콜렛과 캔디가 국내산업에 타격을 주었는데, 경제적 낭비라고 좌우를 불문하고 사회경제 문제로 인식되었다. 제주도에서는 1947년 2월 10일, 제주 시내의 중고생 천수백 명이 참가해 양과자를 배격하는 조직적 데모를 전개했다. "조선의 식민지화, 양과자로부터 막자"는 슬로건을 내걸고 반미의식의 강세를 보였다. 제주도 전 학생에게 파급된 양과자반대운동이 1947년 3·1절 데모와 발포사건에 대한 영향도 지적된 바 있다(제민일보4·3취재반, 『4·3은 말한다』1, 전예원, 1994년, 214~218쪽 등 참조).

양민증

1948년 5월부터 유격대 토벌작전에 종사하기 시작한 국방경비대 11연대에서 강압적인 작전을 전개한 결과, 유격대와 관계 없는 많은 주민이 체포되었다. 이들 주민들을 돌려보내는 과정에서 국방경비대 11연대에서 유격대와는 관련 없음을 증명하는 '양민증'을 발급했다고 한다. 양민증은 제주도 경찰국장과 헌병대장의 공동명의로 발행되었는데, 거주지역 밖으로 나갈 때에는 당국의 허가를 얻어 일정과 장소를 그 뒷면에 기재하도록 되어 있었다.(재민일보 4·3취재반 편, 『4·3은 말한다』 3, 전예원, 142~145쪽 등을 참조.)

여순사건(여수 · 순천 사건)

4 · 3사건의 진압을 위해 제주로 출동할 것을 명령받은 여수의 국방경비대 14연대가 1948년 10월 19일, 출동명령을 거부하고 반란을 일으켰다. 그 이튿날인 20일에는 여수에 인접한 순천까지 반란이 파급되었다. 이들은 여수·순천을 해방구로 삼고 인민위원회를 재건했다. 당시 군대 내에는 남로당의 조직이 건재해서 14연대의 장교급에는 남로당원도 있었다. 반란은 10월 28일에 진압되는데, 도시부에서 철수한 반란병 1,000여 명이 지리산으로 들어가, 이후 산악지대를 근거지로 삼아 남로당의 지휘 아래 빨치산투쟁을 전개했다.

오무라(大村)수용소

1950년 10월, 외무성의 외국(外局)으로 출입국관리청이 발족되었을 때 그 부속기관으로 나가사키(長崎)현 히가시소노기(東彼杵)군 에가미(江上)촌에 하리오(針尾)입국수용소가 설치되었다. 이는 구 사세보(佐世保)인양원호국 (1950년 5월 폐국)의 하리오수용소를 개편해 계승한 것으로, 같은 해 12월에는 오무라시의 전 해군 항공창 본관의 철거지로 이전해, 오무라입국자수용소가 되었다. 1950년에 955명을 한국에 송환한 것을 시작으로 1965년 한일국교정상화까지 합계 50회, 1만 5000명에 달하는 한국인을 송환했다. 1952년에 법무성 입국관리국으로 이관되었으며 1993년에는 '오무라입국관리센터'로 명칭을 바꿔 현재에 이르고 있다.

오사카시립 니시이마자토(西今里)중학교

일본의 패전 직후부터 전국 각지에 건설된 조선인학교는 거듭되는 GHQ와 일본정부의 탄압을 받으면서도 민족교육의 유지와 발전에 힘을 쏟고 있었다. 그러나 1949년 9월 일본정부는 재일조선인 운동의 중심조직인 재일본조선인연맹을 강제로 해산한 데다, 같은해 10월에는 조선인학교의 폐쇄를 시야에

넣고 조선인 자제의 의무교육을 공립학교에서 실시하는 등의 방침을 내각에서 결정했다. 오사카부에서는 1949년 11월에 대다수의 조선인학교에 대한 폐쇄가 강행되자, 조선인학교 관계자들이 나서 오사카시 교육위원회에 대해 공립 조선인초중학교 설립을 요구하며 교섭에 들어갔다. 그 결과, 1950년 7월 1일에 오사카시립혼죠(本庄)중학교에서 조선인 학생만 다니는 니시이마자토(西今里) 분교가 개교해, 학교장에 가와무라 이치베에 (川村市兵衛)(전·시립산료(三陵)중학교장)가 취임했다(개교 당시의 학생은 108명). 동교는 뒤에 시립 니시이마자토 중학교로 개편되어, 유일한 오사카 시립의 조선인중학교로서 10년 남짓 일본인과 조선인 교원에 의한 협동 교육활동이 실천되었다. 그 뒤 1961년 9월에 재단법인 오사카조선학원으로 이관되어 나카오사카(中大阪)조선초·중급 학교와 히가시오사카조선중급 학교로 분리, 개편되었다.

외국인등록

1947년 5월 2일, 즉 '일본국헌법'이 시행되기 전날, 일본정부는 '칙령'으로 외국인등록령을 공포, 시행했다. 연합국 국민에게는 적용되지 않아서 사실상 재일조선인을 대상으로 하는 관리법령이었다. 재일외국인에게 거주하는 시정촌(市町村)에 외국인등록과 외국인등록증의 상시 휴대, 관헌 요구에 응한 제시 등의 의무를 부여해, 위반자에게는 징역, 금고, 벌금, 강제퇴거를 포함한 형사처벌이 규정되었다. 또한 식량배급 때 미곡통장과 대조하는 데도 사용되었다. 외국인등록증에 사진 첨부는 규정되어 있었지만, 악명 높은 지문날인 의무와 수년마다 등록갱신 의무가 규정된 것은 1952년에 제정된 외국인등록법부터다. 조련을 비롯한 재일조선인단체는 시행 당시 재일조선인 운동에 대한 탄압 법규로 보고 격렬하게 반발했다. 조련은 등록 보류를 지지했으나 나중에 타협이 성립되어 1947년 8월 등록에 응하기로 결정했다(소위 '일제등록'). 그러나 그후에도 등록갱신 거부와 지문날인 거부 등의 투쟁이 벌어졌다.

유영준(劉英俊, 1892~?)

의사, 여성운동가. 평양 출생. 도쿄여자의학전문학교에 다니면서 사회주의
운동에 참가함. 1927년 근우회 결성에 참가해 중앙집행위원이 됨. 1945년 8
월에 건국부녀총동맹 위원장, 같은해 12월 조선부녀총동맹 위원장, 1946년
2월 민주주의민족전선 결성과 같은해 11월의 남조선로동당 결성 때 부의장
단 에 참가함. 1948년 7월 남북 제정당사회단체연석회의(제2차 남북연석회의)
에 출석한 뒤 평양에 눌러앉음. 1957년에 북한의 최고인민회의 대의원에 선
출됨.

의화군(義和君, 1877~1955)

조선 제26대 국왕인 고종의 다섯째 왕자로 태어남. 이름은 이강(李堈). 제27
대 국왕인 순종 이탁(李坧)은 어머니가 다른 형이고, 황태자 이은(李垠, 영친왕)
은 이복동생이다. 1891년에 의화군에 봉해졌으며, 대한제국이 성립된 후인
1899년에 다시 정의친왕(의왕)에 봉해졌다. 한일'병합' 후에는 일본 황족에 준
하는 '공족(公族)' 신분이 되었다. 1919년에 대한민국 상해임시정부에 참가하
려고 서울을 탈출했으나, 중국 동북지방 쪽 국경 안동(安東)에서 체포되어 송
환되었다. 인터뷰에 나오는 이우(李鍝, 1912~1945)는 그의 둘째아들로 흥선대
원군(고종의 친부)의 적손인 이준(李埈)의 공위(公位)를 계승했다. 육군중령으로
히로시마에서 근무하던 중 피폭해 사망했다.

이덕구(李德九, 1920-1949)

제주도 조천면 신촌리 출생. 일본의 리츠메칸(立命館)대학에 재학 중이던
1943년에 학도병으로 일본 육군에 입대했다가 일본이 패전한 뒤 고향에 돌
아가 신촌중학교 교사를 했다. 1947년 여름에 한라산에 들어가 무장부대에
합류하고, 4·3이 발발한 뒤 유격대 3·1지대장이 되었다. 1948년 8월 남조
선인민대표자대회에 참가하기 위해 제주를 탈출한 김달삼을 대신해 유격대

총사령이 되어 가장 가혹한 시기에 전투를 지휘했다. 1949년 6월에 잡혀 처형되었는데, 그의 시신을 관덕정 광장에 메달아 두었고 한다.

이재수의 난
19세기 말, 제주도에서는 조정에서 파견되어 가혹한 조세를 부과한 봉세관과 이들과 결탁한 천주교도에 대해, 도민과 현지 관리의 불만이 높아지고 있었다. 당시 대정에 있던 일본의 어업회사에 고용된 노비 출신의 이재수 등이 민병대를 조직해 1901년 4월 도내에서 대규모 무력 충돌이 발생해 6월까지 다수의 사상자를 냈다. 이 민란에 대해 프랑스와 미국, 일본 세력이 압력을 더하는 가운데, 이재수 등 지도자 3명은 서울에 보내져 교수형에 처해지고 징세 정책도 완화되었다. 제주도에 들어가 있던 일본 상인들은 이권을 지키기 위해 반란군을 지원했다.

인민대학습당
평양 시내에 있는 북한 최대의 종합도서관이자 학술서비스 시설로 1982년에 완공되었다. 김일성광장과 마주하고 있으며, 전통적인 건축양식과 현대건축을 융합시킨 듯한 외관이 특징이다. 건축면적 10만 평방미터의 10층 건물로 장서 약 3천만 권을 소장하고 있다고 한다.

인민위원회
1945년 8월 15일 일본이 패전함에 따라 사실상 조선의 행정과 치안을 담당하는 기관으로서 조선건국준비위원회(건준)가 조직되어 전국 각지 145곳에 지부가 만들어졌다. 9월 6일에 조선인민공화국의 수립이 선언되자 건준의 중앙본부와 각 지방의 지부 조직은 인민위원회로 재편성되었으며, 각 지방의 인민위원회는 민중에 의한 지방자치기관의 역할을 담당했다. 그러나 9월 8일에 남조선에 진주한 미군정은 인민위원회를 좌익조직으로 보고 얼마 안 가서 전면적으로 탄압하기에 이르렀다.

제주도에서는 1945년 9월 10일에 건준 지부가 창설되어 같은 달 23일에 제주도인민위원회로 개편되었다. 일제 강점기의 민족해방운동 세력을 중핵으로 하는 제주도인민위원회는 강력한 자치기관으로서 민중의 압도적인 지지를 받았으며, 또 다른 지역과는 다르게 1948년 초까지는 미군정과의 사이에 직접적인 충돌도 발생하지 않았다.

일본군의 제주도 주둔

아시아태평양전쟁 말기의 1945년 3월, 대본영은 본토 결전에 대비해 '결호(決号)작전'을 정해, 미군의 공격 루트로서 예상되는 7개 지역에서 요격 작전의 준비를 시작했다. 이 중 조선을 대상 지역으로 하는 '결정 7호 작전'에는 미군에 의한 키타큐슈 방면 상륙 또는 조선해협의 돌파 기지로서 제주도 공략의 가능성을 상정하고 있었다. 이에 앞서 1945년 2월, 조선군사령부가 폐지되고 제17 방면군과 조선군관할구역이 신설되었으며, 특히 제주도의 방비 강화를 목적으로 같은해 4월에는 제58군이 편성되었다. 그 결과, 1945년 3월 현재 약 3000명 정도였던 제주도의 일본 병사력은 중국 동북지방에서의 배치 전환 등으로 인해 일본이 패전한 1945년 8월의 시점에는 5개 사단, 약 7만 5000명까지 급증했었다.

임원전(任元全, ?~?)

임원전은 앞서 나온 신찬호 등과 함께 한림면에서 저명한 인물이다. 무장대에 참가한 '입산자'였지만, 현재까지 대림리 사람들에게 좋은 인상을 남기고 있어, "모두 똑똑하면서도 결코 거만하지 않고 아주 인격이 높은 사람들"(제민일보 4·3 취재반, [김창생 역] 『제주도4·3 사건』 6〈초토화 작전(하)〉, 신간사, 2004년, 95쪽. 이 책의 한국어판은 미간행임)이었다고 한다.

재외국민등록법

1949년 11월 공포. 현행법은 1999년 12월에 전면 개정되었다. '재외국민'이란 외국의 일정한 장소에 주소 또는 거소를 두고 90일 이상 체류하는 자로 규정하고 있다. 재외국민은 정해진 기간 내에 일정한 사항을 관할 관공서에 신고해야 하며, 신고하지 않으면 국민으로서 보호를 중지할 수 있다고 되어 있다.

재일본조선민주여성동맹(여성동맹, 여동, 여맹)

1947년 10월 재일본조선인연맹(조련) 여성부를 모체로 결성된 재일조선인여성의 대중운동단체. 1955년 재일본조선인총연합회(총련)가 결성된 후 총련의 산하 단체가 되었다. 재일조선인여성에 대한 교류의 장을 제공하고, 육아와 관혼상제 등 주로 지역 활동을 펼쳤다. 특히 어머니층이 중심이어서 민족교육을 지키는 지원운동을 지속적으로 펼쳐왔다. 도쿄에 중앙본부가 있으며 각 도도부현에 본부가 있고 그 아래 약 200개의 지부가 설치되어 있다.

재일본조선인문학예술가동맹(문예동)

총련 산하의 문학예술단체. 모체는 1946년에 결성된 재일조선예술학회. 1948년에 이를 개편한 재일조선문학회 회원이 중심이 되어, 총련이 결성된 후인 1955년 재일조선인문학기구협의회(문단협)가 결성되었다. 문예동은 1959년 6월에 문단협을 발전적으로 해산해 결성한 조직이다. 총련의 문예선전기관으로서 문학, 미술, 음악, 무용, 연극, 영화, 사진 등의 분야에서 활동하는 예술가를 광범위하게 망라하고 있으며, 창작활동과 대중선전활동, 활동가 양성 등을 실시하고 있다.

재일본조선인연맹(조련)

조련은 해방 직후의 1945년 10월에 결성된 재일조선인 운동의 핵심조직으로, 신조선 건설, 세계평화, 거주 동포의 생활안정, 귀국 동포에 대한 편의, 일본국민과의 양보 우의, 대동단결의 6항목을 강령으로 내걸었다. 조련은 재일조선인 대중의 압도적 지지를 받았던 통일전선체였는데, 주도권은 사회주의자와 해방 전의 노동운동 지도자들이 장악하고 있었으며, 그 때문에 일본공산당과도 밀접한 관계를 갖고 있었다. 또 조련의 산하 단체로는 재일본조선민주청년동맹(민청 참조)과 재일본조선민주여성동맹(여동) 등이 있었는데, 이성호씨는 이러한 단체에서 활동한 것으로 보인다. 조련에서는 특히 민족교육 사업에 주력했는데, 공산주의의 세력 확대를 경계하는 GHQ와 일본정부는 점차 이를 위험시하게 되었다. 1948년 4월에는 민족학교 폐쇄를 명한 당국에 대해, 조련과 민족학교 관계자 등이 격렬한 항의운동을 전개했다. 또 같은해 9월에 조선민주주의인민공화국이 수립되자, 조련이 이를 지지하는 입장을 명확히 하면서 집회 등에서 인공기를 게양해, 이를 저지하는 경찰과 충돌하는 사건이 각지에서 일어났다.

결국, 조련과 일본민주청년동맹은 1949년 9월, GHQ의 지시를 받은 일본정부가 '단체등규제령'을 적용해 강제 해산하는데, 해방구원회, 여동, 학생동맹 등은 활동을 계속했다. 이들 단체는 1950년 6월에 결성된 재일조선통일민주전선(민전)에 참가했다.

재일조선민주청년동맹(민청)

1947년 3월 결성. 조련의 지도 하에서 그 동맹체로 결성되어 조련 활동의 실질적인 실전부대 역할을 담당했다. 1948년 9월 조련과 함께 강제 해산되었다.

재일조선통일민주전선(민전)

재일본조선인연맹(조련)이 1949년 9월에 일본정부에 의해 강제로 해산된 후, 그 후속 단체로서 1951년 1월 9일에 결성된 통일전선조직. 당시 실력항쟁에 의한 혁명노선을 지향했던 일본공산당의 강한 영향 아래에 있었다. 재일조선인을 일본 내 소수민족으로 규정한 일본공산당의 민족대책부의 영향 아래, 조국의 완전한 통일과 독립, 일본인민과의 공동투쟁을 표방했다. 그러나 재일조선인이 일본혁명에 직접 관여하는 것에 대한 비판과 조선민주주의인민공화국과 제휴를 중시해야 한다는 민족파의 주장이 점차 우세하게 되고, 재일조선인을 '공화국의 해외 공민'으로 규정한 북한의 남일 외무상의 성명(1954년 10월) 등의 움직임이 나오자, 1955년 5월에 해산하고 재일본조선인총연합회(총련)로 흡수되었다.

적기가

여기서 김옥환씨가 노래한 것은 식민지시대에 조선에 전해져 민족해방 운동에서 넓게 불리던 '적기가'라는 투쟁곡이다. 원곡은 크리스마스캐롤로 알려져 있는 독일 민요의 '종의 나무'인데, 1889년에 런던 항만노동자의 스트라이크를 격려하기 위해 그 멜로디에 짐 코넬(Jim Connell)이 가사를 적어 'The Red Flag'라는 곡명으로 불리게 되었다. 이후 이 노래는 영국노동당을 중심으로 급속히 퍼져 미국의 노동운동에서도 애창되었다.

일본에는 1920년쯤 소개되어 사회운동가인 아카마쓰 가쓰마로(赤松克麿)가 번역한 가사로 유명해졌다. 원래 원곡은 3 박자인데 일본에서 행진곡풍의 4 박자로 변했다. 한국에는 1930년대에 전해졌는데 일본어를 거의 직역한 가사로 일본 식민지 지배에 저항하는 투쟁곡으로 널리 불렸다. 김옥환 씨가 노래한 부분은 후렴구로, 본래는 다음과 같은 가사였다.

"높이 들어라 붉은 깃발을/그 밑에서 굳게 맹세해/비겁한 자야 갈라면 가라/우리들은 붉은 기를 지키리라."

해방 후에도 이 노래는 노동운동이나 사회주의운동의 현장에서 불렸지만, 대한민국 정부 수립 전후에 금지되었다. 한편, 조선민주주의인민공화국에서는 한국전쟁 무렵 조선인민군의 군가로서 불렸고, 그 후에도 제국주의에 반대하는 혁명노래로 불리고 있다.

김옥환씨가 부른 또 하나의 노래는 해방 후에 불렸던 '8월 15일'로 보인다. 원곡은 3절까지 있는데, 1절 가사는 다음과 같다. "죽음의 쇠사슬 풀리고/자유의 종소리 울린 날/ 삼천만 가슴엔 눈물이 샘솟고 삼천리 강산에 새봄이 오던 날/아 동무여 그날을 잊으랴 /우리의 생명을 약속한 그날을/ 8월 15일 8월 15일"(「잊혀진 광복절 노래 '8월 15일' 들어보니」국제신문 뉴스多 https://www.youtube.com/watch?v=vsdclcqhL5g).

전주 이씨
제주에는 16~17세기에 정쟁으로 인해 유배되거나 중앙정계에 실망해 이주해 온 사람들이 정착해 '入島祖'가 되었다. 김경해 어머니의 출신지인 조천읍 신촌리에는 전주 이씨가 많다고 하며, 민병대 총사령관이었던 이덕구도 신촌리 출신의 전주 이씨였다 .

정뜨르 비행장
현재 제주국제공항에 해당한다. 제2차대전 말기 일본군에 의해 건설되어 해방 후 현재까지 비행장으로 이용되고 있다. 4·3 기간 중에는 집단학살과 유해를 은폐하는 현장이었다. 대표적인 것으로 1949년 10월 2일 군법회의에 의해 사형수 249명을 총살한 것과 한국전쟁 발발 직후 예비검속자를 학살한 것이 있다. 2007년부터 2011년까지 2차에 걸쳐 유해발굴조사가 이루어져 모두 384구의 유해가 발견되었다. 유품과 DNA 감정으로 신원이 확인된 경우도 있다. 발굴된 유해의 대부분은 화장되어 현재 4·3 평화공원 내에 안치되어 있다.

제주4·3평화공원
제주4·3에 대한 보상사업의 일환으로 희생자 위령, 자료보존, 교육과 계몽 등의 목적으로 조성된 공원. 제주시 봉개동에 위치하며, 부지 면적은

220,394k㎡에 달한다. 1980년대 말부터 전개된 4 · 3진상규명운동에서는 위령사업 추진은 진상규명과 더불어 중요한 과제의 하나였다. 2000년 1월에 공포된 〈제주4 · 3진상규명 및 희생자 명예회복에 대한 특별법〉에서는 제8조에 위령묘역 조성과 위령탑 건립, 자료관 건립, 위령공원 조성 등에 대한 정부의 재정지원이 명기되어 있으며, 같은해 10월에는 4 • 3위령공원 조성 기본계획이 확정되었다. 이렇게 해서 2002년 3월부터 공원 조성이 시작되어 먼저 위령제단, 위패봉안소, 위령탑 등이 건설되었다. 매년 4월 3일의 위령제도 이 공원에서 거행되게 되었다. 2008년 3월에는 4 · 3평화기념관이 개관되었으며, 현재 공사계획의 제2단계까지 종료한 상황이다. 또한 한국정부는 2011년 1월 4 · 3평화교육센터, 4 · 3평화의 종 등을 건립하는 제3단계 조성사업계획을 결정했다.

제주농업학교

1910년 사립의신학교를 모체로 제주공립농림학교(3년제)로 허가를 받아 개교했다. 1912년에 제주공립간이농업학교(2년제)로 축소되었다가 1920년에 다시 3년제 제주공립농업학교로 확장되었다. 그 후 1940년에는 5년제로 연장되고 학과도 분과했다(농업과, 축산과). 해방 전 제주도의 유일한 중등교육기관이었다. 식민지 말기에는 이 학교에 일본군 사령부가 설치된 바 있다. 해방 후 1946년 9월에 제주공립농업중학교(6년제)가 되었으며, 4 · 3사건 기간 중에는 국방경비대 제9연대본부가 주둔해 학교 운동장에 천막을 치고 수용소로 사용되었다. "농업학교 수용소에 감금되지 않으면 유명인사가 아니"라는 소문이 날 정도로 농업학교 수용소에는 제주도 각계를 대표하는 사람들이 수감되었는데, 그 대부분이 총살되었다. 특히 제9연대가 임무를 마치고 제2연대로 교체되기 직전(1948년 12월말)에 농업학교에 수용되었던 사람들을 집중적으로 총살했다. 1951년 8월 31일, 6.3.3제로 학제가 개정됨에 따라 제주공립농업중학교는 제주농업고등학교와 제주제1중학교로 분리 개편되었다.

제주공립농업학교의 난투사건

1931년 3월 9일, 어느 학생이 낙제를 받아 졸업을 못하게 된 것을 계기로 교내에서 학생과 교원 간에 난투가 벌어져 학생들이 교장의 자택을 찾아가 항의하는 사건이 일어났다. 신찬익은 이 사건으로 검거, 기소되어 대구복심법원에서 징역 1년(집행유예 5년)의 판결을 받았다. 본문 중에 나오는 대림리 출신의 양공팔, 양치삼, 김두석은 모두 당시 제주농업학교 재학 중에 이 항의행동에 참가했다. 양공팔은 징역 10월(집행유예 5년), 양치삼은 징역 1년 6월(집행유예 5년), 김두석은 벌금 50엔과 유치 50일에 처해졌다. 이들 사건의 배경에는 1929년의 광주학생독립운동으로 대표되는 학생들의 독립운동에 대한 고조가 있었다.

제주도의 여성운동단체

해방 직후 남한에서 8월 16일 좌우의 여성운동가들이 건국부녀동맹을 조직했는데 우파는 바로 탈퇴했다. 같은해 12월에 좌파의 결집체로서 조선부녀총동맹이 조직되어 1946년 2월에 결성된 민주주의민족전선에 참가했다. 미군정이 좌익운동을 탄압하자 1947년 2월에 조직을 개편해 남조선민주여성동맹이라고 개칭하고 합법적인 활동을 전개했지만, 좌익운동이 비합법화됨에 따라 점차 쇠퇴했다.

제주도에서는 1947년 1월 25일에 제주도부녀동맹이 결성되었는데, 이성호씨의 구술조사에서도 나왔듯이 그 이전부터 읍, 면 등 지역 단위로 부인회가 조직되어 있었으며 부녀동맹은 이를 개편해 섬 전체적으로 조직한 것이었다. 남로당이 제시한 '일부일처제 확립' '남성과 똑같이 교육을 받게 된다' 등의 비전에 공감한 여성 조직은 당의 강력한 지지기반이었다.(양정심 『제주 4 · 3항쟁: 저항과 아픔의 역사』, 선인, 2008년, 57~58쪽)

『제주도 피의 역사』

재일조선인 사학자 김봉현의 저서. '4·3무장투쟁의 기록'이라는 부제를 붙여 1978년 도서간행회(国書刊行会)에서 간행되었다. 한국에서 제주도 4·3사건에 관한 논의가 금기시되던 시기에 김봉현은 김민주(金民柱)와 공편으로 『제주도 인민들의 '4·3' 무장투쟁의 역사 : 자료집』(교우사, 1963)을 간행했다. 『제주도 피의 역사』는 이 자료집을 근거로 해서 쓴 책으로 제주 4·3사건의 사실 경과를 알 수 있는 유일한 일본어 문헌의 역할을 해 왔다. 오늘날에도 4·3 체험자의 슬픔과 고뇌를 생각하게 하는 중요한 저서이다.

조국방위대(조방대)

일본공산당 민족대책부(민대)가 만든 군사활동기관. 1950년 6월 25일 한국전쟁이 발발하자, 민족대책부는 조국방위와 조직방위를 이유로 비공개조직으로 중앙에는 조국방위위원회 중앙위원회(전국위원회라고도 함)를, 각 지방에는 조국방위위원회(조방위)를 조직하고, 조국방위위원회의 지도 아래 실행부대로서 조국방위대를 설치했다. 조국방위대는 한국전쟁에 사용되는 무기 탄약의 제조와 운송 저지, 재일조선인 강제송환 반대를 내걸고 실력투쟁을 펼쳐, 1952년 스이타사건(6월), 오스(大須)사건(7월) 등의 투쟁을 전개했다. 그러나 1955년 초에 일본공산당이 재일조선인을 '일본혁명'에 동원해 온 기존의 운동방침을 전환하면서, 1955년 7월에 민족대책부가 폐지되고 조국방위위원회와 조국방위대도 해산되었다.

조선건국촉진청년동맹(건청)

해방 직후에 만들어진 우파·보수파의 재일조선인청년단체. 좌파를 중심으로 한 재일본조선인연맹(조련)에 대항해서 1945년 11월에 도쿄에서 결성되었는데, 그 세력은 조련에 비해 미약했다. 오사카에서는 1945년 11월에 결성된 조선청년탁진회를 모체로 해서 이듬해인 1946년 2월에 건청 오사카부 본부가 만들어져, 우(일설에는 조)병호가 위원장에 취임했다. 그 후 건청은 역시 조련에 대항에 조직된 신조선건설동맹(건동, 1946년 1월 결성)과 합쳤고, 1946년 10월 우파진영의 결집체로서 재일본조선거류민단(민단. 현 재일본대한민국민단)이 결성되었다.

또한 인터뷰에 나오는 방복남은 조선청년탁진회 회장이다. 또 건청 오사카부 본부로 사용되었다는 구 조선은행 오사카지점은 오사카시 주오(中央)구 이마바시(今橋) 4정목(丁目)에 있어서 나카노시마(中之島)의 근처이기는 하지만, 나카노시마의 안쪽에 있었던 것은 아니다. 나카노시마에는 '일본은행' 오사카지점이 있었는데, 건청이 이 건물을 사용했다고는 보기 어렵다.

조선대학교(조대)

조총련계의 고등교육기관. 1956년 사범전문학교를 개편해 2년제 교육기관으로 출발, 1958년에 4년제로 승격, 도쿄도 고다이라(小平)시에 교사를 건설함과 동시에 본격적인 대학교육을 시작했다. 1968년 혁신계 수장이던 미노베 류키치(美濃部亮吉) 도쿄도지사가 조선대학교를 각종학교로 인가했다.

조선민주청년동맹(민청)

1946년 6월 서울에서 미군정과 결합된 우익 청년단체에 대항하는 통일 전선적인 청년 조직으로 조선민주청년동맹(민청)이 결성되었다. 그 후 1947년 1월 제주도에서는 건준청년동맹이 민청제주도위원회로 개편되어 결성되었다.

조선통일민주동지회

1948년 10월 조선건국촉진청년동맹(건청) '통일파'를 중심으로 결성됨. 건청 효고현 본부를 중심으로 하는 통일파는 재일본조선거류민단(민단)이 결성된 (1946년 10월) 이후에도 건청 조직을 유지하면서 남한의 단독선거를 반대하고, 한국정부와 거리를 두면서 활동했던 통일전선 지향의 민족주의자 그룹이다.

위원장은 이강훈(李康勳, 신조선건설동맹[건동]의 부위원장), 부위원장은 문동건(다른 항목 참조)이었다. 당면 목표로는 모든 근로인민과 양심적인 민족자본가, 지식인, 각종 민주 제파 등의 애국자를 연합한 민주정권의 수립을 내걸었으며, 궁극적인 목표로는 사회주의국가 건설을 내걸고 김구의 남북통일노선을 지지했다. 1951년 1월에 결성된 재일조선통일민주전선(민전)에 참가했으며, 이강훈 위원장은 의장단의 한 사람이었다. (이강훈은 나중에 민전, 통일민주동지회에서 제명됨.) 1955년 9월에 민전이 해산되고 총련이 결성됨에 따라 조선통일민주동지회도 해산되었고, 회원의 대부분은 총련에 참여했다.

중산간촌

화산도인 제주도의 산악지대와 해안지대와의 중간에 위치하는 지역(대개 해발 200미터 이상)이 중산간지대로 불렸는데, 1948년 11월부터 군과 경찰에 의해 '적성 지역'으로 분류되어 집중적인 초토화작전이 전개되었다. 주민을 해안지역으로 강제로 피난하게 했으며, 남은 사람들은 '폭도'로 간주되어 살해되었다고 한다. 작전은 이듬해인 1949년 봄까지 계속되어 다수의 희생자를 냄과 동시에 열 몇 마을이 완전히 사라져 버렸다.

청구문고

기업가이며 역사연구자인 한석희(1919~1998)가 사재를 털어 1969년 고베시 스마(須磨)구에 설립한 조선사 전문도서관. 사후 약 3만 점의 장서는 1996년 고베시립 중앙도서관에 기증되어 현재도 같은 이름의 특별 컬렉션의 형태로 공개되고 있다. 특히 근현대사의 문헌 수집에 힘을 쏟아 식민지시대의 신문과 잡지, 민족운동사 · 사회운동사 관계의 기본자료집 등이 풍부하다. 또한 재일조선인운동사연구회 간사이부회, 조선민족운동사연구회(현 · 조선근현대사연구회) 등의 연구회를 개최하는 등, 오랜 기간 간사이(関西)지방의 조선사 연구의 거점 역할을 담당해 왔다.

총련 중앙학원

총련의 간부를 양성하는 교육연수기관으로서 1955년 8월에 창립되었다. 하치오지시(八王子市)에 본교가, 히가시오사카시(東大阪市)에 킨키(近畿) 분교가 설치되어 있었다.

최동옥(崔東玉, 1921~2003)

재일조선인 작곡가. 1952년 도립조선인학교를 폐교한다는 통지에 대해, 민족교육 수호를 호소하며 제작한 영화 〈조선의 아이〉의 음악을 담당했다. 총련 문학예술가동맹 도쿄본부 위원장 등을 역임했다. 작품집으로 〈조국의 사랑은 따뜻하다〉 등이 있다.

친일반민족행위진상규명위원회

2005년 5월에 노무현정부가 추진한 과거청산사업의 일환으로 시행된 '일제강점하 반민족행위 진상규명에 관한 특별법'에 따라 대통령 소속기관으로 설치되었다. 친일 반민족행위의 진상규명을 목적으로 대상자 선정과 조사, 자료수집과 분석, 보고서 작성 등의 활동을 했다. 위원회는 2009년 11월, 1005명의 친일반민족행위를 인정하는 보고서를 발표하고 해산했는데, 거의 같은 시기에 간행된 『친일인명사전』(민족문제연구소 편)과 함께 '친일파'의 선정기준을 둘러싸고 한국사회에 큰 파문을 불러일으켰다.

학도호국단

한국정부 국방부와 문교부가 1949년 4월에 중고생과 대학생을 대상으로 반공사상 교육과 유사시 향토방위 목적으로 전국적으로 조직시킨 학생단체. 학생의 자치활동을 억제하고 사상통제에 일정한 역할을 담당했으며 정부에서 주최하는 관제집회와 관제데모에도 동원되었다. 1960년 4·19 혁명 후 민주화의 기운 속에서 폐지되었다가 박정희군사정권 아래 1975년에 재조직되어 전두환정권 시대인 1985년까지 존재했다.

한국독립당

1930년(일설에는 1928년) 중국 상하이에서 대한민국임시정부를 지지하기 위해 안창호·이동녕·조소앙·김구 등이 결성한 민족주의우파 단체. 그 후에 좌파 세력과 협동전선을 모색하기 위해 해산되었다가 재결성, 재해산을 거쳐 1940년 5월에 우파 세력을 통합해 세번째로 재결성되어('통합'한국 독립당), 대한민국임시정부의 여당적 역할을 담당했다. 해방 후에는 귀국한 김구 등의 지도부를 중심으로 안재홍 등의 국민당 등을 흡수해 남한에서 신탁통치 반대운동(반탁운동)을 전개하는 한편, 단독정부 수립을 반대해 남한의 단독 선거를 보이콧하고, 북측의 김일성·김두봉 등과 통일정부 수립 방안을 논의하는 남북협상을 추진했다. 그러나 남북에 각기 정부가 수립되고 1949년 6월 29일에 김구가 암살되면서 세력이 급속히 쇠퇴했다.

제주도에서는 안재홍과 가까운 한독당 농림부장인 유해진이 1947년 4월 15일에 제2대 도지사로 취임했다. 철저한 반공주의자인 그는 서북청년단원을 대동하고 부임해, 3·1절 발포사건에 항의해 총파업에 참가한 공무원을 파면하는 등, 1948년의 4·3 봉기와 5·10 단독 선거를 거쳐 같은 해 5월 28일에 경질될 때까지 좌파에 대해 강경 자세로 임했다. 미군정의 기록에는 "극우주의자인 도지사는 좌익에게 인기가 없어 그의 암살을 요구하는 삐라가 뿌려졌다"라고 나와 있다.

한덕수(韓德洙, 1907~2001)

재일본조선인총연합회(총련)의 초대의장. 경상북도 경산군 출생. 1927년에 일본으로 건너가 일본대학 전문부 사회과를 중퇴한 뒤, 일본공산당계의 일본노동조합 전국협의회(전협)에 참가하면서 노동운동에 투신했다. 1934년 조선인노동자 파업에 참가해 체포되어 2년간 복역했다. 해방 후에는 조련 결성에 참가, 가나가와(神奈川)현 본부 위원장, 중앙본부 총국장 등을 역임하고, 조련이 강제로 해산당할 때 공직추방 처분을 받는다. 한국전쟁 발발 후에는 일본공산당의 영향 하에 있던 민전의 주류파에 대해, 북과의 연계를 중시하는 '민족파'의 중심인물이 되어 재일조선인운동의 노선전환을 주장했다. 1955년에 총련이 결성될 때 6명의 의장단 중 한 명이었지만, 1958년에 단독으로 의장이 되어 절대적인 지위를 구축했으며, 2001년 사망할 때까지 그 지위를 유지했다. 김일성의 '유일지도체제'를 총련 조직에도 도입했다. 1967년 북한의 최고인민회의 대의원에 선출되었으며, 1972년 북한으로부터 '노동영웅' 칭호를 받았다.

한신(阪神)교육투쟁

일본정부는 GHQ 지령에 따라 1948년 1월 문부성 학교교육장의 통달로 조선인 민족학교을 부인할 것을 각 부현(府縣)지사에 지시하고, 같은해 4월 각지의 조선인학교 폐쇄명령을 내렸다. 오사카에서는 4월 23일, 24일에 민족교육 옹호를 제창한 재일조선인 만 5천 명이 오사카부 청사를 둘러싸고 부지사에게 학교폐쇄 명령을 철회할 것을 요구했다. 더욱이 26일에는 부청사 앞에서 집회가 열렸는데, 경찰이 강제 해산한다며 총을 발사했다. 그 결과, 16살의 김태일 소년이 머리를 관통하는 총상을 입고 사망했으며, 다수의 중경상자가 발생했다. 고베에서는 4월 24일에 5천 명의 조선인이 효고현청사 앞에 모여 기시다 유키오(岸田幸雄)지사와 교섭한 결과, 학교폐쇄 명령의 철회를 이끌어냈다. 그러나 GHQ는 그날 밤에 고베지역에 비상사태선언을 발령하고 합의를 무효화한 뒤, 25일 새벽부터 고베지역의 조선인을 무차별적으로 구속하기 시작해 1,732명을 검거했으며, 최종적으로는 그 중 39명을 군사재판에 기소했다. 군사법정은 무죄 2명을 제외한 37명에게 최고 중노동 15년의 중형을 내렸다. 5월 5일에 일본 문부성과 재일본조선인연맹(조련) 사이의 일단 타협이 성립되어 민족교육의 명맥은 유지되었지만, 다음해인 1949년 9월에 일본정부가 조련을 강제 해산시킴에 따라 10월에는 민족학교도 폐쇄 또는 개조 명령을 받았다.

함덕의 대대본부

4 · 3 사건 당시 봉기한 무장대를 진압하기 위해 파견된 제9 연대 · 제2 연대 가운데 1개 대대는 조천면(현 제주시 조천읍) 함덕리의 구 함덕국민학교에 본부를 두고 있었다. 주둔 시기는 명확하지 않지만 제9 연대가 진압작전을 본격화한 1948년 11월경에 주둔을 시작해 같은해 12월 29일에 제2 연대로 교체한 다음에 제3대대가 주둔해, 제2 연대가 철수하는 1949년 8월까지는 주둔했다고 여겨진다. 또한 함덕경찰 지서도 1948년 5월 13일에 무장대 습격으로 전소한 뒤에 구 함덕국민학교로 이동했다.

함덕리 및 근린지역 주민들은 혐의를 받으면 이 대대본부에 연행되어 대부분이 살해되었다. 특히 제2 연대와 제 3대대는 1949년 1월, 주민 약 400명을 살해한 북촌사건을 일으켰다.

한편, 제2 연대가 철수한 뒤에는 다시 함덕국민학교로 사용되었는데, 동교는 1974년에 이전했으며, 현재 옛 건물은 레크레이션 시설로 활용되고 있다.

해안으로 이사

'토벌대'가 1948년 10월부터 착수한 '초토화 작전' 때, 해안선에서부터 5킬로이상 떨어진 중산간지대를 '적성지역'으로 보고 철저하게 '소탕' 방침이 취해졌다. 산간지역의 주민을 해안지역에 강제로 소개했으며, 남은 사람들은 '폭도'로 간주해 살해하거나 집을 불태워 열 몇 마을이 완전히 사라져 버렸다.

허종만(許宗萬, 1935?~)

현(제3대) 재일본조선인총연합회(총련) 의장. 1935년(1931년이라고도 함) 경상남도 출생. 총련 중앙위원회 국제부 부국장(1967년), 사무총국 부국장(1980년),

부의장(재무담당, 1986년) 등을 역임. 김정일의 신임을 바탕으로 총련 내부에서 세력을 넓혀, 1993년에 책임 부의장에 취임하고, 1998년에는 북한 최고인민회의 대의원으로 선출되었다. 2001년 한덕수 의장이 사망한 후 서만술이 의장이 되지만 실질적으로는 허종만이 제1인자였다고 한다. 2012년 총련 의장에 취임.

헤이그 밀사사건

1907년 6월 네덜란드 헤이그에서 개최된 제2회 만국평화회의 당시, 대한제국의 고종황제는 이상선(전 참판), 이준(전 평리원 판사), 이위중(주한러시아공사관 참사관)을 밀사로 보내 제2차 한일협약(보호조약)의 무효, 즉 외교권 회복을 호소하는 친서를 제출하려고 했지만, 열강들이 회의에 참여하는 것을 거부해 목표를 달성하지 못했다. 고종의 밀사 파견에 격분한 일본 측에 의해 고종은 강제로 퇴위를 당하고, 병약했던 왕세자가 즉위하여 순종이 되었다.

2·7 구국투쟁

1947년 9월에 조선 문제가 유엔에 상정되고 1948년 1월에는 유엔 임시조선위원회가 남한에 파견되는 등 남한의 단독선거 실시가 가까워지는 가운데, 남로당이 1948년 2월 7일에 '2·7 구국투쟁'이라고 명명한 남한 전역에서의 총파업과 실력 행동을 전개했다. 제주도에서도 2월 9일부터 11일까지 데모가 전개되어 민중들과 경찰이 충돌했다. 대림리에서 가까운 저지(楮旨)경찰서의 유리창이 데모대의 투석으로 깨져 이튿날 20몇 명이 체포되기도 했다. 제주도 전역에서 경찰과 충돌이 있었던 마을에서는 청년의 대부분이 연행되었다고 한다.

99식 총

1940년 이후 일본군의 주병기인 99식 소총. 볼트를 수동으로 조작해 탄약을 장전하고 배출하는 형식의 라이플총.

해방 후, 미군의 무장해제 지시에 따라 제주도 주둔 일본군은 미군이 제주도에 진주할 때까지 탄약·폭약 등을 처리하고 병기를 한 군데에 모았다. 1945년 9월 28일, 미군이 제주도에 상륙해 일본군에게 항복문서를 받음과 동시에 무장해제 팀의 지휘로 작은 무기를 바다에 버리는 작업을 개시했다. 「제주 4·3 사건 진상조사 보고서」(2003년)에 의하면, 4·3 사건을 봉기했을 당초에 무장대 측이 소지하고 있던 일본제 99식총은 약 30자루에 지나지 않았다고 한다. 한편, 토벌대가 일본제 무기를 어느 정도 사용했는지는 확실하지 않지만, 4·3 사건 초기 국방경비대(한국군의 전신)에는 탄약 등이 충분하지 않은 상태임에 비해 경찰에는 미군으로부터 카빈총 등의 신식 무기가 지급되었다고 한다.

CIC(Counter Intelligence Corps)

미군 내의 정보부대로 '대적첩보부대' 등으로 번역된다. 일본 점령 시에는 GHQ 하부조직인 민간첩보국(CIS: Counter Intelligence Section)의 일부로서 각 지역에 지대를 두고 일본 경찰과 함께 정보수집과 점령저해활동 등을 단속하는 일을 담당했다.

G2/G3

한국육군본부에는 G1(인사), G2(정보), G3(작전), G4(후방 보급)의 담당별 참모부와 그 외의 보조적 참모부서의 조직이 있다. 이 조직 형태와 호칭은 일본이 패전한 뒤 일련의 일본점령정책을 수행한 연합국군최고사령관 총사령부(이른바 GHQ)와 동일하다. 또한 사단 이하의 같은 조직에는 G 대신에 S가 사용된다.

◦◦ 사진출전

「解放直後・在日濟州島出身者の生活史調査(12)─李性好さんへのインタビュー記録──」『大阪産業大學論集 人文・社會科學編』[상][하]제18호(2013년 6월)

「解放直後・在日濟州島出身者の生活史調査(13)─夫熙錫さんへのインタビュー記録──」『大阪産業大學論集 人文・社會科學編』[상]제19호(2013년10월); [하] 제20호(2014년2월)

「解放直後・在日濟州島出身者の生活史調査(3)──姜京子さんへのインタビュー記録──」『大阪産業大學論集 人文科學編』제105호(2001년10월)

「解放直後・在日濟州島出身者の生活史調査(15)─金慶海さんへのインタビュー記録──」『大阪産業大學論集 人文・社會科學編』[상]제23호(2015년2월); [중]제24호(2015년 6월); [하]제25호(2015년10월)

「解放直後・在日濟州島出身者の生活史調査(11)─金玉煥さんへのインタビュー記録──」『大阪産業大學論集 人文・社會科學編』[상]제11호(2012년6월); [하] 제12호(2012년10월)

■엮은이(재일제주인의 생활사를 기록하는 모임)

고정자(高正子)   고베(神戸)대학 외 강사
후지나가 다케시(藤永壯)   오사카(大阪)산업대학 교수
이지치 노리코(伊地知紀子)   오사카(大阪)시립대학 교수
정아영(鄭雅英)   리쓰메이칸(立命館)대학 교수
황보가영(皇甫佳英)   시민활동가
다카무라 료헤이(高村竜平)   아키타(秋田)대학 준교수
무라카미 나오코(村上尚子)   쓰다주쿠(津田塾)대학 연구원
후쿠모토 다쿠(福本拓)   미야자키(宮崎)산업경영대학 준교수
고성만(高誠晚)   리쓰메이칸(立命館)대학 생존학연구센터 전임연구원

■옮긴이

김경자(金京子)
오타니(大谷)대학 강사. 옮긴 책으로『오키나와 이야기』,『옥중 19년』,『우리나라의 음식
문화』(역사비평사),『성의 역사학』,『노동하는 섹슈얼리티』(삼인),『안주의 땅을 찾아서-
재일제주인의 생활사 1 』(선인) 등